통암기

수능
영단어

2nd Edition

통암기 수능 영단어

지은이 염종원
펴낸이 정규도
펴낸곳 (주)다락원
1판 1쇄 발행 2003년 4월 30일
2판 1쇄 발행 2018년 8월 31일

책임편집 장의연
디자인 kafieldesign [kafield@me.com]
전산편집 하다 [jss-2001@hanmail.net]

다락원 경기도 파주시 문발로 211
내용문의: (02)736-2031 내선 520
구입문의: (02)736-2031 내선 250~251
Fax: (02)732-2037
출판등록 1977년 9월 16일 제406-2008-000007호

값 11,000원

ISBN 978-89-277-0103-3 53740

darakwon.co.kr
• 다락원 홈페이지를 방문하시면 상세한 출판정보와 함께 동영상강좌,
MP3자료 등 다양한 어학 정보를 얻으실 수 있습니다.

표지 그림 shutterstock.com

통째로 외우면서 정리하는

통암기

수능
영단어
2nd Edition

염종원 지음

🦋 DARAKWON

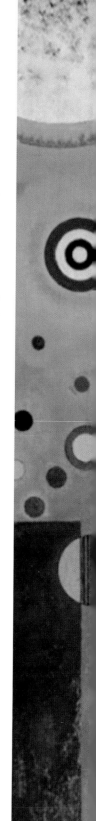

나의 영단어 투쟁기

발단

고등학교 1학년 때 모의고사를 네 번 치렀다. 100점 환산으로 60점이 나왔다. 찍어서 맞춘 것을 빼면 반타작도 못한 셈이었다. 중학교 때까지는 "영어, 하면 종원이야"라며 시험 끝나면 다들 나한테 답 맞추러 올 정도였는데. 눈앞이 캄캄해졌다.

첫 번째 쓴 잔

안 되겠다 싶어 영어교과서 8종 종합단어장을 샀다. 모조리 외울 작정이었다. 결과는? 지루한 단어장과의 싸움은 일주일을 버티지 못하고 나의 패배로 끝났다. 그 사이 난 또 모의고사에서 60점을 받았다.

두 번째 쓴 잔

두 번째 도전은 사전이었다. 단어장과의 싸움에서 쓴 잔을 마시고 정신차렸을 법도 한데, 누가 사전을 통째로 암기하고 있다는 말에 혹해 "그럼 나도!"라는 비장한 결의로 외우기를 시작했다. 중요한 것만 골라서 단어장에 꼼꼼히 적어가다가 그만 놀라고 말았다. 수천 단어 중 겨우 30단어 정리하는데 하루가 날아가다니! 눈앞이 다시 캄캄해졌다.

세 번째 쓴 잔

어느 날 옆 자리 앉은 친구 놈을 보니 연습장에 무언가를 무척 열심히 쓰고 있었다. 영어 단어였다. 안 힘드냐고 물었더니 할 만하다고 했다. 손으로 쓰니 졸리지 않아서 좋고. 그럴듯하게 들려 나도 다음날부터 바로 실행에 옮겼다. 처음부터 끝까지 썼다. 그랬더니 놀라운 일이 일어났다. 모의고사 점수가 5점 오른 것이었다. 그러나 배신감이 밀려온 건 왜일까.

네 번째 쓴 잔

가만히 문제점을 진단해보았다. 단어를 하나씩 따로따로 외운 것이 문제였다는 결론이었다. 그래서 이번엔 문장으로 승부를 했다. 하지만 억지로 만들어낸 예문은 단어와 의미만 있는 단어장보다도 지루했다. 절반도 못하고 결국 포기했다. 독한 놈으로 유명한 나였는데.

방법을 찾다

영어를 제외한 모든 과목은 '수'를 유지하고 있었고 모의고사도 상위권을 유지했다. 그러나 영어는 마지막 모의고사마저 66점으로 끝나버렸다.

겨울방학 동안 독해 지문에 나온 단어 중에서 모르는 것을 골라 앞뒤 단어와 같이 정리해나갔다. 가령 erect가 나오면 바로 뒤에 나오는 a monument를 같이 써서 나만의 교재를 만들었다. 그렇게 모은 표현이 얼추 1,000개가 되었다. 그러나 실제로 한 어구에 두세 개의 단어를 같이 쓰니 파생어까지 3,000개의 단어가 그 안에서 해결되었다. 'erect a monument - 기념비를 세우다' 식으로 정리한 뒤에, 오른쪽에 한국어 해석을 가리고 한번 더 보았다. 그때 걸린 시간은 딱 일주일이었다. 한번 더 보았을 때 90%를 기억했다. 이듬해 2학년 첫 모의고사에서 96점을 받았다.

독해 지문이 빨리 읽힐 때의 그 쾌감을 난 지금도 잊을 수가 없다. 이 성적은 이후 단 한번도 내려간 적이 없었고, 결국 수능에서도 만점을 받을 수 있었다.

10년만의 햇빛

이 책은 수많은 시행착오 끝에 찾아낸 나의 성공 방법이 고스란히 담겨 있다. 이 방법으로 여러분은 내가 겪은 실패를 반복하지 않을 수 있고, 어휘 학습에 관한 한 최소한의 노력으로 최대의 효과를 발휘할 수 있을 것임을 자부한다. 이 교재가 있으니 여러분은 따로 노트를 만들지 않아도 된다. 단지 처음부터 끝까지 최소한 한 번은 보고 '통암기 핸드북'을 가지고 다니면서 내가 했듯이 한번만 체크해주면 된다. 그리고 기억나지 않는 것들만 다시 보면 끝난다. 길어도 두 달은 넘지 않을 것이다. 이 정도의 수고도 기울이지 않는다면 여러분은 내가 처음 밟았던 네 번의 시행착오를 고스란히 답습해야 한다. 하루에 조금씩 무리하지 말고 해나가자. 지금부터 한두 달 후, 여러분도 내가 2학년 첫 모의고사에서 96점 받았을 때의 그 희열을 경험하길 바란다.

염종원

절반의 노력으로 2배의 효과를 거둔다

언어적 연상 작용으로 암기 효과가 높습니다

이 책은 자주 어울리는 단어를 한꺼번에 외우게 하는 새로운 암기 방식을 도입, 하나씩 외우는 방식에 비해 암기 효과를 높였습니다. 즉, foresee(예견하다)와 fate(운명)를 따로 외우면 노력과 시간이 들고 잘 외워지지도 않지만, foresee his fate(운명을 예견하다)처럼 통째로 학습하면 언어적 연상 작용에 의해 더 오래, 더 강력하게 암기됩니다.

어떤 독해 문제도 이 책을 빠져 나갈 수 없습니다

모의고사 기출문제 및 수능시험을 분석하여 1,400여 개 어구(phrase)로 추렸습니다. 이 어구는 중학교 수준의 단어를 제외한 고교 필수단어 4,200여 개(파생어 포함)를 모두 포함하고 있습니다. 결국 암기 분량은 1/3로 줄이면서도 시험에 나올 수 있는 모든 단어를 해결할 수 있는 것입니다. 실제 적용 결과 모의고사나 수학능력시험의 어떤 독해 문제도 이 책에 수록된 1,400개 어구를 벗어나지 않는 것으로 확인되었습니다.

딱 두 달만 투자하면 평생 시험 걱정이 사라집니다

하루 25개씩 8주 동안만 꾸준히 하면 평생 영어 단어 걱정할 필요 없이, 수능은 물론 각종 고시, TOEIC, TEPS 등의 영어시험에서 고득점을 올릴 수 있습니다. 고등학생이라면 딱 두 달만 마음먹고 이 책을 끝내세요. 앞으로 있을 각종 모의고사 및 수능에서 막히는 단어 없이 문제를 풀 수 있습니다.

원어민의 철저한 감수로 생생한 표현만 골라 담았습니다

이 책은 수능에 출제된 신뢰도 100% 표현만 담아 공신력이 높습니다. 거기에 영문학을 전공한 원어민의 철저한 검증으로 자주 쓰이는 중요한 단어만 골라 자연스러운 영어 표현으로 담아냈습니다.

현장에서 학생들의 검증 과정을 거쳤습니다

이 책은 다양한 수준의 고등학생들을 대상으로 실제 강의 교재로 사용하는 현장 검증을 거쳤습니다. 그 결과, 이 책의 방법을 사용했을 때 학생들이 단어를 암기하는 데 뛰어난 효과가 있음이 밝혀졌습니다.

통으로 외우고 맥락 속에 기억한다

장기 기억을 위한 최적의 장치

이 책은 발음을 다 알려주지도 않고, 단어 뜻을 일일이 밝혀주지도 않습니다. 하지만 이렇게 해야 제대로 알아듣고 말할 수 있습니다. 따라서 이 책에서는 발음 표기를 따로 하지 않는 대신에 학생들이 자주 틀리는 발음만 한글로 표시해서 주의할 수 있게 했습니다.

또한 필요한 경우가 아니면 표현에 나오는 각 단어의 뜻은 따로 제시하지 않았습니다. 맥락 속에서 유추할 수 있기 때문입니다. 이렇게 해야 더 오래 기억하고 바로 써먹을 수 있습니다.

처음엔 조금 불편해도 하루 분량만 공부해보면 바로 공부 방법에 익숙해집니다. 걱정 말고 따라오세요.

파생어를 알려줍니다

표현에 나오는 단어는 유추할 수 있으므로, 가급적 파생어를 제시해서 단어 확장성을 높였습니다.

한글로 발음을 달았습니다

학생들이 자주 헷갈리는 발음은 직관성을 높이기 위해 한글로 발음을 달았습니다.

0363

[익스펙테이션]

live up to her parents' expectation

부모의 기대에 부응하다

- **expect** 기대하다, 예상하다
  ← 밖을(ex-) 내다보다(-spect)

어원을 분석합니다

어원이 분명한 단어는 암기 효과를 높이기 위해 어원 분석을 제공합니다.

대명사는 참고만 하세요

각 표현에 나오는 대명사는 임의로 넣은 것입니다. 따라서 반드시 필요한 경우가 아니면 굳이 해석하지 않았습니다. 맥락을 이해하는데 참고만 하세요.

이 책 200% 활용하기

반드시 소리 내서 발음하세요

작은 소리로라도 발음을 하고 난 뒤 뜻을 확인하세요. 의미뿐만 아니라 소리도 익혀야 단어를 제대로 아는 것입니다. 듣기 평가에도 까다로운 단어들이 종종 출제되기 때문에 평소에 모든 단어를 소리 내서 읽는 연습을 해야 합니다.

쓰면서 외우지 마세요

단어는 많이 쓰는 것보다 얼마나 자주 접했느냐가 중요합니다. 단어 열 번 쓰는 시간에 차라리 빠르게 소리 내어 읽으면서 쭉쭉 넘어가세요. 자칫 지루해질 수도 있는 어휘 학습을 훨씬 재미있게 할 수 있는 좋은 방법입니다.

외운 다음 날 반드시 복습하세요

25개씩 하루 분량을 외운 다음 날엔 전날에 공부한 내용의 '통암기 테스트'를 풀어보세요. 총 25개 문항 중 20개 이상 맞출 수 있다면 대략 75% 정도 암기가 된 상태입니다. 100%가 아니니까 처음부터 다시 본다구요? 우선 모든 단어를 한번씩 만나 보는 것이 중요하기 때문에 그 정도 정답률이라면 다음으로 넘어가도 좋습니다.

별책부록 '통암기 핸드북'으로 확인하세요

하루하루 외우다보면 기억에 남지 않는 것들이 있죠? 그래도 일단은 1,400번까지 가는 것이 중요합니다. 나머지는 핸드북으로 해결하면 됩니다. 틀린 표현은 꼭 표시하세요. 자주 틀리는 표현은 중점 관리 대상으로 삼아야 합니다.

틀렸던 표현은 포기하지 말고 재도전하세요

'통암기 핸드북'으로 확인 작업이 끝나면, 본책의 '통암기 테스트'에 다시 도전해보세요. 훨씬 많은 단어를 기억하게 될 겁니다.

FREE DOWNLOAD

통암기 쉽게 해주는 빵빵한 학습자료

1 **통암기 MP3 파일** | 영어 표현과 한글 해석이 같이 들어 있어, 듣기만 해도 공부가 되는 편리한 녹음 파일! '발음 확인용' 파일은 기본, 표현 듣고 뜻을 말해보고 정답을 체크할 수 있는 '암기 확인용' 파일까지 두 가지 통암기 파일을 활용해보세요.

2 **통암기 테스트** | 책에 나오는 기본 단어 테스트 외에, 1400개 표현을 통으로 확인하는 세 가지 추가 테스트 자료도 다락원 홈페이지에서 내려받아 이용하세요.

3 **단어 색인** | 이 책에 나오는 모든 단어를 알파벳 순서로 정리했습니다. 평소에 독해 문제 풀다가 모르는 단어가 나오면 이 색인에서 찾아 표현을 떠올려보세요.

발음 공부는 이렇게 하자

잘못된 발음은 고쳐야 합니다

단어의 발음과 강세를 잘못 알고 있는 학생들이 많습니다. considerate는 [컨씨더레이트]가 아니라 [컨**씨**더릿트]로 발음해야 하고 chaos는 [카오스]가 아니라 [**케**이아스]로 발음하죠. 정확히 발음할 수 없으면 제대로 들을 수도 없습니다. 이 책의 한글 발음 및 강세 표기를 통해 확실히 알아두세요.

r이 들어간다고 굳이 혀를 굴려야 할까요?

bird, born, hard, winter 등에서 모음과 결합하는 r은 꼭 미국식으로 혀를 굴리지 않아도 좋습니다. 발음이 힘들다면 영국식으로 그냥 길게 발음해서 [버-드], [보온], [하-드], [윈터-] 정도로 발음하세요.

l과 r은 확실히 구분해야 합니다

들을 때는 구분할 수 있어도 막상 구분되게 발음하기는 힘든 것이 바로 [l]과 [r]발음입니다. [r]은 속으로 '으'를 먼저 발음하면, 즉 [(으)라이스] 하면 혀를 천장에 닿지 않게 하고 제대로 발음할 수 있습니다. 반대로 [l]은 확실히 천장에 닿아야 하는 발음이니까 '을'을 속으로 발음해서 [(을)라이스]처럼 하면 됩니다.

모음은 강세를 받지 않으면 거의 '어'나 '으'처럼 약해집니다

monotonous는 2음절에 강세가 있으므로 나머지 모음은 모두 약하게 발음합니다. 즉 [머**나**터너스]처럼 되는 것이지요. [모노토너스]가 아니구요. confident도 [칸'피덴트]가 아니라 실제로 [**컨**'퍼던트]라고 발음합니다.

발음표기 원칙

주요 단어에 한글로 발음을 달았습니다

발음을 익히는 가장 좋은 방법은 원어민의 발음을 듣고 따라 말하는 것입니다. 어설픈 발음 표기를 따라 했다가는 잘못된 발음이 굳어지기 쉽습니다. 따라서 이 책에서는 발음 표기를 따로 하지 않는 대신에 학생들이 자주 틀리는 발음만 한글로 표시해서 주의할 수 있게 했습니다.

한글 표기가 안 되는 발음은 발음기호를 추가했습니다

[f], [v], [θ] 등은 한국어에 존재하지 않는 발음이므로 ['프], ['브], [θ쓰]처럼 별도로 표기했습니다. 따라서 이들 발음기호가 나타나면 한국어의 ㅍ, ㅂ, ㅆ로 발음하지 않도록 신경 쓰세요.

father의 th는 d와 같은 발음으로 표기했습니다

father의 th 발음은 엄밀히 따지면 d와 약간의 차이가 있으나 의미 차이를 발생시킬 만큼은 아닙니다. 실제로 미국 영어에서는 th를 d로 발음하는 것을 허용하는 추세입니다. 따라서 이 책에서는 똑같이 [ㄷ]로 표기했습니다.

CONTENTS 차례

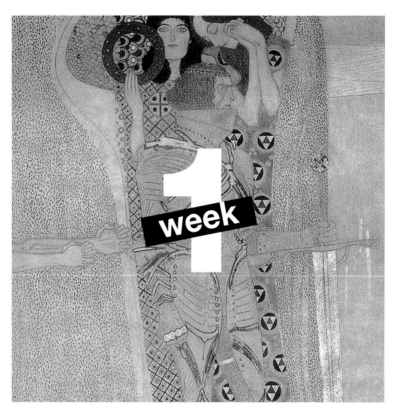

week 1

자주 어울리는 단어들이 모여 뜻을 이루는
통암기 표현입니다. 각 단어를 조합해서 뜻을
생각해보고 오른쪽 뜻과 일치하는지 확인해보세요.
낱단어보다는 표현 전체를 통으로 외우는 게
포인트!

Well begun is half done.

시작이 반이다

DAY 01

듣고 확인하자!

Day01.mp3

study date | yy | mm | dd |

0001
will power
의지력
- will 1. 의지 2. 유서, 유언

0002
[마이너러티] [어피니언]
respect minority opinion
소수 의견을 존중하다
- respect 존경(존중)하다 ← 훌륭해서 다시(re-) 보다(spect)

0003
[인슈어런스]
life insurance
생명 보험
- insure 보험에 들다 ← 확실히(sure) 해두다

0004
[네거티브]
a negative outlook
부정적인 전망
- negative 부정적인, 음성(-)인

0005
[파저티브]
a positive response
긍정적인 반응
- positive 긍정적인, 양성(+)인

0006
[메인테인]
maintain a harmonious relationship
조화로운 관계를 유지하다
- maintain 유지하다
  ← 손(main = manu)으로 잡다(tain = take)
  maintenance 유지, 관리

0007
[리가-들리스]
regardless of gender
성별에 관계없이

0008
[개런티]
guarantee the right
권리를 보장하다

0009
[(을)리-인]
lean against the wall
벽에 기대다
- lean 1. 기대다 2. 날씬한

0010
☐☐
[(으)리ᵛ벤쥐]
a revenge attack
보복 공격

- revenge (자기가 당한 것을 직접) 복수(하다)

0011
☐☐
[쎈트]
scent of perfume
향수 냄새

- perfume 향수 ← 주변으로(per-) 연기(fume)처럼 번지는 것

0012
☐☐
[싸우어]
taste sour
신맛이 나다

- taste 1. ~ 맛이 나다 2. (개인의) 취향

0013
☐☐
[륑]
tell right from wrong
옳은 것과 그른 것을 구분하다

0014
☐☐
[나ᵛ블]
publish a novel
소설을 출판하다

- publication 출판 ← 대중(public)에게 알리는 것

0015
☐☐
[에디션]
an up-to-date edition
최신판

- edition (간행물의) 판 edit 편집하다 editor 편집자

0016
☐☐
[트랜슬레이트]
translate Korean into English
한국어를 영어로 번역하다

- translate 번역하다
  ← 한 언어에서 다른 언어로 바꿔서(trans-) 옮기다
  translation 번역

0017
☐☐
['페이블]
a well-known fable
잘 알려진 우화

- fabulous ['패뷸러스] 멋진 ← 우화(fable) 같은

0018
☐☐
[쿠오우트]
quote a sentence
문장을 인용하다

- quote 인용하다, 전달하다 quotation [쿠오테이션] 인용

0019
read a passage
[패시지]

지문을 읽다

- **passage** 1. (글이나 음악의) 한 구절 2. 통행, 통과 3. 길, 통로

0020
contemporary literature
[컨템퍼러리]

현대 문학

- **contemporary** 동시대의, 현대의
  ← 시간(tempo = time)을 함께(con-)하는

0021
carve a statue of a goddess
[카-브]

여신상을 조각하다

- **carve** 조각하다 ← 곡선(curve)을 따라 다듬다

0022
correct pronunciation
[프러넌시에이션]

정확한 발음

- **pronounce** [프러나운스] 발음하다

0023
articles in the newspaper
[아-티클]

신문에 난 기사

0024
increase vocabulary
[인크리즈] * 명사일 때 [인크리스]

어휘력을 늘리다

- **vocabulary** 단어, 어휘 ← 말(voca = voice)을 적어 놓은 것

0025
clutch at a rope
[클럿치]

밧줄을 붙잡다

어근을 알면 단어가 보인다   **spec**

영화에서 대규모 전투 장면 등의 웅장한 볼거리가 나오면 흔히 '스펙터클(spectacle)하다'라고 하는데, spec은 see라는 뜻입니다. 따라서 spectacle은 '볼거리', '광경'이라는 뜻이 되지요.

spectacle 볼거리, 광경 ← 볼거리가 많음

spectator 관중 ← 보는 사람들

de**spise** 깔보다, 멸시하다 ← 아래(de-)로 내려다보다

re**spect** 존경하다 ← 다시(re-) 보고 싶다

in**spect** 검사하다 ← 안(in-)을 들여다보다

a**spect** 측면 ← ~쪽으로(a-) 바라보는

통암기 테스트 ✎ 통째로 익힌 표현의 핵심어휘를 한국어로 옮겨보세요. 뜻이 여럿인 단어는 해당 표현에 맞는 것만 적으세요. 초중등 수준 단어는 괄호로 묶었습니다.

▶ 정답은 252쪽에

1
will
(power)

2
respect
minority
opinion

3
(life)
insurance

4
negative
outlook

5
positive
response

6
maintain
harmonious
relationship

7
regardless of

gender

8
guarantee
right

9
lean
(wall)

10
revenge
attack

11
scent
perfume

12
taste
sour

13
tell A from B

14
publish
novel

15
up-to-date
edition

16
translate A into B

17
well-known
fable

18
quote
sentence

19
(read)
passage

20
contemporary

literature

21
carve
statue
goddess

22
correct
pronunciation

23
article
(newspaper)

24
increase
vocabulary

25
clutch
(rope)

Bonus +1

더 어려운
통암기
테스트에
도전하세요!

Bonus +2

영어 표현을
듣고
한국어 뜻을
말해보세요!

DAY 02

듣고 확인하자!

Day02.mp3

study date | yy | mm | dd |

0026 [으리얼라이즈]
realize his fault   잘못을 깨닫다
- realize 깨닫다 ← 현실(reality)을 보다

0027
realize her dream   꿈을 실현하다
- realize 실현하다 ← 현실적(real)으로 만들다

0028 [어글리]
an ugly face   못생긴 얼굴

0029 [앱스트랙]
abstract art   추상 미술
- abstract 추상적인(↔ concrete [캉크리트] 구체적인)

0030 [셰이크]
shake his head   고개를 흔들다

0031 [임펄시브]
an impulsive purchase   충동구매
- impulsive 충동적인(cf. pulse 맥박, 진동, 파동)

0032 [오-디너리]
ordinary people   평범한 사람들
- ordinary 평범한, 보통의, 일상적인(↔ extraordinary [엑스트로드네리] 비범한)

0033 [언임플로이먼트]
the unemployment rate   실업률
- unemployment 실업, 실업률, 실업자수
  employ 고용하다 employer 고용주 employee 종업원

0034 [익스펜스]
cut down on expenses   비용을 삭감하다
- expense 돈, 비용, 경비(-s) expend 지출하다
  expensive 비싼 inexpensive 비싸지 않은

0035

scorch a blouse while ironing it

[아이언]

● iron 1. 철 2. 다리미 3. 다림질하다   다림질하다가 블라우스를 태우다

0036

make a compromise with terrorists

[캄프러마이즈]

● compromise 타협(하다)   테러범과 협상하다
← 함께(com) 약속(promise)하는 것

0037

earn a lot of money

[어언]   많은 돈을 벌다

● earn (일해서 돈을) 벌다 earnings 임금, 소득

0038

announce a concrete plan   구체적인 계획을 발표하다

[어나운스]

● announcement 발표, 공표

0039

carry out a welfare program

[웰'페어]

복지 프로그램을 실행하다

0040

a social reform   사회 개혁

[(으)리'포-옴]

● reform 개혁 ← 다시(re) 모양(form)을 만드는 것

0041

lead to bankruptcy   파산에 이르다

[뱅크럽씨]

● bankruptcy 파산, 파탄
bankrupt 파산한 ← 은행(bank)의 돈이 바닥난(rupt)

0042

a thorough review   철저한 재검토

[ᵝ쏘로우]

● review 재검토, 복습 ← 다시(re-) 보는(view) 것

0043

a government policy   정부 정책

[거'번먼트]

● govern 다스리다, 통치하다

0044
an inevitable choice
불가피한 선택

• choice 선택, 선택권 choose [추-즈] 선택하다

[쥬'버나일]

0045
juvenile crime
청소년 범죄

• criminal 범죄자

['베이컨트]

0046
a vacant seat
빈 자리

• vacant 비어 있는, 사람이 없는 vacuum ['배큐움] 진공(상태)

[덴써티]

0047
population density
인구 밀도

• density 밀도 dense 밀집된

[디]클라인]

0048
a drastic decline of the Roman Empire
로마제국의 급격한 쇠퇴

• decline 쇠퇴, 감소 ← 아래(de)로 기우는(cline) 것

[스떼딜리]

0049
decline steadily
꾸준히 감소하다

• steady 꾸준한, 부단한

[네써쌔러리]

0050
supply necessary items
필수품을 보급하다

• necessarily [네써쌔럴리] 꼭, 반드시

어근 을 알면 단어가 보인다　　　　　　　**tract**

draw에는 '그리다' 외에 '당기다'란 뜻이 있습니다. d와 t는 같은 혀끝 소리로 발음이 비슷하기 때문에 draw는 tract로 변형되어 나타나기도 합니다.

tractor 트랙터 ← 앞에서 끄는 차량
at**tract** 유혹하다 ← 어떤 쪽으로(a-) 마음을 끌어당기다
abs**tract** 추상적인 ← 구체적인 사물로부터 멀리(abs = away) 당기는
con**tract** 계약하다 ← 함께(con) 자기쪽으로 유리하게 당기다
dis**tract** (마음을) 어지럽히다 ← 정신을 쏙 빼놓다(dis = away)

통암기 테스트 ✏️ 통째로 익힌 표현의 핵심어휘를 한국어로 옮겨보세요. 뜻이 여럿인 단어는 해당 표현에 맞는 것만 적으세요. 초중등 수준 단어는 괄호로 묶었습니다.

▸ 정답은 252쪽에

1
realize
fault
_____

2
realize
(dream)
_____

3
ugly
(face)
_____

4
abstract
(art)
_____

5
shake
(head)
_____

6
impulsive
purchase
_____

7
ordinary
(people)
_____

8
unemployment

rate
_____

9
cut down
expense
_____

10
scorch
(blouse)
iron
_____

11
compromise
terrorist
_____

12
earn
(money)
_____

13
announce
concrete
(plan)
_____

14
carry out
welfare
(program)
_____

15
(social)
reform
_____

16
lead to
bankruptcy
_____

17
thorough
review
_____

18
government
policy
_____

19
inevitable
(choice)
_____

20
juvenile
crime
_____

21
vacant
(seat)
_____

22
population
density
_____

23
drastic
decline
(the Roman Empire)
_____

24
decline
steadily
_____

25
supply
necessary
(item)
_____

Bonus +1
더 어려운
통암기
테스트에
도전하세요!

Bonus +2
영어 표현을
듣고
한국어 뜻을
말해보세요!

DAY 03

듣고 확인하자!

Day03.mp3

study date | yy | mm | dd |

0051
[[리모우트]]
a remote village　　　　　　　　외딴 마을
* remote 외딴 ← 다시(re-) 이사 가서(mote = move) 멀어진

0052
[아퍼레이트]
operate a machine　　　　　　기계를 작동시키다
* operation [아퍼레이션] 1.작동 2.수술

0053
[퍼-밋션]
enter without permission　　허락 없이 들어가다
* permit 허락(허가)하다 ← 전적으로(per-) 권한을 주다(mit)

0054
[익스포우저-]
exposure to radiation　　　방사능에 대한 노출
* expose 노출시키다 ← 밖에(ex, e-) 두다(pose = put)

0055
[엠퍼싸이즈]
emphasize its importance　그 중요성을 강조하다
* emphasis [엠퍼시스] 강조

0056
[디벨럽]
develop his potential　　　잠재력을 계발하다
* development 발전

0057
[베너핏츠]
plenty of benefits　　　　　많은 이점들
* plenty of 많은, 풍부한(= plentiful)

0058
[오버루러]
overlook the problem　　　문제를 간과하다
* overlook 1. 간과하다 2. 멀리 바라보다 ← ~을 넘어(over) 보다(look)

0059

lessen traffic congestion [컨제스천]

교통 체증을 감소시키다

● **lessen** 줄이다, 감소시키다 ← less(더 적은) + en(~하게 만들다)

0060

cultivate the land [컬티'베이트]

땅을 경작하다

● **cultivation** [컬티'베이션] 경작, 개간

0061

run a grocery store [그로써리]

식료품 가게를 운영하다

● **grocer** 식료품 장수

0062

establish a cornerstone [이스태블리쉬]

초석을 세우다

● **establish** 설립하다 ← 안정된(estable = stable) 것으로 만들다

0063

a research institution [인스티튜션]

연구 기관

● **research** 연구하다, 조사하다 ← 다시(re-) 찾아보다(search)

0064

a prominent politician [펄리티션]

유명한 정치인

● **political** [펄리티클] 정치적인 **politics** [팔러틱스] 정치(학)

0065

a teacher's recommendation [(으)레커믄데이션]

교사의 추천

● **recommend** [(으)레커멘드] 추천하다

0066

take a legal action [(을)리걸]

법적인 조치를 취하다

● **legal** 법률의, 합법적인(↔ illegal [일리걸] 불법적인)

0067

compensate for the loss [캄픈세이트]

손실을 보상하다

● **compensation** [컴펜세이션] 보상

0068

take care of injured children [인저-드]

다친 어린이를 돌보다

● **injure** 부상을 입다(입히다) **injury** 부상

0069
□□
[에피데믹]
die of an epidemic

전염병으로 죽다

0070
□□
[바이트]
bite her arm

팔을 물다

• **bite** (이빨로) 물다(- bit - bitten)

0071
□□
[앱솔루트]
absolute power

절대적인 권력

• **absolutely** 완전히, 절대적으로

0072
□□
[디스거스팅]
a disgusting smell

역겨운 냄새

• **disgust** 혐오감, 싫음

0073
□□
[허그]
hug each other

서로 꺼안다

• **hug** 꺼안다, 포옹

0074
□□
[스띠프]
a stiff neck

뻣뻣한 목

0075
□□
[(으)레머디]
a natural remedy

자연적 치료법

바캉스라고 하는 말은 프랑스어에서 '휴가'를 뜻하는 vacance에서 왔습니다. 영어 vacation에 해당하죠. 여기에서 vac은 '비어 있는'이란 뜻으로, 자리를 비우고 떠난다는 의미에서 '휴가'가 되었답니다.

vacuum 진공 ← 공기가 없는 빈 상태
vacant (자리 따위가) 비어 있는

vanity 허영 ← 속이 텅 빈
vanish 사라지다 ← 자리를 비우다
vain 헛수고한, 소용없는 ← 손이 텅 빈

통암기 테스트

통째로 익힌 표현의 핵심어휘를 한국어로 옮겨보세요. 뜻이 여럿인 단어는
해당 표현에 맞는 것만 적으세요. 초중등 수준 단어는 괄호로 묶었습니다.

▶ 정답은 252쪽에

1
remote
(village)

2
operate
(machine)

3
(enter)
permission

4
exposure
radiation

5
emphasize
(importance)

6
develop
potential

7
plenty of
benefit

8
overlook
(problem)

9
lessen
traffic
congestion

10
cultivate
(land)

11
run
grocery
(store)

12
establish
cornerstone

13
research
institution

14
prominent
politician

15
(teacher)
recommendation

16
take an action

legal

17
compensate for

loss

18
take care of
injured
(children)

19
die of
epidemic

20
bite
(arm)

21
absolute
(power)

22
disgusting
smell

23
hug
(each other)

24
stiff
(neck)

25
(natural)
remedy

Bonus +1
더 어려운
통암기
테스트에
도전하세요!

Bonus +2
영어 표현을
듣고
한국어 뜻을
말해보세요!

DAY 04

0076
have a breakthrough in negotiations
[니고시에이션]
- **breakthrough** 돌파구, 큰 발전
  ← 장애물을 깨어(break) 관통하는(through) 것

협상의 돌파구를 마련하다

0077
bring about a striking change
[스트라이킹]
- **striking** 놀라운 ← 마음을 치는(strike)

놀라운 변화를 가져오다

0078
apply for a job
[어플라이]
- **applicant** [애플리컨트] 지원자, 신청자

일자리에 지원하다

0079
apply the rules
- **application** [애플리케이션] 적용, 지원

규칙을 적용하다

0080
forbid human cloning
[포-비드]

인간 복제를 금지하다

0081
classify as top secret
[클래써파이]
- **classify** 분류하다
  classification [클래써피케이션] 분류 ← class(반, 계급)로 나누는 것

일급비밀로 분류하다

0082
the theory of evolution
[에벌루션]
- **evolve** [이발브] 진화하다, 발전시키다

진화론

0083
a rich imagination
[이머지네이션]
- **imaginative** [이매지너티브] 상상력이 풍부한 **imaginary** [이매지너리] 가상의

풍부한 상상력

0084

[디스까'버리]

a historic discovery

역사적 발견

- discover 발견하다 ← 덮은 것(cover)을 떼어(dis-)내다

0085

[보우스트]

boast about his skill

기술을 뽐내다

- boastful 자랑하는, 뽐내는

0086

[어포우즈]

oppose a plan

계획에 반대하다

- opposite [아퍼짓트] 맞은편에 있는 ← 반대편에(op-) 두는(pose = put)

0087

[노-리] *t음은 모음 사이에서 [ㄹ]로 발음됨

spank her naughty son

심술궂은 아들의 볼기짝을 때려주다

0088

[이니셜]

an initial symptom

초기 증상

- initial 1. 처음의 2. 머리글자

0089

[캄플렉스]

a complex structure

복잡한 구조

- complex 복잡한 ← 함께(con-) 꼬인(plex)

0090

[컨덕트] *명사일 때는 [컨덕트]

conduct a poll

여론 조사를 실시하다

- conduct 1. 수행하다 2. 지휘하다 3. 이끌다 4. 처신하다
  ← 같이(con-) 끌고 가다(duct, duce)

0091

[앱선트]

be absent from school

학교에 결석하다

- absence 부재, 불참

0092

[프레셔]

stand pressure

압박을 견디다

- stand 1. 서다 2. 참다, 견디다

0093

[프**라버빌러티]

probability of a failure

실패할 가능성

- probable 가능성 있는

0094
☐☐

[제뉴인]   [앤티-크]
a genuine antique
진짜 골동품

0095
☐☐

[인클루드]
include tax
세금이 포함되다

* include 포함하다 ← 안에(in) 넣고 닫아버리다(clud ← close)

0096
☐☐

[글로리어스]
take pride in the glorious history

* glory 영광

영광스러운 역사에 자긍심을 느끼다

0097
☐☐

[칠리]
chilly weather
쌀쌀한 날씨

* chill 냉기, 한기

0098
☐☐

[파인]
a pocket full of change
잔돈으로 가득한 주머니

* change 1. 잔돈 2. 바꾸다

0099
☐☐

[딜리'버]
deliver a parcel to a client's house

* delivery 배달

고객의 집까지 소포를 배달하다

0100
☐☐

a slight injury
가벼운 부상

* slightly [슬라이틀리] 약간, 경미하게 ← s + light (가벼운)

어근을 알면 단어가 보인다   stand

stand, stance, stant는 스펠링이 조금씩 다르지만 모두 '서 있다'라는 의미를 지닌 어근입니다.

standard 기준 ← 참고하려고 세워 놓은 것
sub**stance** 물질 ← 물체의 표면 아래(sub-) 들어서 있는 것
in**stance** 예 ← 범주 안에(in) 들어가 있는 것
con**stant** 끊임없는, 지속적인 ← 한결 같이(con) 서 있는
di**stant** 먼 ← 떨어져(di-) 서 있는

▶ 정답은 252쪽에

1
breakthrough

negotiation

2
bring about
striking
(change)

3
apply for
(job)

4
apply
(rule)

5
forbid
(human)
cloning

6
classify
(top secret)

7
theory
evolution

8
(rich)
imagination

9
(historic)
discovery

10
boast
skill

11
oppose
(plan)

12
spank
naughty
(son)

13
initial
symptom

14
complex
structure

15
conduct
poll

16
absent
(school)

17
stand
pressure

18
probability
failure

19
genuine
antique

20
include
tax

21
take pride
glorious
(history)

22
chilly
(weather)

23
(pocket)
be full of
change

24
deliver
parcel
client

25
slight
injury

Bonus +1
더 어려운
통암기
테스트에
도전하세요!

Bonus +2
영어 표현을
듣고
한국어 뜻을
말해보세요!

DAY 05

study date │ yy │ mm │ dd │

0101
[차 지]
an extra charge
추가 요금
- charge 1. 요금 2. 부담 3. 책임

0102
[칸스피큐어스]
a conspicuous trait
눈에 띄는 특징
- conspicuous 눈에 잘 띄는 ← 눈에 완전히(con-) 보이는(spic, spect)

0103
[이디엇트]
treat him like an idiot
바보처럼 취급하다
- treat 1. 다루다 2. 대접하다

0104
[스쁠릿]
split wood with an axe
도끼로 나무를 쪼개다
- woods 숲

0105
run into an old friend
옛 친구와 마주치다
- run into 우연히 만나다 ← 달리다가(run) 맞닥뜨리다(into)

0106
[캐쉬]
short of cash
현금이 부족한
- short 1. 짧은 2. 키가 작은 3. 부족한 shorten 짧게 줄이다 ← short + en

0107
[위드스드로-]
withdraw some money
돈을 인출하다
- withdraw 빼내다, 물러나다 ← ~을 가지고(with) 당기다(draw)

0108
[디파짓트]
deposit money
돈을 예금하다
- deposit 예금하다 ← 아래(de-)에 두다(pose)

0109
[어카운트]
a bank account
은행 계좌
- account 계좌 ← 계산(count)의 뜻에서

0110
☐☐

[디테일드]
give a detailed account
상세한 설명을 해주다

● detail 1. 상세히 알리다, 설명하다 2. 세부 항목

0111
☐☐

[이슈]
issue a traffic ticket
교통(위반)딱지를 발급하다

● issue 1. 문제(ex. environmental issues 환경 문제) 2. 발급하다

0112
☐☐

[퍼니쉬먼트]
a harsh punishment
가혹한 처벌

● punish 벌주다

0113
☐☐

[프라미스]
break his promise
약속을 깨다

● promise 약속(하다) promising 장래성 있는

0114
☐☐

[프라'버-브]
an old proverb
옛날 속담

● proverb 속담 ← 전부터(pro-) 입으로(verb) 전해진 말

0115
☐☐

[저스티'파이]
The end justifies the means.

● end 1. 끝 2. 목적, 목표
목적이 수단을 정당화한다.
● just 정당한, 정의의 justice 정의

0116
☐☐

have somebody to turn to
의지할 사람이 있다

● turn to 의지하다 ← 아쉬울 때 ~쪽으로(to) 돌아보다(turn)

0117
☐☐

[캐스트]
cast a vote
표를 던지다

0118
☐☐

[컨'페스]
confess frankly
솔직히 고백하다

● confession 고백

0119
☐☐

[컨센서스]
a national consensus
국민적 합의

● consensus 공감대 ← 함께(con-) 느끼는(sense) 것

0120
☐☐

[호우스트]
host the World Cup
월드컵을 개최하다
* host 1. 주최하다 2. (남자)주인(cf. hostess 여자 주인)

0121
☐☐

[디'피컬트]
somewhat difficult
다소 어려운
* difficulty 어려움

0122
☐☐

make out what she said
그녀가 말한 것을 이해하다

0123
☐☐

[디씨전]
make a wise decision
현명한 결정을 내리다
* decide [디싸이드] 결단을 내리다 ← 잘라서(cid = cut) 떼어(de-)버리다

0124
☐☐

[(으)릴라이]
rely on international aid
국제적 원조에 의존하다
* rely on ~에 의지(의존)하다 reliable 믿을 만한

0125
☐☐

[엑스플러네이션]
a logical explanation
논리적 설명
* explain [익스플레인] 설명하다

어근을 알면 단어가 보인다　　　　　　　uni

uni는 '하나'란 뜻입니다. 전설에 나오는 뿔(corn) 하나 달린 말을 unicorn이라고 하죠?

union 조합, 연맹 ← 노동자들을 하나로 묶은 것
unit 단위 ← 한 개 ← 개별적인 것
uniform 유니폼 ← 한 가지로 형태(form)를 통일한 것
universe 우주, 삼라만상 ← 하나가 되어 돌아가는(vers = turn) 것
university 종합 대학 ← 여러 학부가 한 곳에 모인 것

통암기 테스트 ✎ 통째로 익힌 표현의 핵심어휘를 한국어로 옮겨보세요. 뜻이 어렵인 단어는 해당 표현에 맞는 것만 적으세요. 초중등 수준 단어는 괄호로 묶었습니다.

▶ 정답은 253쪽에

1
extra
charge

2
conspicuous
trait

3
treat
idiot

4
split
axe

5
run into
(old friend)

6
short of
(cash)

7
withdraw
(money)

8
deposit
(money)

9
(bank)
account

10
detailed
account

11
issue
traffic
ticket

12
harsh
punishment

13
(break)
promise

14
(old)
proverb

15
end
justify
means

16
(somebody)
turn to

17
cast
vote

18
confess
frankly

19
national
consensus

20
host
(World Cup)

21
somewhat
(difficult)

22
make out
(what she said)

23
wise
decision

24
rely on
aid

25
logical
explanation

Bonus +1
더 어려운
통암기
테스트에
도전하세요!

Bonus +2
영어 표현을
듣고
한국어 뜻을
말해보세요!

DAY 06

0126
come up with a solution [썰루션]　　해결책을 생각해내다
- solve 풀다, 해결하다

0127
put what he learned into practice [프랙티스]
- practice 1. 실천 2. 관례 3. 연습하다　　배운 것을 실천에 옮기다

0128
an objective viewpoint [어브젝티'브]　　객관적인 시각
- objective 객관적인 ← 사물(object)과 관련된

0129
an inferior quality [인피리어]　　떨어지는 품질
- inferior 열등한, 하위의(↔ superior [슈피리어] 월등한, 우수한)

0130
a former President [프레즈던트]　　전직 대통령
- president 대통령, 회장, (대학)총장(대통령일 때는 대문자로 시작)

0131
the latter part of the movie [(을)래터]　　영화의 뒷부분
- latter 후반의, 후자의(↔ former)

0132
food that is apt to go bad [앺트]　　상하기 쉬운 음식
- apt 적절한, 알맞은 **be apt to** ~하기 쉬운(= be likely to)

0133
make mischief on April Fool's Day [미스치'프]
- mischief 나쁜 짓, 장난　　만우절에 짓궂은 장난을 치다
  mischievous 장난꾸러기의, 짓궂은

0134

[컴플리-트] *[캄플리트] 완전한
complete the mission
임무를 완수하다

• complete 1. 완수(완료)하다 2. 완전한 completion 완결 incomplete 불완전한

0135

[인데'버]
a constant endeavor
끊임없는 노력

• constant 끊임없는, 지속적인 ← 한결같이(con) 서 있는(stand)

0136

[케이아스]
fall into chaos
혼돈에 빠지다

• chaotic [케이아릭] 혼란스런, 무질서한

0137

[날리쥐]
lack of background knowledge
배경지식의 부족

• knowledge 지식 ← know(알다) + ledge

0138

[퍼제스] [이노-머스]
possess enormous wealth
엄청난 부를 소유하다

• enormous 거대한 ←보통(norm)이 넘는

0139

[압스터클]
overcome obstacles
장애물들을 극복하다

• overcome 극복하다(= get over)
  ← 장애물 따위를 넘어서(over) 오다(come)

0140

[써포-트]
support her family
가족을 부양하다

• support 1. 지지하다 2. 부양하다
  ← 밑(su-)을 떠받치고 나르다(port)

0141

[센트먼트]
a sentiment of pity
연민의 정

• sentiment 감정 ← 느낌(sense)이 강한 것

0142

[프러히빗]
prohibit them from selling gun
그들에게 총기 판매를 금지시키다

• prohibition 금지

0143
[디파-처]
delay the departure
출발을 지연시키다
* depart 떠나다, 출발하다 ← 떨어져(de-) 서로 다른 부분(part)이 되다

0144
[액시던트]
a minor accident
사소한 사고
* accidental (사고가 나는 것처럼) 우연한

0145
[플런쉬]   [오우션]
plunge into the ocean
바다에 첨벙 빠지다

0146
[코-즈]
look into the cause
원인을 조사하다
* look into 조사하다 ← 안쪽(into)을 들여다보다(look)

0147
[애널라이즈]
analyze the statistics
통계 자료를 분석하다
* analysis [어낼러씨스] 분석

0148
[밤]
a bomb-making expert
폭탄 제조 전문가
* bomber [바미-] 폭격기, 폭파범

0149
[비해'쓰]
on behalf of all the staff
모든 직원들을 대표해서
* behalf 대표하다 ← 절반(half)이 되다(be)

0150
[씸피 $^{\theta}$씨]
feel sympathy for him
그에게 동정심을 느끼다
* sympathize 1. 동정하다 2. 동감하다 ← 함께(sym-) 감정(path = phatos)을 나누다

어근을 알면 단어가 보인다   **port**

portable size라고 하면 들고 다니기 편한 크기를 의미하죠. 여기서 port는 carry의 뜻입니다.
그러면 porter는 '짐 나르는 사람' 정도가 되겠죠?

port 항구 ← 짐을 싣고 내리는 곳   **report** 보고 ← 다시(re-) 내용을 전달하는 것
import 수입 ← 항구 안으로(in) 들어오는 것   **support** 지원, 부양 ← 아래에서(su = sub) 떠받쳐 나르는 것
export 수출 ← 항구 밖으로(ex) 나가는 것   **transport** 운송하다 ← ~를 지나서(trans = across) 나르다

통암기 테스트 ✏ 통째로 익힌 표현의 핵심어휘를 한국어로 옮겨보세요. 뜻이 여럿인 단어는 해당 표현에 맞는 것만 적으세요. 초중등 수준 단어는 괄호로 묶었습니다.

▸ 정답은 253쪽에

1
come up with
_____

solution
_____

2
put A into practice

(learn)
_____

3
objective
_____
viewpoint
_____

4
inferior
_____
quality
_____

5
former
_____
(President)

6
latter
_____
(part)

7
(food)
be apt to
go bad
_____

8
mischief
_____
(April Fool's day)

9
complete
_____
(mission)

10
constant
_____
endeavor
_____

11
fall into
_____
chaos
_____

12
lack
_____
background
_____
knowledge
_____

13
possess
_____
enormous
_____
wealth
_____

14
overcome
_____
obstacle
_____

15
support
_____
(family)

16
sentiment
_____
pity
_____

17
prohibit
_____
(gun)

18
delay
_____
departure
_____

19
minor
_____
(accident)

20
plunge
_____
(ocean)

21
look into
_____
cause
_____

22
analyze
_____
statistics
_____

23
bomb
_____
expert
_____

24
on behalf of
_____
staff
_____

25
(feel)
sympathy
_____

Bonus +1
더 어려운
통암기
테스트에
도전하세요!

Bonus +2
영어 표현을
듣고
한국어 뜻을
말해보세요!

DAY 07

study date | yy | mm | dd |

0151 [빅팀]
a victim of war　　　　　　전쟁의 희생자

0152 [블레임]
blame him for failure　　　실패를 그의 탓으로 돌리다

0153 [인스펙트]
inspect the murder scene　　살인 현장을 조사하다
- inspection 검사 ← 안쪽을(in-) 들여다보는(spec = see) 것

0154 [어메이징]
an amazing story　　　　　놀라운 이야기
- amaze 놀라게 하다

0155 [포싯]
turn off the faucet　　　　수도꼭지를 잠그다

0156 [(으)레이지]
yell in rage　　　　　　　화가 나서 소리치다
- rage 분노(하다) **enrage** 화나게 하다 ← en(~하게 하다) + rage(화)

0157 [타잇튼]
tighten her seatbelt　　　좌석 벨트를 매다
- tighten 조이다, 팽팽해지다 **tight** (몸에) 꽉 끼는

0158 [(을)리드]
open the lid　　　　　　　뚜껑을 열다
- lid 뚜껑(cf. eyelid 눈꺼풀 ← 눈을 덮는 뚜껑)

0159 [썹스터튜트]
substitute his role　　　　그의 역할을 대신하다

0160 □□

[트랜스패런트]
a transparent liquid

투명한 액체

- **transparent** 투명한 ← ~을 넘어서(trans) 보이는(apare = appear)

0161 □□

[포멜러티]
stick to formality

형식에 집착하다

- **formal** 1. 형식적인 2. 정중한 (↔ informal 1. 비공식의 2. 일상적인)

0162 □□

[θ쓰레드]
needle and thread

실과 바늘

0163 □□

[다이]
dye hair

머리를 염색하다

- **hairy** [헤어리] 털이 많은

0164 □□

[슈렁큰]
shrunken clothes

(빨아서) 줄어든 옷

- **shrink** 오그라들다, 줄어들다(- shrunk - shrunken)

0165 □□

[볼-드]
a bald eagle's claws

대머리 독수리의 발톱

- **bald** 대머리의 (cf. bold [보울드] 1. 대담한 2. 글씨체가 굵은)

0166 □□

[(을)레더]
leather strap

가죽 끈

0167 □□

[스떠-]
stir the stew

국을 젓다

0168 □□

[초어-]
share household chores

가사를 분담하다

0169 □□

[스꼴드]
scold a child

아이를 꾸짖다

0170 □□

[프래그먼트]
shatter into fragments

조각나서 흩어지다

- **fragment** 부스러기, 파편 ← 부서진(frag = break) 것

0171
☐☐

[메쓰]
make a mess
난장판을 만들다

• mess 엉망진창, 난장 messy 지저분한

0172
☐☐

[(으리)젬블]
resemble her father
아버지를 닮다

• resemble 닮다 resemblance 닮음, 유사

0173
☐☐

[스트롤]
stroll along the sea shore
해변을 따라 거닐다

0174
☐☐

[셰이드]
shade under the tree
나무 밑 그늘

• shade 1. 그늘 2. 햇빛 가리개

0175
☐☐

[페인트]
faint from shock
충격으로 기절하다

• faint 1. 희미한 2. 기절하다(의식이 희미해지는 것)

11세기 말 이슬람교 일파의 리더 하산 싸바브는 테헤란에 성을 지어 그 안에 분수와 실개천을 만들고 화원을 가꾸어 미녀들을 노닐게 했습니다. 그리고 건장한 젊은이들을 마약의 일종인 핫시시(hashish)로 잠재워 성으로 데려와 그곳에서 며칠을 놀게 했답니다. 그런 후에 "그 낙원에 다시 가고 싶으면 아무개를 암살하라"고 지령을 내렸고, 이렇게 조직된 암살단은 고위급 요인을 살해하는 등 한때 맹위를 떨치게 되지요. 영어에서 '암살자'란 뜻을 가진 assassin은 그들이 사용한 마약 hashish에서 유래한 것이라고 합니다.

통암기 테스트 🖊

통째로 익힌 표현의 핵심어휘를 한국어로 옮겨보세요. 뜻이 여럿인 단어는 해당 표현에 맞는 것만 적으세요. 초중등 수준 단어는 괄호로 묶었습니다.

▶ 정답은 253쪽에

1
victim
(war) ....

2
blame ....
failure ....

3
inspect ....
murder ....
scene ....

4
amazing ....
(story)

5
turn off ....
faucet ....

6
yell ....
rage ....

7
tighten ....
(seatbelt)

8
(open) ....
lid ....

9
substitute ....
role ....

10
transparent ....
liquid ....

11
stick to ....
formality ....

12
needle ....
thread ....

13
dye ....
(hair)

14
shrunken ....
clothes ....

15
bald ....
(eagle)
claw ....

16
leather ....
strap ....

17
stir ....
stew ....

18
share ....
household ....
chore ....

19
scold ....
(child)

20
shatter ....
fragment ....

21
(make) ....
mess ....

22
resemble ....
(father)

23
stroll ....
(shore)

24
shade ....
(tree)

25
faint ....
(shock)

Bonus +1
더 어려운
통암기
테스트에
도전하세요!

Bonus +2
영어 표현을
듣고
한국어 뜻을
말해보세요!

week **2**

자주 어울리는 단어들이 모여 뜻을 이루는
통암기 표현입니다. 각 단어를 조합해서 뜻을
생각해보고 오른쪽 뜻과 일치하는지 확인해보세요.
낱단어보다는 표현 전체를 통으로 외우는 게
포인트!

Nothing will come of nothing.
무에서 생기는 것은 무뿐이다

DAY 08

듣고 확인하자!

Day08.mp3

study date | yy | mm | dd |

0176

[익셉트]
everybody except for him　　그를 제외하고 모두

• except for ~을 제외하고 exception 예외 exceptional 예외적인

0177

[데어링]
a daring operation　　모험적인 수술

• daring 대담한, 위험한 dare 감히 ~하다

0178

[인헤릿]
inherit his property　　재산을 상속하다

• inherit 상속하다 heritage 유산, 전통

0179

[칸트랙트]
sign the contract　　계약서에 서명하다

• contract 계약(하다) ← 쌍방이 함께(con-) 밀고 당기는(tract) 것

0180

[인'베스트]
invest in stocks　　주식에 투자하다

• investment 투자 investor 투자자

0181

[쑤-]
sue her ex-husband　　전남편을 고소하다

• suit 1. 소송(= lawsuit) 2. (정장) 한 벌 3. ~에 알맞다

0182

[메뉴'팩쳐]
manufacture household appliances

• manufacture 제조하다 ← 손(manu)으로 만들다(fact)　　가전제품을 제조하다

0183

[언두]
undo his shoelaces　　신발끈을 풀다

• undo 취소하다 ← 한(do) 것을 없애다(un-)

0184

[어'밴던]
abandon hope　　희망을 버리다

0185

[밸류]

cling to a traditional value　전통적인 가치에 매달리다

* valuable 가치 있는 evaluate 평가하다 ← 가치(value)를 매기다

0186

[언프레시덴티드]

unprecedented financial crisis　유례없는 금융 위기

* unprecedented 유례없는 ← 앞서 간(precede) 적이 없는(un-)

0187

[인더스트리]

protect domestic industry　국내 산업을 보호하다

* industrialize 산업화하다 industrialization 산업화

0188

[인'포-스먼트]

a strict law enforcement　엄격한 법 집행

* enforce 시행하다 ← 힘(force)을 동원해서 하다

0189

[(으)리스'빤스'빌러티]

undertake the responsibility　책임을 떠맡다

* responsible 책임이 있는(↔ irresponsible 책임감이 없는)

0190

[컴피-트]

compete for survival　생존을 위해 경쟁하다

* competition 경쟁 competitor 경쟁자 competitive 경쟁적인

0191

[(으)리스크]

be willing to take a risk　기꺼이 위험을 감수하다

* risky 위험한

0192

[데스'뻐릿]

a desperate wish　간절한 소망

* desperate 1. 필사적인, 간절한 2. 자포자기한 3. 절망적인 despair [디스페어] 절망

0193

[피리어드]

omit a period　마침표를 빼먹다

* omit 빠뜨리다 ← ~없이(o-) 보내다(mit)
* period 1. 기간 2. 마침표

0194
☐☐

[어발리쉬]
abolish slavery

노예 제도를 폐지하다

• slave 노예

0195
☐☐

[쉘터]
hide in shelter

피난처에 숨다

0196
☐☐

[프라그레스]
significant progress

의미 있는 진전

• progress 1. 전진(하다) 2. 진보(하다) ← 앞으로(pro) 가는(gress) 것

0197
☐☐

[프러스펙티'ㅂ]
a prospective job

전도유망한 직업

• prospect 전망, 가망 ← 앞(pro)을 보는(spect) 것

0198
☐☐

[크루셜]
a crucial phase

중대한 국면

• crucial 중대한, 힘든 ← 십자가(cru ← cross)에서 유래

0199
☐☐

[데스트니]
change destiny

운명을 바꾸다

• destiny 운명 ← 우리 앞에 멀리 떨어져(de- = away) 서 있는(stin = stand) 것

0200
☐☐

[올터]
alter some of the plans

일부 계획을 변경하다

어근을 알면 단어가 보인다   grad

grade는 '성적', '학년'으로 많이 쓰는데, 원래는 단계(= step)의 의미에서 확장된 것입니다. A~F
처럼 단계별로 나눈 게 성적이고, 단계적으로 올라가는 게 학년이니까요.

gradual 단계적인, 점차적인

graduate 졸업하다, 졸업생 ← 단계를 모두 밟다

pro**gress** 진보하다 ← 앞으로 한 단계 나아가다

con**gress** 의회 ← 정치인들이 함께(con-) 가서 모이는 곳

ag**gress** 공격하다 ← 어떤 쪽으로(a-) 나아가다

통암기 테스트 ✎

통째로 익힌 표현의 핵심어휘를 한국어로 옮겨보세요. 뜻이 여럿인 단어는 해당 표현에 맞는 것만 적으세요. 초중등 수준 단어는 괄호로 묶었습니다.

▶ 정답은 254쪽에

1
except for
(him)

2
daring
operation

3
inherit
property

4
(sign)
contract

5
invest
stock

6
sue
ex-husband

7
manufacture

household
appliance

8
undo
shoelace

9
abandon
(hope)

10
cling to
traditional
value

11
unprecedented

financial
crisis

12
protect
domestic
industry

13
strict
law
enforcement

14
undertake
responsibility

15
compete
survival

16
be willing to
take a risk

17
desperate
(wish)

18
omit
period

19
abolish
slavery

20
hide
shelter

21
significant
progress

22
prospective
(job)

23
crucial
phase

24
(change)
destiny

25
alter
(plan)

Bonus +1
더 어려운
통암기
테스트에
도전하세요!

Bonus +2
영어 표현을
듣고
한국어 뜻을
말해보세요!

DAY 09

듣고 확인하자!

Day09.mp3

study date | yy | mm | dd |

0201
☐☐

[어뷰즈]
abuse drugs 　　　　　　　　　　　약물을 남용하다

- **abuse** [어뷰즈] 남용(오용)하다 ← 잘못(ab-) 쓰다(use)

0202
☐☐

[어뷰스] *발음 유의
child abuse 　　　　　　　　　　　아동 학대

- **abuse** [어뷰스] 1.남용, 오용 2.학대 3.욕설

0203
☐☐

[(으)래디컬루션]
a radical revolution 　　　　　　　급진적인 혁명

- **revolutionary** 혁명적인 ← 세상을 다시(re-) 돌리는(volu ← volve)

0204
☐☐

[칸^v버세이션]
cut into the conversation 　　　　대화에 끼어들다

- **converse** 함께 이야기하다, 대화하다

0205
☐☐

[이그노어]
ignore the warning 　　　　　　　경고를 무시하다

- **ignorance** 무식, 무지 ← 알지(gno = know) 못하는(in-) 것

0206
☐☐

[스낍]
skip a chapter 　　　　　　　　한 단원을 건너뛰다

- **skip** 깡충깡충 뛰다, 건너뛰다

0207
☐☐

[불리]
bully classmates 　　　　　　　반 친구를 괴롭히다

0208
☐☐

[치-트]
cheat on an exam 　　　　　　시험에서 부정행위를 하다

- **cheat** 속이다, 사기 치다

0209
☐☐

[하스틀]
be hostile to American people 　　미국인에게 적대적이다

- **hostility** [하스틸러티] 적대감

0210
☐☐

[젤러스]
be jealous of her success　　　그녀의 성공을 질투하다

• jealousy 질투

0211
☐☐

[엘러건트]
an elegant lady　　　우아한 숙녀

• elegance 우아함, 고상함

0212
☐☐

[바더-]　　　　　　　[앱서드]
bother me with absurd questions

• bother 괴롭히다, 귀찮게 하다　　터무니없는 질문으로 날 성가시게 하다
  bothersome 귀찮은, 성가신

0213
☐☐

[ˈ프라운]
a frowning face　　　찡그린 얼굴

• facial [ˈ페이셜] 얼굴의, 안면의

0214
☐☐

[씹]
sip on soda　　　탄산음료를 홀짝홀짝 마시다

• sip 조금씩 마시다, 홀짝이다

0215
☐☐

[데들라인]
meet the deadline　　　마감 시한을 맞추다

• deadline 마감 시한 ← 정해진 시간을 넘기면 쓸모없는, 죽는(dead) 것

0216
☐☐

[써머라이즈]
summarize the book's content　　책 내용을 요약하다

• content 내용 ← 안에 함께(con-) 담고 있는(tain, tent = take) 것

0217
☐☐

[스띤쥐]　　[마이저]
a stingy miser　　　인색한 구두쇠

0218
☐☐

[밸리드]
a valid date　　　유효한 날짜

• valid 유효한, 타당한(↔ invalid 유효하지 않은)

0219
☐☐

[포어텔]
foretell precisely　　　정확하게 예언하다

• precise 정확한 ← 앞(pre-)을 뾰족하게 자른(cis, cid = cut)

0220
learn a formula by heart
[ˈfɔːrmjələr]
공식을 암기하다

• formula 공식 ← 형식(form)으로 만든 것

0221
calculate the volume approximately
[ˈkælkjəleɪt]
부피를 대략적으로 계산하다

• calculator 계산기 calculation 계산

0222
multiply the length by the width
[ˈmʌltəplaɪ]
길이와 너비를 곱하다

• length 길이(cf. lengthen 길게 늘이다)
• width 폭, 너비(cf. widen 넓히다)

0223
a wall with cracks
[크랙]
금이 간 벽

• crack 갈라진 금 ← (벽, 과자) 따위가 갈라지는 소리에서

0224
an isolated region
[아이설레이티드]
고립된 지역

• isolate 고립시키다 ← 섬(island)에 놔두다

0225
a stubborn attitude
[스터번]
완고한 태도

어근을 알면 단어가 보인다   **tain**

tain은 take의 철자가 약간 변형된 것으로 '손에 쥐다', '취하다'라는 의미입니다.

obtain 획득하다 ← ~에 맞서서(ob = against) 취하다
attain 달성하다 ← 목표물 쪽으로(a-) 다가가 손에 쥐다
contain 포함하다 ← ~을 함께(con) 가지고 있다
maintain 유지하다, 관리하다 ← 손(main = manu)에 가지고 있다

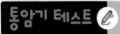 통암기 테스트

통째로 익힌 표현의 핵심어휘를 한국어로 옮겨보세요. 뜻이 여럿인 단어는
해당 표현에 맞는 것만 적으세요. 초중등 수준 단어는 괄호로 묶었습니다.

▶ 정답은 254쪽에

1
abuse ....
drug ....

2
(child) ....
abuse

3
radical ....
revolution ....

4
cut into ....
conversation

....

5
ignore ....
warning ....

6
skip ....
chapter ....

7
bully ....
(classmate)

8
cheat ....
(exam)

9
hostile ....
(American)

10
be jealous of ....
success ....

11
elegant ....
(lady) ....

12
bother ....
absurd ....
(question)

13
frowning ....
(face) ....

14
sip ....
(soda)

15
meet ....
deadline ....

16
summarize ....
content ....

17
stingy ....
miser ....

18
valid ....
(date) ....

19
foretell ....
precisely ....

20
learn by heart ....
formula ....

21
calculate ....
volume ....
approximately ....

22
multiply ....
length ....
width ....

23
wall ....
crack ....

24
isolated ....
region ....

25
stubborn ....
attitude ....

Bonus +1
더 어려운
통암기
테스트에
도전하세요!

Bonus +2
영어 표현을
듣고
한국어 뜻을
말해보세요!

DAY 10

듣고 확인하자!

Day10.mp3

study date | yy | mm | dd |

0226 [디스포우절]
disposal of toxic waste 유독성 폐기물 처리
- **dispose** 처분하다 ← 떼내어(dis-) 다른 곳에 두다(pose)

0227 [(으)리포-트]
hand in a report 보고서를 제출하다
- **report** 1. 보고(서) 2. 보고하다

0228 [어싸인먼트]
give an assignment to students 학생들에게 과제를 내주다
- **assign** 할당하다, 배정하다
  ← 표시(sign)해서 나누다

0229 [Ψ비어]
send via e-mail 이메일로 보내다
- **via** 1. ~를 통해 2. ~를 경유하여

0230 [컬랩스] [씰링]
a collapsed ceiling 무너진 천장
- **set a ceiling on pay rises** 봉급 인상에 한도를 두다

0231 [플렁크]
flunk math 수학을 망치다(낙제하다)
- **flunk** 시험 등을 망치다(속어 표현)

0232 [업스큐어]
an obscure theme 모호한 주제

0233 [컨사이슬리]
answer concisely 간결하게 대답하다
- **concise** 간결한 ← 불필요한 부분을 함께(con) 잘라낸(cis, cid = cut)

0234 [디얼]
deal with important issues 중요한 문제를 다루다
- **deal** 다루다, 거래하다(- dealt - dealt) **dealer** 상인

0235

[컴플리케이티드]
complicated problems

복잡한 문제

• complicate 복잡하게 만들다 ← 함께(com) 꼬다(pli)

0236

look over the report

보고서를 검토하다

• look over 검토하다 ← 빠르게 넘겨(over)가면서 보다(look)

0237

[ᵛ비져블]
barely visible to naked eye

육안으로 겨우 보이는

• visible 보이는(↔ invisible 보이지 않는) visual [ᵛ비쥬얼] 시각적인

0238

[패스포-트]
hand over a passport

여권을 건네주다

• passport 여권 ← 공항(airport)을 통과(pass)할 수 있는 증명서

0239

[머슬]
a solid muscle

단단한 근육

• muscular [머스큘러] 근육의

0240

[유니ᵛ버스]
a vast universe

광활한 우주

0241

[하이드로젼]
consist of hydrogen and oxygen

수소와 산소로 이루어지다

• hydrogen 수소
  ← 물(hydro)을 만들어내는(gen ← generate) 것

0242

[컴포지션]
an English composition

영어 작문

• composition 2. 작문, 작곡 ← 1. 구성 ← 여러 개를 같이(com-) 두는(pose = put) 것

0243

[컴포우즈]
compose music

음악을 작곡하다

• composer 작곡가

0244

[(으)레어]
a rare substance

희귀한 물질

• substance 물질 ← 겉으로 드러나지 않고 밑에(sub-) 들어 있는(stance = stand) 것

0245
[템퍼러처]
an average temperature
평균 기온

* temperature 온도 ← 열(temper)을 나타내는 것

0246
[어저스트]
adjust the focus of a camera
카메라 초점을 맞추다

* adjustment 조정, 조절

0247
[으리트리트]
retreat from the front
전선에서 후퇴하다

* retreat 후퇴하다 ← 뒤로(re-) 당기다(treat = tract)

0248
[프리퍼]
prefer watching TV to reading
독서보다 티비 보는 것을 좋아하다

0249
[언콰이어]
acquire practical skills
실용적인 기술을 습득하다

* acquisition 습득

0250
[마이크로스꼬우프]
see through a microscope
현미경을 통해 보다

* microscope 현미경 ← 작은 것(micro)을 보는(scope) 것

어근 을 알면 단어가 보인다　　　　　　**volve**

volume의 vol은 roll, 즉 두루마리를 뜻합니다. 책을 셀 때 volume으로 '~권'을 나타내는 것은 옛날에는 책이 지금 같은 형태가 아니라 양가죽 따위에 글자를 적어 둘둘 말아서 보관하던 형태였기 때문이라고 하네요.

evolve 전개하다, 진화하다 ← 밖으로(e, ex-) 굴러 나가다
revolve 회전하다 ← 다시(re-) 돌다
revolution 대변혁, 혁명 ← 세상이 한바퀴 돌아 변한 것
involve 포함시키다, 연관시키다 ← 안으로(in-) 싸서 말다

통암기 테스트 ✎ 통째로 익힌 표현의 핵심어휘를 한국어로 옮겨보세요. 뜻이 여럿인 단어는 해당 표현에 맞는 것만 적으세요. 초중등 수준 단어는 괄호로 묶었습니다.

▶ 정답은 254쪽에

1
disposal
toxic
waste

2
hand in
(report)

3
assignment
(student)

4
via
(e-mail)

5
collapse
ceiling

6
flunk
(math)

7
obscure
theme

8
(answer)
concisely

9
deal with
(issue)

10
complicated
(problem)

11
look over
(report)

12
barely
visible
naked eye

13
hand over
passport

14
solid
muscle

15
vast
universe

16
consist of
hydrogen
oxygen

17
(English)
composition

18
compose
(music)

19
rare
substance

20
average
temperature

21
adjust
focus

22
retreat
front

23
prefer A to B

24
acquire
practical
skill

25
through
microscope

Bonus +1
더 어려운
통암기
테스트에
도전하세요!

Bonus +2
영어 표현을
듣고
한국어 뜻을
말해보세요!

DAY 11

듣고 확인하자!

Day11.mp3

study date | yy | mm | dd |

0251 [메디컬]
a medical instrument 의료 기구
- medication 투약, 약물 치료

0252 [게이쥐]
a measuring gauge 측정 기기
- measures 수단

0253 [마이뉴-트] *발음 유의
minute particles 미세 입자
- particle 알갱이, 입자 ← 부분(part)으로 나뉘어진 작은(-cle) 것

0254 [이그지스턴스]
an invisible existence 보이지 않는 존재
- exist 존재하다

0255 [퀘스트]
a quest for the truth 진리 탐구
- question 질문 ← 진리를 추구하는(quest) 것

0256 [컨템(프)트]
feel contempt for him 그에게 경멸을 느끼다
- contemptible 경멸할 만한

0257 [호온]
honk horns (자동차) 경적을 울리다
- horn 1. 뿔 2. 나팔, 경적(뿔로 나팔을 만든 것에서 유래)

0258 [(으)리피-트]
repeat stupid mistakes 어리석은 실수를 되풀이하다
- repetition [(으)레퍼티션] 반복 repetitive [(으)리페티티ᵛ브] 반복적인

0259 [컨셔스니스]
recover her consciousness 의식을 회복하다
- conscious 의식이 있는(↔ unconscious 의식이 없는, 무의식적인)

0260 [(으)립]
rip up a piece of paper   종이 한 장을 뜯어내다

0261 [글러ᵛ브]
put on the gloves inside out   장갑을 뒤집어 끼다
- glove 장갑(한 짝) (cf. globe [글로우브] 지구)

0262 [섈로우]
a shallow stream   얕은 실개천
- stream 개울, 시내, 흐름, 경향(str-은 길게 뻗어 흘러감을 표현 ex. straight 똑바로)

0263 [대즐링]
dazzling sunlight   눈부신 햇빛

0264 [애드큇트]
adequate capital for a business   사업을 위한 충분한 자금
- adequate 충분한
  ← 더해서(ad-) 부족함 없이 똑같이(equa = equal) 만든

0265 [스떰블]
get drunk and stumble   취해서 비틀거리다
- drunkard 술고래

0266 [앵클]
twist his ankle   발목을 삐다

0267 [스깨어리]
a scary movie   무서운 영화
- scare ~를 놀라게 하다

0268 [셰이프]
show off her shape   몸매를 과시하다
- shape 형태, 모양, 몸매

0269 [엔ᵛ비]
envy her slim waist   그녀의 가는 허리를 부러워하다
- envious 부러워하는

0270
fall in love at first sight [싸이트]   첫눈에 사랑에 빠지다
- **sight** 1. 시각 2. 시력 3. 광경

0271
turn down my request [(으)리퀘스트]   요청을 거절하다
- **request** 요구 ← 다시(re-) 의향을 묻는(quest = question) 것

0272
meet by chance [챈스]   우연히 만나다
- **by chance** 우연히(= by accident)

0273
bring up orphans [오'펀]   고아들을 키우다
- **bring up** 기르다, 양육하다 ← 위로(up) 올리다(bring)

0274
a mild climate [클라이밋]   온화한 기후

0275
demand a refund [(으)리'펀드]   환불을 요구하다
- **refund** 환불 ← 다시(re) 돈(fund)을 주는 것

어근 을 알면 단어가 보인다   part

part는 잘 아시다시피 부분이라는 뜻입니다. 백화점을 department store라고 하는데, 백화점은 여러 종류의 상품을 부문별로 나누어 판매하는 곳이죠. 그래서 part가 들어간 것입니다. 회사에선 department가 '부서', 대학에선 '학과'를 뜻합니다.

particle 입자 ← 부분이 되는 것   **a**part 떨어져서 ← 부분(part)이 떨어진(a-)
particular 특별한 ← 개개의 ← 부분적인   pro**port**ion 비율 ← 전체에 대한 부분의 비
partial 편파적인 ← 부분에 치우친   de**part**ure 출발 ← 떠남 ← 떨어져(de) 한 부분이 된 것

통암기 테스트 ✏️

통째로 익힌 표현의 핵심어휘를 한국어로 옮겨보세요. 뜻이 여럿인 단어는
해당 표현에 맞는 것만 적으세요. 초중등 수준 단어는 괄호로 묶었습니다.

▶ 정답은 254쪽에

1
(medical)
instrument

2
measure
gauge

3
minute
particle

4
invisible
existence

5
quest
truth

6
(feel)
contempt

7
honk
horn

8
repeat
stupid
mistake

9
recover
consciousness

10
rip up
(paper)

11
put on
glove
inside out

12
shallow
stream

13
dazzling
(sunlight)

14
adequate
capital

15
get drunk
stumble

16
twist
ankle

17
scary
(movie)

18
show off
shape

19
envy
slim
waist

20
fall in
at first sight

21
turn down
request

22
(meet)
by chance

23
bring up
orphan

24
mild
climate

25
demand
refund

Bonus +1
더 어려운
통암기
테스트에
도전하세요!

Bonus +2
영어 표현을
듣고
한국어 뜻을
말해보세요!

DAY 12

듣고 확인하자!

Day12.mp3

study date | yy | mm | dd |

0276
[젓지]
judge him by his appearance
외모로 그 사람을 판단하다
• judge 1. 판단하다 2. 재판관

0277
[엑쓰클러메이션]
an exclamation mark
느낌표
• exclaim 탄성을 지르다 ← 입 밖으로(ex-) 소리치다(claim = call)

0278
[헬θ쓰]
health counts
건강이 중요하다
• healthy 건강한 healthful 건강에 좋은

0279
[카운트]
count on her whenever necessary
필요할 땐 언제나 그녀에게 의지하다
• count on ~을 믿다(확신하다),
~에 의지하다(= depend on, rely on)

0280
[씨씨-드]
succeed in the end
마침내 성공하다
• success 성공 successful 성공적인

0281
[업죠-빙]
sweat-absorbing clothes
땀을 흡수하는 옷
• absorption [업죠(압)션] 흡수

0282
[을렉처]
a boring lecture
지루한 강의
• boring 지루한(지루하게 만드는) bored [보어-드] 지루해진(따분해 하는)

0283
[페이션스]
lose his patience
인내심을 잃다
• patient 끈기 있는, 참을성 있는(↔ impatient 안달하는)

0284 [이그재민]
examine the patient
환자를 진찰하다
* examination 검사, 시험

0285 [뤼스트]
grab her wrist
손목을 잡다
* grab 붙잡다 ← 와락 움켜 쥐는 모습에서

0286 [스웨어]
swear by the stars in the sky
하늘의 별에 맹세하다
* swear 1.맹세하다 2. 욕하다

0287 [폴트]
admit his fault
잘못을 인정하다
* admit 인정하다 ← ~에게(ad-) 찬성의 뜻을 보내다(mit, miss = send)

0288 [네이버]
be on good terms with neighbors
* neighborhood 1. 근처, 주위 2. 이웃(관계)
이웃들과 사이좋게 지내다

0289 [스니프]
sniff socks
양말에 코를 대고 킁킁거리다
* sniff 냄새 맡다, 코를 킁킁대다

0290 [더미]
stand still like a dummy
마네킹처럼 우두커니 서 있다
* dummy 1. 인체 모형 2. 모조품 3. 멍청이 dumb [덤] 말 못하는, 멍청한

0291 [포-쓰]
move back and forth
앞뒤로 움직이다
* back 1. 뒤로 2. 등

0292 [카워드]
call him a coward
그를 겁쟁이라고 부르다
* cowardly 겁 많은

0293 [딧취]
dig a ditch
도랑을 파다
* dig 파다, 파내다, 뒤지다(- dug - dug)

0294

[애티튜드]
a passive attitude

수동적인 자세

- **active** 적극적인, 능동적인(↔ inactive 움직이지 않는)

0295

[수퍼스티션]
believe in superstitions

미신을 믿다

- **superstition** 미신 ← 현실을 넘어(super) 서 있는(stit = stand) 대상
- **believe** 믿다 **belief** 1. 믿음 2. 신념

0296

[컨빈싱]
convincing proof

확신할 만한 증거

- **prove** [프루브] 1. 증명하다 2. ~로 판명되다

0297

[비해이비어]
irrational behavior

비이성적 행동

- **irrational** 비이성적인, 비논리적인(↔ rational 이성적인)
- **behave** 행동하다, 처신하다

0298

[트렘블]
tremble with fear

두려움에 떨다

- **fearful** 무서운

0299

[인젝션]
take a flu injection

독감 (예방)주사를 맞다

- **injection** 주사, 주입 ← 안으로(in) 쏘는(ject, jet) 것

0300

[레이지]
fire lazy workers

게으른 노동자들을 해고하다

- **fire** 1. 발사하다 2. 해고하다

어근을 알면 단어가 보인다   ceed

ceed는 go의 뜻으로, 명사형이 되면 철자가 cess로 변형됩니다.

proceed 전진하다 ← 앞으로(pro-) 가다   **recede** 후퇴하다 ← 뒤로(re-) 가다

exceed 과하다 ← 정도를 넘어(ex = out) 가다   **access** 접근 ← ~쪽으로(a-) 가는 것

succeed 계승(성공)하다 ← 누구 밑(suc = sub)에 가다 **decease** 죽다 ← 멀리(de = away)가 버리다

▶ 정답은 255쪽에

1
judge
appearance

2
exclamation
mark

3
(health)
count

4
count on
necessary

5
succeed
in the end

6
sweat
absorb
(clothes)

7
boring
lecture

8
lose
patience

9
examine
patient

10
grab
wrist

11
swear
(by the stars)

12
admit
fault

13
on good terms with

(neighbor)

14
sniff
(sock)

15
stand still
dummy

16
(move)
back and forth

17
(call)
coward

18
dig
ditch

19
passive
attitude

20
believe in
superstition

21
convincing
proof

22
irrational
behavior

23
tremble
fear

24
(flu)
injection

25
fire
lazy

Bonus +1
더 어려운
통암기
테스트에
도전하세요!

Bonus +2
영어 표현을
듣고
한국어 뜻을
말해보세요!

DAY 13

듣고 확인하자!

Day13.mp3

study date | yy | mm | dd |

0301 [니글렉트]
neglect his duty 의무를 소홀히 하다

0302 [*바밋트]
vomit what she has eaten 먹은 것을 토해내다
- vomit 토하다 ← 입안에서 보내다(mit)

0303
run out of gas 휘발유가 떨어지다
- run out 다 써버리다, 없어지다 ← 에너지가 다하도록(out) 달려가다(run)

0304 [(을)로우드]
stack the load 짐을 쌓아올리다

0305
load his gun 총을 장전하다
- load 1. 짐을 싣다 2. 장전하다

0306 [(으)리콜]
recall her childhood 어린 시절을 회상하다
- recall 회상하다 ← 기억에서 다시(re) 불러(call)내다

0307 [디스팻취]
dispatch troops 군대를 파견하다

0308 [배ᵐ스텁]
a drain in the bathtub 욕조의 배수구

0309 [이머-전시]
in case of emergency 비상시에
- in case of ~의 경우에, ~의 발생시에
- emergency 비상(사태), 긴급 상황 ← 갑자기 나타난(emerge) 것

0310

an FBI agent

[에이전트]

FBI 요원

• **agency** 1. 대행업체 2. 정부 기관

0311

pull over the car

차를 한쪽에 세우다

• **pull over** 차를 대다, 세우다 ← 마차를 세우려고 말고삐를 잡아당기다(pull)

0312

a rusty sword

[쏘어드]

녹슨 검

• **rust** 녹

0313

obstruct the road

[업스트럭트]

길을 가로막다

• **obstruct** 막다, 방해하다 ← 구조물(struct ← structure)로 맞서다(against)

0314

scratch his face

[스크랫취]

얼굴을 할퀴다

0315

a new breed of cattle

[브리-드]

신품종의 소

• **breed** 1. 사육하다 2. (가축의) 품종

0316

hurt my feeling

[허-트]

내 기분을 상하게 하다

• **hurt** (몸이나 마음을) 다치게 하다(- hurt - hurt)

0317

make up with her after quarreling

[쿼를]

싸우고 난 뒤 그녀와 화해하다

0318

take marriage for granted

[매리쥐]

• **take A for granted** A를 당연하게 생각하다
← A를 주어진(granted) 것으로 받아들이다(take)

결혼을 당연하게 받아들이다

0319

disappear for good

[디스어피어]

영원히 사라지다

| 0320 | **betray his friend** | 친구를 배신하다 |

[비트레이]

• betrayal 배신

| 0321 | **a casual meeting** | 우연한 만남 |

[캐주얼]

• casual 1. 우연한, 뜻하지 않은 2. 평상복인

| 0322 | **even score** | 동점 |

[스코어]

• even 1. 심지어 2. 동등한 3. 짝수의

| 0323 | **an even number** | 짝수 |

• odd number 홀수

| 0324 | **conceal her intention** | 의도를 감추다 |

[컨실]

| 0325 | **a moral principle** | 도덕적 원칙 |

[프린서플]

• immoral 비도덕적인

어근 을 알면 단어가 보인다   **miss**

missile(미사일)에서 miss는 보내다(send)라는 뜻을 가진 어근입니다. '쏘아 보내는 것'이란 의미니까 딱 맞는 이름이죠?

mission 사절단, 임무 ← 포교를 위해 보낸 것
dis**miss** 해산시키다 ← 멀리(dis = away) 보내다
ad**miss**ion 허가, 입장 ← ~쪽으로 들여 보내는 것
pro**mise** 약속 ← 먼저 말로 주는 것

e**mit** 배출하다 ← 밖으로(e-) 보내다
sub**mit** 제출하다 ← 밑에서 건네다
trans**mit** 전송하다 ← A에서 B로 보내다

통암기 테스트 ✎ 통째로 익힌 표현의 핵심어휘를 한국어로 옮겨보세요. 뜻이 여럿인 단어는 해당 표현에 맞는 것만 적으세요. 초중등 수준 단어는 괄호로 묶었습니다.

▶ 정답은 255쪽에

1
neglect
duty

2
vomit
(eat)

3
run out of
(gas)

4
stack
load

5
load
(gun)

6
recall
childhood

7
dispatch
troop

8
drain
bathtub

9
in case of
emergency

10
(FBI)
agent

11
pull over
(car)

12
rusty
sword

13
obstruct
(road)

14
scratch
(face)

15
breed
cattle

16
hurt
(feeling)

17
make up with

quarrel

18
take A for granted

(marriage)

19
disappear
for good

20
betray
(friend)

21
casual
(meeting)

22
even
(score)

23
even
(number)

24
conceal
intention

25
moral
principle

Bonus +1
더 어려운
통암기
테스트에
도전하세요!

Bonus +2
영어 표현을
듣고
한국어 뜻을
말해보세요!

듣고 확인하자!

Day14.mp3

study date | yy | mm | dd |

0326
[캐슬] 't 묵음
dwell in a castle　　　　　성에 거주하다
- dwell 살다, 거주하다

0327
[타픽]
dwell on the topic　　　　주제에 대해 생각하다
- dwell on 곰곰히 생각하다 ← 어떤 생각에(on) 머무르다(dwell)

0328
[펑츄얼]
a punctual person　　　시간을 잘 지키는 사람
- punctuality [펑츄앨러티] 시간 엄수

0329
[컨덕트]
conduct an orchestra　　　관현악단을 지휘하다
- conductor 지휘자

0330
[그래'버티]
zero gravity　　　　무중력 (상태)

0331
[그레이'브]
a grave problem　　　　중대한 문제
- grave 중대한 ← 어떤 일이 무거운(gravi = heavy)

0332
[테러터리]
expand Roman territory　　로마의 영토를 확장하다
- expand 확장하다(cf. extend 연장하다) expansion 확장

0333
[인'퍼닛트]
an infinite potential　　　무한한 잠재력
- infinite 무한한(↔ finite ['파이나이트] 유한한, 한정된)

0334
[어쎔(프)션]
a groundless assumption　　　근거 없는 추측
- assume 1. 가정하다 2. (일을) 떠맡다

0335 **an astronomer's prediction** [프리딕션] 천문학자의 예측
- **predict** 예견하다 ← 미리(pre) 말하다(dict)

0336 **an astronaut's return** [애스트로넛트] 우주 비행사의 귀환

0337 **spontaneous volunteering** [스빤테이니어스] 자발적인 봉사 활동
- **voluntary** 자발적인

0338 **a big applause** [어플로즈] 큰 박수갈채
- **applaud** 박수를 보내다

0339 **set up a fund** 기금을 조성하다

0340 **preserve endangered animals** [프리저-'브]
- **preserve** 보존하다 멸종 위기에 처한 동물들을 보존하다
  ← 미리(pre) 아껴두다(serv = save)

0341 **dents on the surface** [써-'피스] 표면의 흠집들
- **surface** 표면 ← 얼굴(face) 위에(sur) 있는 것

0342 **polish shoes** [팔리쉬] 구두를 광내다

0343 **cars stuck in a crowd** [스떡] [크라우드] 군중 속에서 꼼짝 못하는 차량들
- **crowded** 혼잡한, 붐비는

0344 **take a shortcut** 지름길을 택하다
- **shortcut** 지름길 ← 긴 거리를 잘라(cut) 짧게(short) 만든 것

0345 [어라이'ㅂ]
arrive in time
정시에 도착하다
- in time 제시간에 맞춘 ← 시간(time) 안에(in)

0346 ['플랫]
a flat screen
평평한 화면
- a flat tire 바람 빠진 타이어 ← 평평한 타이어

0347 [퍼데스트리언]
run over a pedestrian
보행자를 치다
- pedestrian 보행자 ← 다리(ped = foot)로 가는 사람

0348 [클로우스]
come close to dying
죽을 뻔하다
- close 1. [클로우즈] 닫다 2. [클로우스] 가까이, 가까운

0349 [컨텐드] [아니스트]
contend that he is honest
그가 정직하다고 주장하다
- contend 주장하다
- honesty 정직 dishonest 부정직한

0350
contend for the championship
- contend 경쟁하다 ← 함께(con-) 손을 뻗다   챔피언 자리를 위해 경합하다

어근 을 알면 단어가 보인다   set

sit, set, seat가 모두 혈통이 같은 단어라는 것은 스펠링을 보면 쉽게 짐작이 갈 것입니다. set은
앉아 있는(sit) 상태, 즉 '고정된 상태로 두다'라는 의미에서 '설치하다'가 됩니다.

settle 정착하다 ← 자리에 앉다   reside 거주하다 ← 돌아와 다시(re-) 앉다
seat 앉는 자리, 앉히다   preside (회의를) 주재하다 ← 앞에(pre-) 앉다(sid = sit)
saddle 안장 ← 말 위에 앉을 때 쓰는 것   president 회장, 의장, 총장, 대통령 ← 앞에 앉아 통솔하는 자
                                        session 개회, 회기 ← 의원들이 모두 앉는 것

통암기 테스트 🖊 통째로 익힌 표현의 핵심어휘를 한국어로 옮겨보세요. 뜻이 여럿인 단어는 해당 표현에 맞는 것만 적으세요. 초중등 수준 단어는 괄호로 묶었습니다.

▸ 정답은 255쪽에

1
dwell in
(castle)

2
dwell on
(topic)

3
punctual
(person)

4
conduct
(orchestra)

5
(zero)
gravity

6
grave
(problem)

7
expand
territory

8
infinite
potential

9
groundless
assumption

10
astronomer
prediction

11
astronaut
(return)

12
spontaneous
volunteering

13
(big)
applause

14
set up
fund

15
preserve
endangered

16
dent
surface

17
polish
(shoe)

18
stuck
crowd

19
(take)
shortcut

20
(arrive)
in time

21
flat
(screen)

22
run over
pedestrian

23
come close to
(dying)

24
contend
(honest)

25
contend for
(championship)

Bonus +1
더 어려운
통암기
테스트에
도전하세요!

Bonus +2
영어 표현을
듣고
한국어 뜻을
말해보세요!

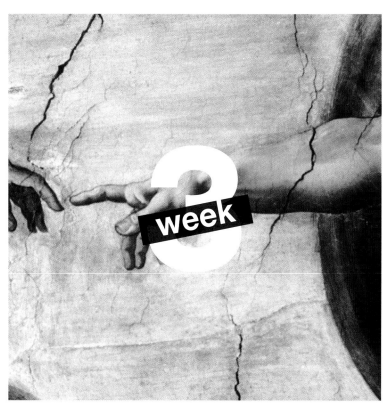

3 week

자주 어울리는 단어들이 모여 뜻을 이루는
통암기 표현입니다. 각 단어를 조합해서 뜻을
생각해보고 오른쪽 뜻과 일치하는지 확인해보세요.
낱단어보다는 표현 전체를 통으로 외우는 게
포인트!

The only thing we have to fear is fear itself.

우리가 두려워 해야 할 유일한 것은
두려움 그 자체다

DAY 15

0351
[프리머티'브]
primitive tribes 원시 부족들
- **primitive** 원시의, 최초의 (cf. prime 제일의)

0352
[오'거나이즈]
organize a labor union 노동조합을 결성하다
- **organization** 조직(체), 기관 • **laborer** 노동자

0353
[프래절]
a fragile woman 연약한 여자
- **fragile** 약한 ← 부서지기(frag = break) 쉬운

0354
[오리진]
the origin of species 종의 기원
- **original** [어리지널] 원래의, 독창적인 **originality** [어리지낼러티] 독창성

0355
[익스팅션]
be on the verge of extinction 멸종 위기에 처해 있다
- **verge** 경계, 가장자리 • **extinct** 멸종된

0356
[익스팅귀쉬]
extinguish a mountain fire 산불을 진화하다
- **extinguisher** 소화기

0357
[드라우트]
a severe drought 극심한 가뭄

0358
[하'비스트]
harvest crops 곡물을 수확하다

0359
[케틀]
The pot calls the kettle black.
냄비가 주전자더러 검다고 한다.

0360 [머캐니컬] [이큅먼트]
mechanical equipment
기계 장비

- equip (장비 따위를) 장착하다, 설치하다

0361 [(으)리]바이[ㅂ]
revive the tropical rain forest
열대 우림을 되살리다

- revive 부활시키다, 재생시키다
  ← 다시(re) 살아나다(vive)

0362 [웨이]
weigh himself on the scale
저울에 몸무게를 달다

- weight 무게

0363 [익스펙테이션]
live up to her parents' expectation
부모의 기대에 부응하다

- expect 기대하다, 예상하다
  ← 밖을(ex-) 내다보다(-spect)

0364 [매씨ㅂ]
a massive rock
육중한 바위

- mass 덩어리

0365 [패럴라이즈]
a paralyzed body
마비된 몸

- paralysis [퍼랠러씨스] 마비

0366 [컨비[니]언트]
convenient public transportation
편리한 대중교통

- inconvenient 불편한 • transport 나르다, 수송하다

0367 [아일런드] [이퀘이터]
islands around the equator
적도 부근의 섬

- equator 적도 ← 남, 북반구를 동등(equal)하게 나눈 선

0368 [노-던] [헤미스피어]
the northern hemisphere
북반구

- hemisphere 반구 ← 구(sphere)를 반(hemi-, semi-)으로 나눈 것

0369
a global issue
전 세계적인 문제

● globalize 세계화하다

0370
a luxurious fur coat
[럭쥬리어스]
사치스러운 모피 코트

● luxury [럭셔리] 사치(품)

0371
[애너멀]
catch animals with a trap
덫으로 동물들을 잡다

0372
[크루얼]
a cruel scene
잔인한 장면

● cruel 잔인한 cruelty 잔인함
● scene 장면, 현장 scenery 풍경

0373
[프린서펄]
the principal reason
주된 이유

● principal 1. 주된 2. 교장

0374
[컨써'베이션]
wildlife conservation
야생 동물 보존

● conserve 보호하다, 보존하다 ← 함께(con) 아껴두다(serv = save)

0375
[리핀 '폴리엄]
refine petroleum
석유를 정제하다

● refine 정제하다 ← 다시(re-) 걸러서 좋게(fine) 만들다

어근 을 알면 단어가 보인다   **serve**

save는 '(위험에서) 구하다'라는 뜻이 확대되어 '~를 안전하게 지키다', '저축하다'로도 사용됩니다. save는 serv로 나타나기도 합니다.

serve 시중들다 ← 옆에서 왕을 지키다
reserve 예약하다 ← 뒤로(re-) 빼내어 안전하게 지키다
conserve 보존하다 ← 함께(con-) 안전하게 지키다
preserve 보호하다 ← 미리(pre-) 안전하게 지키다

통암기 테스트 ✎

통째로 익힌 표현의 핵심어휘를 한국어로 옮겨보세요. 뜻이 여럿인 단어는 해당 표현에 맞는 것만 적으세요. 초중등 수준 단어는 괄호로 묶었습니다.

▶ 정답은 256쪽에

1
primitive
tribe

2
organize
labor
union

3
fragile
(woman)

4
origin
species

5
on the verge of

extinction

6
extinguish
(fire)

7
severe
drought

8
harvest
crop

9
pot
kettle

10
mechanical
equipment

11
revive
tropical
rain forest

12
weigh
scale

13
live up to
expectation

14
massive
(rock)

15
paralyze
(body)

16
convenient
public
transportation

17
(island)
equator

18
(northern)
hemisphere

19
global
issue

20
luxurious
fur

21
(catch)
trap

22
cruel
(scene)

23
principal
reason

24
wildlife
conservation

25
refine
petroleum

DAY 16

듣고 확인하자!

Day16.mp3

study date | yy | mm | dd |

0376
curse god
[커 식]
신을 저주하다

0377
warn about the danger of floods
[워언] [데인저] [플러즈]
홍수의 위험을 경고하다
- dangerous 위험한

0378
abundant mineral resources
[어번던트]
풍부한 광물 자원
- abundant 풍부한 abound in ~이 풍부하다
- resource (주로 복수로) 자원 ← source(근원)

0379
fossil fuels
[파슬]
화석 연료

0380
present a diploma
[프리젠트]
졸업장을 수여하다

0381
AI stands for artificial intelligence.
[아-러'피셜]
AI는 인공 지능을 의미한다.
- intelligent 지적인

0382
fertile soil
[퍼-틀]
비옥한 토양
- fertile 비옥한, 풍부한(↔ infertile 비옥하지 못한)

0383
indispensable nutrition
[인디스펜서블]
필수 영양소
- indispensable 꼭 필요한
  ← in(not) + dispense(나누어주다) + able(~할 수 있는) = 나누어줄 수 없는
- malnutrition 영양 실조

0384
indoor humidity
[휴미더티]
실내 습도
- humid 습한

0385

ease tension on the Korean peninsula [퍼닌슐러]

한반도의 긴장을 완화시키다

● tension 긴장 ← 신경이 팽팽한(tense)

0386

acid rain [애씨드]

산성비

● rainbow 무지개 ← (비온 뒤) 활(bow)처럼 굽은 것

0387

a partial judgment [파-셜]

편파적인 판정

● partial 편파적인(↔ impartial 공정한) ← 부분(part)으로 치우친

0388

emit carbon dioxide [다이악사이드]

이산화탄소를 배출하다

● emit 1. 분출 2. 배출하다 ← 밖으로(e-) 보내다(mit)
emission 배출

0389

destroy the ecosystem [이코씨스템]

생태계를 파괴하다

● destruction 파괴

0390

ozone layer [(을)레이어]

오존층

● layer 층 ← 눕혀서(lay) 쌓아 만든 것

0391

affect the personality [퍼스낼러티]

성격에 영향을 미치다

● personal 개인적인

0392

air pollution [펄루션]

공기 오염

● pollute 오염시키다 pollutant 오염 물질

0393

launch a spacecraft [(을)론-취]

우주선을 발사하다

● launch 1. 발사하다 2. (일을) 시작하다

0394

a satellite in Earth orbit [쌔틀라이트]

지구 궤도에 있는 인공위성

0395
melt ice
얼음을 녹이다

0396
[데버스테이트]
a village devastated by disaster
재해로 황폐해진 마을
- disastrous 재앙의

0397
[머나터너스]
a monotonous rhythm
단조로운 리듬
- monotonous 단조로운 ← 음(tone)이 하나(mono)인

0398
[밴디지]
bandage a sprained ankle
삔 발목을 (붕대로) 감다
- bandage 1. 붕대 2. 붕대를 감다 ← 띠(band)처럼 생긴 것

0399
[마운튼]
a mountain slope
산비탈
- slope 경사면 ← 미끄러져(slip) 내려오는 면

0400
call off the game
경기를 취소하다
- call off 취소하다, 철회하다(= cancel)

어근을 알면 단어가 보인다   **mono**

선로가 한 줄인 철도를 monorail이라고 부르죠? mono는 '하나(one)'의 뜻을 가진 접두사입니다.

monotonous 단조로운 ← 음조(tone)가 하나인   **mono**logue 독백 ← 혼자서 말하는(logue) 것
monopoly 독점 ← 혼자서 잡고(poly) 있는 것

1
curse
(god)

2
warn
floods

3
abundant
mineral
resource

4
fossil
fuel

5
present
diploma

6
stand for
artificial
intelligence

7
fertile
soil

8
indispensable

nutrition

9
indoor
humidity

10
ease
tension
peninsula

11
acid
(rain)

12
partial
judgment

13
emit
carbon dioxide

14
destroy
ecosystem

15
ozone
layer

16
affect
personality

17
(air)
pollution

18
launch
spacecraft

19
satellite
orbit

20
melt
(ice)

21
devastate
disaster

22
monotonous
rhythm

23
bandage
sprain

24
(mountain)
slope

25
call off
(game)

Bonus +1
더 어려운
통암기
테스트에
도전하세요!

Bonus +2
영어 표현을
듣고
한국어 뜻을
말해보세요!

DAY 17

0401
[억쎌러레이트]
accelerate growth　　　　　　　　　성장을 촉진시키다

0402
[아이덴티컬]
identical twins　　　　　　　　　　일란성 쌍둥이

0403
[컨퓨전]
identity confusion　　　　　　　　　정체성 혼란
* **confuse** 헷갈리게 만들다 ← 여러 개를 함께(con-) 붓다(fuse)

0404
[어트랙티브]
an attractive woman　　　　　　　　매력적인 여자
* **attract** 끌어당기다 **attraction** 매력

0405
[어번]
urban culture　　　　　　　　　　도시적 문화
* **cultural** 문화적인

0406
[보이쥐]
a thrilling voyage to ancient sites
　　　　　　　　　　　고대 유적지로의 스릴 넘치는 여행

0407
[인써피션트]
an insufficient income　　　　　　불충분한 수입
* **insufficient** 불충분한(= deficient 결핍된, 부족한 ↔ sufficient 충분한)

0408
[디스팅티브]　　　　　[캐릭터리스틱]
distinctive characteristics　　　　구분되는 특징
* **distinctive** 독특한, 특색 있는 ← 콕 찍어서(stinc = sting) 다른 것과 떼어(di-) 놓은
  distinct 구별되는, 별개의

0409
[이럽션]　　　　　　　[발케이노]
an eruption of a volcano　　　　　화산의 분출
* **erupt** 분출하다 ← 밖으로(e, ex-) + 터지다(rupt)

0410

[이레귤러]

an irregular interval
불규칙적인 간격

• irregular 불규칙한, 비정규의(↔ regular 일정한, 규칙적인)

0411

[커낼]

the Panama Canal
파나마 운하

0412

[인스테이블]

an unstable Internet connection
불안정한 인터넷 연결

• unstable 불안정한(↔ stable 안정된)
stabilize 안정시키다

0413

[지오그래'피컬]

a geographical feature
지리적 특징

• geography 지리학 ← 땅(geo-)을 그리는(-graph) 것

0414

[일리미네이트]

eliminate famine
기근을 뿌리 뽑다

• elimination 제거

0415

[플레이그]

prevent the plague from spreading
전염병이 번지는 것을 예방하다

• prevention 예방 preventive 예방적인

0416

[인썸니어]

insomnia accompanied by stress
스트레스로 인해 수반되는 불면증

• accompany 동행하다, 뒤따르다
← 함께 일행(company)이 되다

0417

[베인]

make vain efforts
헛수고를 하다

• vanity 허영

0418

[어파-트먼트]

the residents of an apartment
아파트 주민들

• reside [(으)리자이드] 거주하다 ← 다시(re) 제자리에 앉다(sid = sit)

0419 [이미테이트]
imitate his voice exactly
* imitation 모방

그의 목소리를 똑같이 흉내내다

0420 [익셀]
excel in every respect
* respect 측면 ← 다시(re-) 보는(spect) 부분

모든 면에서 뛰어나다

0421 [으리씨브]
receive a bunch of flowers
* reception 접대 receipt [(으)리씨트] 영수증

꽃 한 다발을 받다

0422 [트랜스'포-ㅁ드]
a transformed structure
* transform 변형시키다 ← 형태(form)를 바꾸다(trans-)

변형된 구조

0423 [쓰라이브]
thrive in swamps

늪지대에 번성하다

0424 [임프루'브먼트]
room for improvement
* room 1. 방 2. 자리, 공간 3. 여지, 기회
* improve 향상시키다

개선의 여지

0425 [컴포우넌트]
a key component
* component 요소 ← 안에 함께(com) 넣어(pon = put) 두는 것들

중요한 요소

'막대'를 뜻하는 단어 stick의 의미는 원래 '찌르다'입니다. stink, sting 등도 그런 의미에서 각각
'(코를 찌르듯이) 냄새나다', '(벌이) 쏘다'의 뜻을 가지게 되었습니다.

stitch 바느질하다 ← 뾰족한 것으로 찌르다   distinct 구분되는 ← 떨어져(di-) 삐죽 나온(stinct)
stimulate 자극하다 ← 신경을 찌르다   extinct 멸종한 ← 불꽃이 다하여(ex = out) 사그라진
                                         instinct 본능 ← 안(in)에서 찔러대는 것

통암기 테스트 🖊 통째로 익힌 표현의 핵심어휘를 한국어로 옮겨보세요. 뜻이 여럿인 단어는
해당 표현에 맞는 것만 적으세요. 초중등 수준 단어는 괄호로 묶었습니다.

▶ 정답은 256쪽에

1
accelerate
growth

2
identical
twins

3
identity
confusion

4
attractive
(woman)

5
urban
(culture)

6
thrilling
voyage
ancient
site

7
insufficient
income

8
distinctive
characteristic

9
eruption
volcano

10
irregular
interval

11
(Panama)
canal

12
unstable
connection

13
geographical

feature

14
eliminate
famine

15
prevent A from B

plague
spread

16
insomnia
accompany

17
vain
effort

18
resident
(apartment)

19
imitate
(voice)
exactly

20
excel
in every respect

21
receive
bunch
(flower)

22
transform
structure

23
thrive
swamp

24
room
improvement

25
key
component

Bonus +1
더 어려운
통암기
테스트에
도전하세요!

Bonus +2
영어 표현을
듣고
한국어 뜻을
말해보세요!

DAY 18

듣고 확인하자!

Day18.mp3

study date | yy | mm | dd |

0426
[호울리]
a holy duty　　　　　　　　　　　　신성한 의무

0427
[케미컬] [웨펀]
chemical weapons　　　　　　　　　화학 무기
* chemistry 화학 chemist 화학자

0428
[픽 더 훅 펌리]
fix the hook firmly　　　　　고리를 단단히 고정하다

0429
[메디슨]
oriental medicine　　　　　　　　동양 의학
* orient 동양

0430
[어트리뷰트]
attribute the cause to his carelessness
* care 주의, 보살핌　　　　원인을 그의 부주의 탓으로 돌리다

0431
[디펜드]
depend on parents　　　　　　　부모에게 의존하다
* dependant 의존적인(↔ independent 독립적인)

0432
catch up to the other horses　　다른 말들을 따라잡다

0433
[래디스트]
fall behind the latest trends　　최신 유행에 뒤처지다
* latest 최신의 ← (물건 따위가) 가장 늦게 나온

0434
[테크날러지]
keep pace with advancing technology
* technical 기술적인　　　　앞서가는 기술에 보조를 맞추다

0435

[인터랙션]

an interaction between A and B

• interact 상호 작용하다
← 둘 사이에서(inter-) 움직이다(act)

A와 B 사이의 상호 작용

0436

[오이스터]

an oyster shell

굴 껍데기

0437

overflow the banks

둑을 범람하다

0438

[이너'베이션]

a technology innovation

기술 혁신

• innovate 혁신시키다 ← 새롭게(nova = new) 만들다

0439

[내'버게이션]

space navigation

우주 비행

• navigation 항해, 조종, 운항 navy [네이비] 해군

0440

[컨슈머]

consumer price

소비자 가격

• consume 소비하다 consumption 소비

0441

[에이전시]

an advertising agency

광고 대행사

• advertisement 광고(줄여서 ad)

0442

[타-깃]

aim at the target

목표물을 조준하다

0443

[아'비어스]

obvious evidence

명백한 증거

• evident 명백한 ← 밖으로(e, ex-) 나와 보이는(vid,vis = view)

0444

[어쎔블]

assemble parts

부품을 조립하다

0445

[으리플레이스]

replace her position

그녀의 자리를 대신하다

• **replace** 대신하다 ← 그 자리(place)에 다시(re) 들어가다

0446

[이피션시]

energy efficiency

에너지 효율

• **efficient** 효율적인(↔ inefficient 비효율적인)

0447

[매뉴얼]

manual arts

수공예

• **manual** 수작업의 ← 손(manu)으로 하는

0448

a task manual

업무 교본

• **manual** 책자 ← 손(manu)으로 적어 놓은 것

0449

[머나펄리]

virtual monopoly

사실상의 독점

• **monopoly** 독점 ← 한(mono-) 사람이 파는 것

0450

[커머셜]

commercial law

상법

• **commerce** [카머-스] 상업, 무역

어근 을 알면 단어가 보인다   **tribute**

고대 로마에서 국민을 세 등급(tri-)으로 나누었던 데에서 tribe(종족)라는 말이 생겨났습니다.
나아가 tribute는 피지배 종족이 바치는 '공물'이란 뜻을 가지게 되어 give의 의미를 지니게
되었다고 합니다.

at**tribute** (원인을) ~의 탓으로 돌리다   dis**tribute** 분배하다 ← 따로따로 주다
con**tribute** 기여하다 ← 함께(con-) 거들어주다

통암기 테스트 ✏️

통째로 익힌 표현의 핵심어휘를 한국어로 옮겨보세요. 뜻이 여럿인 단어는
해당 표현에 맞는 것만 적으세요. 초중등 수준 단어는 괄호로 묶었습니다.

▶ 정답은 256쪽에

1
holy ....
duty ....

2
chemical ....
weapon ....

3
fix ....
hook ....
firmly ....

4
oriental ....
medicine ....

5
attribute ....
cause ....
carelessness ....

6
depend on ....
(parents)

7
catch up ....
horse ....

8
fall behind ....
latest ....
trend ....

9
keep pace with ....
advancing ....
technology ....

10
interaction ....
between A and B

11
oyster ....
shell ....

12
overflow ....
bank ....

13
technology ....
innovation ....

14
space ....
navigation ....

15
consumer ....
price ....

16
advertising ....
agency ....

17
aim at ....
target ....

18
obvious ....
evidence ....

19
assemble ....
parts ....

20
replace ....
position ....

21
(energy) ....
efficiency ....

22
manual ....
art ....

23
task ....
manual ....

24
virtual ....
monopoly ....

25
commercial ....
law ....

Bonus +1
더 어려운
통암기
테스트에
도전하세요!

Bonus +2
영어 표현을
듣고
한국어 뜻을
말해보세요!

DAY 19

0451

[애그리컬처럴]
import restrictions on agricultural products
농산물에 대한 수입 제한

- restriction 제한, 규제
  restrict 제한하다 ← 줄(string)로 다시(re) 당겨 조이다

0452

[애드'버케이트]
advocate birth control
산아 제한을 옹호하다

- advocate 옹호하다 ← 옆(ad)에서 편들며 말(voc = voice)하다

0453

[프라이'빗트]
a private enterprise
사기업

- private 사유의, 사적인, 민간의(↔ public)

0454

[리디큘러스]
a ridiculous clown costume
우스꽝스러운 광대 의상

- ridicule 비웃음, 조롱

0455

[벤처드]
Nothing ventured, nothing gained.
모험 없이는 얻는 것도 없다.

- venture 위험을 무릅쓰고 ~하다

0456

[프리'비어스]
the previous year
전년도

- previous 이전의 ← 앞서(pre) 있었던

0457

[프라'핏]
total sum of profits
이익의 총합

- profitable 이윤이 남는

0458

[트랜스'퍼-]
transfer to line number 4
4호선으로 갈아타다

- transfer 갈아타다 ← 바꿔서(trans-) 나르다(-fer)

0459
[어패런트]
apparent cheating
명백한 사기 행위
* apparent 분명한 ← 겉으로 드러남(appear) 정도인

0460
[버-든]
lighten the burden
짐을 가볍게 하다
* burden 짐 ← 머리에 얹고(bur = bear) 가야 하는 것

0461
[(으)라이'벌]
surpass his rival
경쟁자를 능가하다
* surpass 능가하다 ← 상대의 위로(sur-) 지나가다(pass)

0462
[에스티|메이트]
estimate the loss
손실액을 추정하다
* estimation 평가, 견적

0463
[프리텐드]
pretend to work hard
열심히 일하는 척하다
* pretend ~하는 척하다 ← 관심이 쏠리기(tend) 전(pre-)의 상태에 있다

0464
[인⁰슈지애스틱]
an enthusiastic cheer
열렬한 응원
* enthusiasm [인⁰슈지애즘] 열의, 열광

0465
[프러모우트]
be promoted to manager
지배인으로 승진하다
* promotion 승진, 증진 ← 앞으로(pro-) 움직여(mote = move) 나아가는 것

0466
[프러모우션]
sales promotion
판매 촉진

0467
[셰임'펄]
a shameful history
부끄러운 역사
* shame 부끄러움, 수치 ashamed 부끄러워하는

0468
[칼리그]
get along with her colleagues
동료들과 잘 지내다
* colleague 동료 ← 대학(college)에 함께 다니는 사람들

0469
peer into a cave
동굴 안을 응시하다

0470
lay off part-timers
시간제 근로자들을 해고하다

- a full-timer 정규직원

0471
[페나므넌]
a temporary phenomenon
일시적 현상

- temporary 잠깐인, 일시적인 ← 시간의(tempo = time) 흐름과 같이 덧없는

0472
[에커너믹]
an economic recession
경기 후퇴

- recede 후퇴하다 ← 뒤로(re-) 가다(-cede)

0473
[컨썬 드]
be concerned about his health
건강에 대해 염려하다

- be concerned about ~에 관심을 가지다, 염려하다
  be concerned with ~과 관계되다
  concerning ~에 대하여(= about)

0474
[텅] *발음 유의
stick out her tongue
헛바닥을 내밀다

- stick out ~에서 튀어나오다, ~을 내밀다

0475
[컨'프런트]
confront the challenge
도전에 직면하다

- confront 직면하다 ← 함께(con-) 앞(front)을 마주보다

어근 을 알면 단어가 보인다	VOC

vocabulary에서 voc은 목소리를 뜻하는 voice와 뿌리가 같습니다. 따라서 '말소리를 글로 적어
놓은 것' → '어휘' 식으로 의미가 만들어진 것이죠.

vocation 직업 ← 신의 목소리(voice)를 듣고 소명 의식을 가지고 하는 일
advocate 옹호하다, 변호하다 ← ~편으로 목소리를 내어 거들다

▶ 정답은 257쪽에

1
import ....
restriction ....
agricultural ....
product ....

2
advocate ....
birth control ....

3
private ....
enterprise ....

4
ridiculous ....
clown ....
costume ....

5
venture ....
gain ....

6
previous ....
(year)

7
sum ....
profit ....

8
transfer ....
(line)

9
apparent ....
cheat ....

10
lighten ....
burden ....

11
surpass ....
(rival)

12
estimate ....
loss ....

13
pretend ....
(work)

14
enthusiastic ....
cheer ....

15
promote ....
(manager)

16
(sale) ....
promotion ....

17
shameful ....
(history)

18
get along with ....

colleague ....

19
peer ....
(cave)

20
lay off ....
part-timer ....

21
temporary ....
phenomenon ....

22
(economic) ....
recession ....

23
concerned ....
(health)

24
stick out ....
tongue ....

25
confront ....
(challenge)

Bonus +1
더 어려운
통암기
테스트에
도전하세요!

Bonus +2
영어 표현을
듣고
한국어 뜻을
말해보세요!

DAY 20

study date | yy | mm | dd |

0476 [리의리페어]
repair the broken raft
부서진 뗏목을 수리하다

• **repair** 수리하다 ← 다시(re-) 쓸 수 있게 배열(pair, pare)해놓다

0477 [스트라이브]
strive for perfection
완벽해지려고 노력하다

• **perfect** [퍼-'픽트] 완벽한 ← 전부(per-) 다 만들어낸(fect = fact)

0478 [커렌트]
the current educational system
현행 교육 제도

• **educate** 교육하다 ← 학생의 숨겨진 재능을 밖으로(e, ex-) 이끌어내다(duc)

0479 [컨클루전]
reach a conclusion
결론에 도달하다

• **conclude** 결론을 내리다 ← 함께(con-) 이야기를 매듭짓다(clud = close)

0480 [어-전트]
an urgent situation
절박한 상황

• **urge** 재촉하다, 촉구하다 **urgency** 긴박한 일

0481 [데'피싯]
reduce the trade deficit
무역 적자를 줄이다

• **reduce** 줄이다 ← 다시(re-) 끌어내리다(duc)

0482 [디스트리뷰트]
distribute leaflets
전단을 배포하다

• **leaflet** 전단 ← 나뭇잎(leaf)처럼 얇은 것

0483 [실렉트]
select at random
무작위로 고르다

• **selection** 선발, 선택 • **random** 무작위의, 닥치는 대로의

0484 [블랭크]
fill in the blanks
빈칸을 채우다

0485
[디스카운트]
20% discount
20퍼센트 할인

• discount 할인하다 ←깎아서(dis-) 계산하다(count)

0486
rent a tour bus
관광버스를 빌리다

0487
[ˇ배어리어스]
various options
다양한 선택 사양

• variety [ˇ버라이어티] 다양(성) vary [ˇ베어리] (다양하게) 변화하다, 바뀌다

0488
[제너레이션]
generation gap
세대 차이

• generate 만들어내다 generation 세대 ← 만들어낸 후손들

0489
[(을)리버레이션]
the liberation of slaves
노예 해방

• liberty 자유 liberal 자유로운 liberate 자유롭게 해주다

0490
[(으)레저ˇ베이션]
confirm the reservation
예약을 확인하다

• confirm 확인하다 ← 쌍방이 함께(con-) 확실히(firm) 해두다

0491
[노러ˇ파이] *t가 모음 사이에서 유음화됨
notify in advance
사전에 공지하다

• notify 알려주다 ← 알고 있는(note = know) 상태로 만들다

0492
[프라이어]
prior to departure time
출발 시각 이전에

• prior ~전에 ← 어떤 것보다 먼저(pre)

0493
[어태취]
attach a memo on the door
문에 메모를 붙이다

• attach 부착하다(↔ detach 떼어내다) ← ~에(a-) 압정(tack)으로 박다

0494
[(을)레이블]
luggage labels
수하물 표

0495 **hazardous chemicals** [해저더스] 유해 화학 물질

• hazard 위험

0496 **a dim light** 희미한 불빛

0497 **accommodations at a resort** [어카머데이션] 휴양지의 숙박 시설

• accommodate ~를 숙박시키다

0498 **cancel the performance** [캔슬] 공연을 취소하다

• perform 1. 수행하다 2. 공연하다

0499 **interrupt a conversation** [인터럽트] 대화에 끼어들다

• interruption 방해 ← 두 사람 사이를(inter-) 깨는(rupt) 것

0500 **an astonishing outcome** [어스타니싱] 놀라운 결과

• astonish 놀라게 하다 ← 목소리(tone)가 높아질 정도가 되다

어근을 알면 단어가 보인다 **rupt**

'터지다'라는 의미를 가진 어근 rupt는 break와 동족어입니다. b를 떼고 보면 발음이 비슷하죠?

interrupt 끼어들다, 방해하다 ← 둘 사이를(inter) 갈라놓다
abrupt 갑작스런 ← 떨어져(ab = off) 터지는

corrupt 부정한, 부패한 ← 곪아서 터진
erupt 분출하다 ← 밖으로(e-) 터지다

통암기 테스트 ✏️ 통째로 익힌 표현의 핵심어휘를 한국어로 옮겨보세요. 뜻이 여럿인 단어는 해당 표현에 맞는 것만 적으세요. 초중등 수준 단어는 괄호로 묶었습니다.

▶ 정답은 257쪽에

1
repair ....
raft ....

2
strive for ....
perfection ....

3
current ....
educational ....

4
reach ....
conclusion ....

5
urgent ....
situation ....

6
reduce ....
deficit ....

7
distribute ....
leaflet ....

8
select ....
at random ....

9
fill in ....
blank ....

10
(20%) ....
discount ....

11
rent ....
tour ....

12
various ....
option ....

13
generation ....
gap ....

14
liberation ....
slave ....

15
confirm ....
reservation ....

16
notify ....
in advance ....

17
prior to ....
departure ....

18
attach ....
(memo)

19
luggage ....
label ....

20
hazardous ....
chemical ....

21
dim ....
(light)

22
accommodation ....

resort ....

23
cancel ....
performance ....

24
interrupt ....
conversation

....

25
astonish ....
outcome ....

DAY 21

듣고 확인하자!

Day21.mp3

study date | yy | mm | dd |

0501
[인크레더블]
an incredible victory
믿기지 않는 승리
- incredible 믿을 수 없는, 믿기지 않는 ← 신용(credit)을 줄 수 없는(in-)

0502
[애피타이트]
have a big appetite
식욕이 왕성하다
- appetizing 식욕을 돋우는 appetizer 전채 요리

0503
[큐리아씨티]
settle his curiosity
호기심을 해결하다
- curious 호기심 많은 ← 관심(curi = care)이 많이 가는

0504
[으리어]
rear her children
애들을 키우다

0505
[엑씻트]
exit through a rear door
뒷문을 통해 빠져나가다
- exit 나가다 ← 밖으로(e, ex-)로 가다

0506
[크림(이스]
catch a glimpse of the woman
여자를 흘끗 쳐다보다

0507
[썰레브러티]
get autographs from celebrities
유명 인사들한테 사인을 받다
- autograph 자필 서명, 사인
  ← 스스로(auto-) 그린(graph) 것

0508
[인젝션]
encounter an objection
반대에 부딪히다
- encounter 마주치다 ← 반대편(contra-)에서 오다

0509
[멘션]
as I mentioned before
전에 말한 바와 같이

0510
[디지]
feel dizzy

어지러움을 느끼다

0511
[인타이어]
modify the entire sentence

전체 문장을 수정하다

0512
take a day off

하루 쉬다

0513
[마블러스]
marvelous magic

놀라운 마술

- marvel 경이, 놀라운 것
- magician [머지션] 마술사　magical 1. 마술 같은　2. 마술의

0514
[베버리지]
drink an alcohol beverage

알콜 음료를 마시다

0515
[프레그넌트]
a pregnant woman

임신한 여자

0516
[인펀트]
the infant death rate

영아 사망률

0517
[바이털]
a vital factor

필수적인 요소

- factor 요소 ← 전체를 만드는(fact) 데 필요한 것

0518
[마더릿트]
moderate exercise

적절한 운동

- moderate 알맞은 ← 방식(mode)에 맞는

0519
[스띠뮬레이트]
stimulate sensory nerves

감각 신경을 자극하다

- stimulate 자극하다 ← 벌이 쏘듯이(sting) 찌르다
  stimulation 자극

0520
[(으)리프레인]
refrain from smoking

흡연을 삼가다

- refrain 삼가다 ← 마음을 뒤로(re-) 물리다

0521	**a nasty voice** [내스티]	징그러운 목소리

0522	**undergo cosmetic surgery** [카스메릭]	성형 수술을 받다

• **undergo** 겪다, 받다 ← 밑으로(under) 지나가다(go)

0523	**take turns doing the dishes**	설거지를 번갈아 하다

0524	**excessive consumption** [익쎄시브]	과도한 소비

• **exceed** 초과하다 ← 밖으로(ex-) 나가다(ceed, cede) **excess** 초과

0525	**present a hypothesis** [프리젠트] [하이파써시스]	가설을 제기하다

• **hypothesis** 가정, 전제 ← 어떤 논제(thesis) 밑에(hypo-) 근거로 두는 것

어근 을 알면 단어가 보인다   fact

factory는 '공장'이란 뜻이죠? 공장은 무엇인가를 만들어내는 곳이니까 factory의 fact는 make 의 뜻입니다. fact는 발음 변화에 따라 fect, fic, fit 등으로 다양하게 나타납니다.

factor 요인, 요소 ← 사건을 만들어 내는 것   pro**fit** 이익 ← 만들어서 앞으로(pro-) 내놓은 것

per**fect** 완벽한 ← 전체를(per = all) 만드는   bene**fit** 이점 ← 유리하게(ben = bon) 만드는 것

manu**fact**ure 제조하다 ← 손(menu)으로 만들다

in**fect** 감염시키다 ← 병균이 안(in)에 침투해서 병을 만들다

통암기 테스트 🖉 통째로 익힌 표현의 핵심어휘를 한국어로 옮겨보세요. 뜻이 여럿인 단어는
해당 표현에 맞는 것만 적으세요. 초중등 수준 단어는 괄호로 묶었습니다.

▶ 정답은 257쪽에

1
incredible ....
(victory) ....

2
(big) ....
appetite ....

3
settle ....
curiosity ....

4
rear ....
(children) ....

5
exit ....
rear ....

6
(catch) ....
glimpse ....

7
autograph ....
celebrity ....

8
encounter ....
objection ....

9
mention ....
(before) ....

10
(feel) ....
dizzy ....

11
modify ....
entire ....
sentence ....

12
(take) ....
a day off ....

13
marvelous ....
(magic) ....

14
(alcohol) ....
beverage ....

15
pregnant ....
(woman) ....

16
infant ....
death rate ....

17
vital ....
factor ....

18
moderate ....
exercise ....

19
stimulate ....
sensory ....
nerve ....

20
refrain from ....
(smoking) ....

21
nasty ....
(voice) ....

22
undergo ....
cosmetic ....
surgery ....

23
take turns ....
do the dishes ....

24
excessive ....
consumption ....

25
present ....
hypothesis ....

Bonus +1
더 어려운
통암기
테스트에
도전하세요!

Bonus +2
영어 표현을
듣고
한국어 뜻을
말해보세요!

week 4

자주 어울리는 단어들이 모여 뜻을 이루는
통암기 표현입니다. 각 단어를 조합해서 뜻을
생각해보고 오른쪽 뜻과 일치하는지 확인해보세요.
낱단어보다는 표현 전체를 통으로 외우는 게
포인트!

The future depends on what we do in the present.

미래는 우리가 지금 하는 일에 달려 있다

DAY 22

듣고 확인하자!

Day22.mp3

study date | yy | mm | dd |

0526
[임모-털]
an immortal god　　　　　　　　　　불멸의 신
- immortal 죽지 않는(↔ mortal 죽게 되는)

0527
[어프로프리엇]
take appropriate measures　　적절한 조치를 취하다
- appropriate 적당한 ← 적절한(proper) 것에 가까운(ap-)

0528
['포-린]　　　[어'페어]
the Minister of Foreign Affairs　　외무 장관
- minister 장관, 대신, 각료 ← 왕, 대통령보다 작은(mini-) 직위

0529
[리자인]
resign his position as head coach
　　　　　　　　　　　　　　　감독직을 사임하다
- resign 사임하다
　← 다른 사람에게 맡기다 ← 다시(re-) 도장을 찍어서(sign)

0530
[어블리거터리]
an obligatory education　　　　　의무 교육
- obligation [어블리게이션] 의무 oblige [어블라이즈] (강제로) ~하도록 시키다

0531
[보우] ·]바'ｖ]로 발음하면 '고개 숙여 인사하다'
bow and arrow　　　　　　　　　활과 화살
- bow [보우] 활

0532
[앰비션]
fulfill his ambition　　　　　　야망을 이루다
- fulfill 달성하다 ← 목표량을 가득(full) 채우다(fill)
- ambitious 야망이 있는

0533
[인커리쥐]
encourage the players　　　　선수들을 격려하다
- discourage 낙담시키다 ← 용기를 잃게 하다

0534

dreams come true

꿈이 이루어지다

0535

drop out of school

학교를 중퇴하다

• dropout 낙제(생), 탈락자

0536

[¹필라서'피]

major in philosophy

철학을 전공하다

• philosophy 철학 ← 지혜(-sophy) 탐구를 좋아하는(phil-) 것 philosopher 철학자

0537

[튜이션]

raise tuition

수업료를 인상하다

• tutor 가정교사

0538

[디짓]

numbers with four digits

네 자리 숫자

0539

[그래쥬에이션]

a graduation ceremony

졸업식

• graduate 1. 졸업하다 [그레쥬에이트] 2. 졸업생 [그레쥬잇]

0540

take over his father's business

• take over 인수하다 ← 넘겨(over) 받다(take)   아버지의 사업을 이어받다

0541

[(으)라지드]   [디써플린]

a rigid discipline

엄격한 규율

0542

['비이클] *h 묵음

a military vehicle

군용 차량

0543

win at all costs

어떻게 해서든 이기다

0544

[디터-민]   [커리어]

determine her career

진로를 결정하다

• determination 결심 ← 마음속에서 끝장(termin, terminal)을 보다
  determined 결심한

0545

a future-oriented perspective

[퍼-스펙티'브]

미래 지향적 시각

• **perspective** 시각, 전망 ← 전체적으로(per-) 보다(spect = see)

0546

an essential element

[이쎈셜] [엘러먼트]

필수적인 요소

• **essence** 본질, 핵심

0547

conform to the custom

[컨'포-엄]

관습에 따르다

• **conform** 따르다 ← 함께(con-) 모양(form)을 맞추다

0548

endless toil

[토일]

끝없는 노역

0549

fit into a frame

[프레임]

액자에 들어맞다

0550

an obstinate attitude

[압스터닛]

완고한 태도

• **obstinate** 완고한 ← 막아(ob-) 서서(stin = stand) 움직이지 않는

어근을 알면 단어가 보인다　　　　　　**form**

'개혁'을 뜻하는 단어 reform은 모양이나 형태(form)를 '다시(re) 바꾸다'라는 의미에서 유래한 것입니다.

conform 순응하다 ← 형태에 함께(con) 맞추다　　　**formal** 형식적인, 공식적인 ← 형태를 갖춘

transform 변형시키다 ← 모양을 바꾸다(trans)

▶ 정답은 258쪽에

1
immortal ....
(god)

2
appropriate ....
measures ....

3
minister ....
(foreign) ....
affair ....

4
resign ....
(position) ....

5
obligatory ....
(education) ....

6
bow ....
arrow ....

7
fulfill ....
ambition ....

8
encourage ....
(player) ....

9
(dream)
come true ....

10
drop out ....
(school) ....

11
major in ....
philosophy ....

12
raise ....
tuition ....

13
(number)
digit ....

14
graduation ....
ceremony ....

15
take over ....
(business) ....

16
rigid ....
discipline ....

17
military ....
vehicle ....

18
(win)
at all costs ....

19
determine ....
career ....

20
future-oriented ....
perspective ....

21
essential ....
element ....

22
conform to ....
custom ....

23
endless ....
toil ....

24
fit ....
frame ....

25
obstinate ....
attitude ....

Bonus +1
더 어려운
통암기
테스트에
도전하세요!

Bonus +2
영어 표현을
듣고
한국어 뜻을
말해보세요!

DAY 23

듣고 확인하자!

Day23.mp3

study date | yy | mm | dd |

0551

[씨렌더]
unconditional surrender　　　무조건적 항복

• condition 1. 조건 2. 상태

0552

take after his father　　　아버지를 닮다

• take after ~을 닮다 ← 부모의 뒤를(after) 따라 특징을 취하다(take)

0553

[(으)라이쁘]
ripe fruit　　　익은 과일

• ripen 익게 만들다

0554

[일 드]
yield a seat　　　자리를 양보하다

0555

[캉커-]
conquer the highest peak　　　최고봉을 정복하다

• conquest 정복

0556

code of conduct brochure　　　행동지침을 담은 소책자
　　　　　　　　　　　[브로우슈어]

• code 1. 법전, 규약 2. 암호, 부호

0557

[데먼스트레이트]
demonstrate her talent　　　재능을 보여주다

• demonstrate 1. 보여주다 2. 시위하다

0558

[페이쓰펄]
a faithful dog　　　충성스런 개

• faith 신뢰, 신념, 충성

0559

[오디언스]
move the audience　　　관객을 감동시키다

• audience 청중, 관객 ← 보고 듣는(audi-, audio) 사람들

0560
[그레이스'펄]
try on a graceful wedding dress
우아한 웨딩드레스를 입어보다

0561
[스펙테이러]
spectators of a show
쇼의 관객들
- **spectator** 관중 ← 경기를 보는(spect = see) 사람들

0562
[프러스티지어스]
a prestigious award
권위 있는 상
- **prestige** 명성, 위신

0563
[아-키텍쳐]
durable architecture
오래가는 건축물
- **duration** 지속(cf. during ~하는 동안 ← '지속되는'의 뜻에서)

0564
[어캄플리쉬]
accomplish his dream
꿈을 성취하다
- **accomplish** 성취하다, 달성하다 ← 완전한(complish ← complete) 상태로 만들다

0565
['플릭커]
a flickering flashlight
깜박이는 전등빛

0566
[디져-'브]
deserve praise
칭찬을 받을 만하다
- **deserve** ~을 받을 만하다 ← 대접할(serve) 가치가 있다

0567
[임프레션]
a first impression
첫인상
- **impress** 인상을 남기다, 감동을 주다 ← 마음 속에(in-) 눌러(press) 새기다
  impressive 인상적인, 감동적인

0568
[엘러퀀스]
an eloquence contest
웅변대회
- **eloquent** 웅변적인 ← 밖으로(e-) 소리내어 말하는(loqu)

0569
[클로우즈]
humble clothes
남루한 옷

0570

[어큐뮬레이트]
accumulate wealth
부를 축적하다

• wealthy 부유한

0571

[위도우]
leave his fortune to his widow
미망인에게 재산을 남기다

• fortune 1. 운 2. 재산 fortunate 운 좋은

0572

[으리|퓨즈]
refuse the reward
사례를 거절하다

• reward 보답, 답례 ← 다시(re-) 가는(ward, toward) 것

0573

[쌔리스|팩토리]
attain a satisfactory result
만족스러운 결과를 얻다

• attain 달성하다 ← ~로(a-) 손을 뻗어 가지다(tain = take)

0574

[컨씨더러블]
a considerable amount
상당한 양

• amount 양 ← 쌓여서(mount) 어느 정도에 이르다

0575

[뎃트]
clear her debts
빚을 청산하다

• indebted [인데디드] 빚진

어근을 알면 단어가 보인다　　　　press

press가 '누르다'라는 뜻을 가지고 있는 건 다 알고 계시죠? 활자를 눌러 인쇄한다는 의미에서
press는 '언론'이라는 명사로도 쓰입니다.

impression 인상 ← 상대방의 마음속을(im-)누르는 것　　express 나타내다 ← 눌러서 내보내다(ex-)
oppress 억압하다 ← 위에서 누르다　　　　　　　　　suppress 억압하다 ← 아래로(su-) 누르다
depress 침체시키다, 우울하게 만들다　　　　　　　　compress 압축하다 ← 함께(com-) 누르다
← 아래로(de-) 마음을 짓누르다

통암기 테스트 ✏️

통째로 익힌 표현의 핵심어휘를 한국어로 옮겨보세요. 뜻이 여럿인 단어는 해당 표현에 맞는 것만 적으세요. 초중등 수준 단어는 괄호로 묶었습니다.

▸ 정답은 258쪽에

1
unconditional
surrender

2
take after
(father)

3
ripe
(fruit)

4
yield
(seat)

5
conquer
peak

6
code
conduct
brochure

7
demonstrate
talent

8
faithful
(dog)

9
move
audience

10
try on
graceful

11
spectator
(show)

12
prestigious
award

13
durable
architecture

14
accomplish
(dream)

15
flicker
flashlight

16
deserve
praise

17
(first)
impression

18
eloquence
(contest)

19
humble
(clothes)

20
accumulate
wealth

21
fortune
widow

22
refuse
reward

23
attain
satisfactory
result

24
considerable

amount

25
clear
debt

Bonus +1
더 어려운
통암기
테스트에
도전하세요!

Bonus +2
영어 표현을
듣고
한국어 뜻을
말해보세요!

DAY 24

0576 **amount to one billion won**
[어마운트]
십억 원에 이르다

0577 **modest about his achievements**
- **modest** 겸손한, 적당한
  (cf. modest amount of money 적절한 금액)
  modesty 겸손
그의 성취에 대해 겸손한

0578 **carry on the unfruitful experiment**
[익스페러먼트]
- **experiment** 실험(하다)
  ← 경험(experi ← experience)해보는 것
성과 없는 실험을 계속하다

0579 **escape from prison**
[이스께이프]
감옥에서 탈출하다

0580 **prosperous business**
[프라스퍼러스]
- **prosper** 번영하다 ← 앞으로(pro-) 퍼져 나가다(sper, spr-)
번창하는 사업

0581 **frustrate her efforts**
[프러스트레이트]
- **effort** 노력 ← 힘(force)을 내서(e-) 하는 것
노력을 좌절시키다

0582 **necessary qualifications**
[퀄러피케이션]
- **qualified** 적격인 ← 자질(quality)을 갖춘
필요한 자격

0583 **a proper name**
[프라퍼-]
- **proper** 적절한(↔ improper 부적절한)
적절한 명칭

0584 **regard military service as a must**
[의리가-드]
군 복무를 의무로 여기다

0585

enclose a resume

이력서를 동봉하다

- enclose 봉합하다, 동봉하다 ← 안에 넣고 닫다(close)

[써브밋]

0586

submit assignments

과제물을 제출하다

- submit 제출하다 ← 아래로(sub) 건네다(mit)

[디파-트먼트]

0587

sales department

영업부

- department 부서, 학과 ← 부분(part)으로 나눈(de-) 것

[(으)레지스떠-]

0588

register as a member

회원으로 등록하다

[업테인]

0589

obtain information

정보를 얻다

- obtain 획득하다 ← ~에 맞서서(ob-) 얻어내다(tain = take)

0590

free of charge

무료인

[파-티써페이트]

0591

participate in the movie festival

영화제에 참가하다

- participate 참여하다(= take part in) ← 부분(part)을 잡다(cip = cap)

[퍼더-]

0592

further study

심화 학습

[트레이니-]

0593

give instructions to the trainees

훈련생들에게 가르침을 주다

- instruct 지시하다, 가르치다
  instructor 강사, 교관

[디스터-브]

0594

disturb his work

일을 방해하다

- disturbance 방해

| 0595 | [위스퍼-] **whisper in her ear** | 귀에 대고 속삭이다 |

0596 [퍼-씨스턴트] **persistent effort** — 끈질긴 노력

• **persist** 고집하다, 지속하다 ← 끝까지(per-) 서 있다(sist = stand)

0597 [템퍼-] **a bad temper** — 나쁜 성질

• **temper** 성질, 기질 ← 열(temper)을 내는 것

0598 [이리지스터블] **irresistible temptation** — 저항할 수 없는 유혹

• **irresistible** 저항할 수 없는(↔ resistible 저항할 수 있는)
resist 저항하다 ← 끌려가지 않으려고 뒤로(re-) 물러서다(sist = stand)

0599 [딕테이션] **a dictation test** — 받아쓰기 시험

• **dictate** 받아쓰다 ← 말로 하면(dict-) 적다

0600 [다이제스트] **digest food** — 음식을 소화하다

• **digestive** 소화가 잘 되는 **digestion** 소화 **indigestion** [인디제스천] 소화 불량

어원을 알면 단어가 보인다   charge와 car는 동족이다

charge는 chariot과 같은 어근을 가지고 있는데, chariot은 '(전투 또는 경주용) 마차'란 뜻입니다. 고대 로마를 배경으로 나오는 영화에서 어렵지 않게 볼 수 있죠. chariot에서 h가 탈락하면서 car가 탄생했습니다. charge는 장수가 chariot을 타고 앞으로 돌진한다는 뜻에서 '돌격, 진격' 이라는 의미와 chariot을 탄 장수가 앞으로 나서서 병사를 이끈다는 의미에서 '감독, 책임'이라는 뜻이 있습니다. 또 동사로는 책임을 묻는다는 의미로 '(돈을) 청구하다'라는 뜻도 있고, 총알이 앞으로 나갈 수 있도록 '장전하다', '채우다'라는 의미까지 여러 뜻을 가지고 있으니 꼭 연관지어 기억하시기 바랍니다.

통암기 테스트 ✏️ 통째로 익힌 표현의 핵심어휘를 한국어로 옮겨보세요. 뜻이 여럿인 단어는 해당 표현에 맞는 것만 적으세요. 초중등 수준 단어는 괄호로 묶었습니다.

▸ 정답은 258쪽에

1
amount to ⋯⋯⋯
billion ⋯⋯⋯

2
modest ⋯⋯⋯
achievement ⋯⋯⋯

3
carry on ⋯⋯⋯
unfruitful ⋯⋯⋯
experiment ⋯⋯⋯

4
escape ⋯⋯⋯
(prison)

5
prosperous ⋯⋯⋯
(business)

6
frustrate ⋯⋯⋯
effort ⋯⋯⋯

7
necessary ⋯⋯⋯
qualification ⋯⋯⋯

8
proper ⋯⋯⋯
(name)

9
regard A as B ⋯⋯⋯

military service ⋯⋯⋯

must ⋯⋯⋯

10
enclose ⋯⋯⋯
resume ⋯⋯⋯

11
submit ⋯⋯⋯
assignment ⋯⋯⋯

12
(sales) ⋯⋯⋯
department ⋯⋯⋯

13
register ⋯⋯⋯
(member)

14
obtain ⋯⋯⋯
information ⋯⋯⋯

15
free of ⋯⋯⋯
charge ⋯⋯⋯

16
participate ⋯⋯⋯
(festival)

17
further ⋯⋯⋯
(study)

18
instruction ⋯⋯⋯
trainee ⋯⋯⋯

19
disturb ⋯⋯⋯
(work)

20
whisper ⋯⋯⋯
(ear)

21
persistent ⋯⋯⋯
effort ⋯⋯⋯

22
(bad) ⋯⋯⋯
temper ⋯⋯⋯

23
irresistible ⋯⋯⋯
temptation ⋯⋯⋯

24
dictation ⋯⋯⋯
(test)

25
digest ⋯⋯⋯
(food)

Bonus +1
더 어려운
통암기
테스트에
도전하세요!

Bonus +2
영어 표현을
듣고
한국어 뜻을
말해보세요!

DAY 25

0601 □□
despise the poor
가난한 사람을 무시하다
[디스빠이즈]
- despise 깔보다, 멸시하다 ← 아래로(de = down) 내려다보다(spis = spect)

0602 □□
complain constantly
끊임없이 불평하다
[컴플레인]
- complaint 불평, 불만
- constant 지속적인, 계속적인 ← 꿋꿋이(con-) 서 있는(stant = stand)

0603 □□
arouse interest
관심을 불러일으키다
[어라우즈]
- arouse 불러일으키다 ← 잠재된 것을 일으키다(rouse = raise)

0604 □□
be fed up with studying
공부에 질리다
- feed 먹이를 주다, 먹이다 fed 질린 ← 많이 먹은

0605 □□
shuffle the papers
종이를 뒤섞다
[셔플]

0606 □□
resolve to quit smoking
담배 끊기로 결심하다
[으리잘'브]
- resolution [레절루션] 결의, 결심

0607 □□
suggest a new idea
새로운 아이디어를 제안하다
[써제스트]
- suggestion 제안

0608 □□
a swollen face
부은 얼굴
[스월른]
- swell 부어오르다(- swelled - swollen)

0609 □□
a fundamental change
근본적인 변화
[펀더멘틀]
- fundamental 기초적인(fund = found), 근본적인

0610 ☐☐

[써-플러스]
trade surplus
무역 흑자

- **surplus** 흑자, 이익 ← 위로(sur-) 더해지는(plus) 것

0611 ☐☐

[(올)로열티]
loyalty to our country
국가에 대한 충성

- **loyal** 충성스러운

0612 ☐☐

[서버-번]
a suburban area
교외 지역

- **suburb** 교외 ← 도시(urban) 밑(sub)에 있는 곳

0613 ☐☐

[(으)레이크]
rake dead leaves
낙엽을 (갈퀴로) 긁어모으다

0614 ☐☐

[퍼-수]
pursue his ideals
이상을 추구하다

- **pursuit** 추구

0615 ☐☐

[펜션]
retirement pension
퇴직 연금

- **retire** 물러나다, 은퇴하다 ← 뒤로(re-) 당기다(tire = draw)

0616 ☐☐

[디'보우트]
devote his life to the care of homeless people
노숙자를 돌보는 데 평생을 바치다

- **devotion** 헌신
  ← ~하겠다고 맹세(vote = vow)하다

0617 ☐☐

[쎄이크]
for the sake of our children
우리 아이들을 위해

0618 ☐☐

[코우아퍼레이션]
cooperation among countries
국가간의 협조

- **cooperate** 협동하다 ← 함께(co-) 작동시키다(operate)

0619 ☐☐

[컬렉트]
collect stamps
우표를 수집하다

- **collection** 수집

0620 [도우네이트]
donate his organs
장기를 기증하다

- donor 기증자 donation 기증, 기부
- organism 생명체, 유기체, 생물

0621 [어스트라너머]
name a planet after an astronomer
천문학자 이름을 따서 행성을 이름짓다

- astronomy 천문학
← 별(astro-)에게 이름(nom = name)붙여주는 것

0622 [채리티]
an international charity
국제적 자선 단체

- international 국제적인 ← 국가(nation) 사이의(inter-)

0623 [피지시스트]
an ingenious physicist
천재적인 물리학자

- genius [지니스] 천재
- physics 물리학 physical 물질적인, 육체적인

0624 [오로바이어□러'피]
write her autobiography
자서전을 쓰다

- biography 전기 ← 생(bio-)을 정리하면서 쓰는(graphy) 것

0625 [(으)리'퍼]
refer to a dictionary
사전을 참조하다

- refer 참조하다 ← 되돌려(re-) 보내어(fer = carry) 알아보게 하다

어근 을 알면 단어가 보인다   nym

아카데미 시상식에서 몇 개 부문에 '노미네이트(nominate)되었다'는 말 들어보셨죠? 여기에서
nom은 name의 변형으로 '이름을 거명하여 → 후보로 올리다'가 된 것입니다. name은 nym
으로도 변형되어 나타나기도 합니다.

synonym 유의어 ← 비슷한 이름   antonym 반의어 ← 반대 이름

통째로 익힌 표현의 핵심어휘를 한국어로 옮겨보세요. 뜻이 여럿인 단어는
해당 표현에 맞는 것만 적으세요. 초중등 수준 단어는 괄호로 묶었습니다.

▶ 정답은 258쪽에

1
despise
(poor)

2
complain
constantly

3
arouse
interest

4
be fed up with
(study)

5
shuffle
(paper)

6
resolve
quit
(smoking)

7
suggest
(idea)

8
swollen
(face)

9
fundamental
(change)

10
(trade)
surplus

11
loyalty
(country)

12
suburban
area

13
rake
(leaf)

14
pursue
ideal

15
retirement
pension

16
devote
(life)
homeless

17
for the sake of
(children)

18
cooperation
(country)

19
collect
stamp

20
donate
organ

21
name after
planet
astronomer

22
(international)
charity

23
ingenious
physicist

24
(write)
autobiography

25
refer to
dictionary

Bonus +1
더 어려운
통암기
테스트에
도전하세요!

Bonus +2
영어 표현을
듣고
한국어 뜻을
말해보세요!

DAY 26

0626

[메이어-]
run for mayor

시장직에 출마하다

0627

[벨리]
lie down on her belly

배를 대고 눕다

0628

[디스어포인트]
a disappointing result

실망스러운 결과

• disappoint 실망시키다 ← 자기를 지목(appoint)하지 않다(dis-)

0629

[캔디데이트]
compare the candidates for election

선거 입후보자들을 비교하다

• compare 비교하다
← 함께(com-) 나란히 배열해서(par) 보다
comparison 비교

0630

[ᵦ스리'프티]
a thrifty housewife

검소한 주부

• thrift 검소

0631

[카운슬]
student council

학생 자치회

0632

[익스트래'버건트]
an extravagant habit

사치스러운 습관

• habitual [허빗츄얼] 습관적인

0633

[파써빌러티]
rule out the possibility

가능성을 배제하다

• possibly 아마도

0634

leave out unimportant parts

중요하지 않은 부분을 빼다

• leave out 빼버리다
← 밖에(out) 내버려두다(leave)

0635 [애큐릿트]
some accurate data
정확한 자료들

• inaccurate 부정확한 accuracy 정확성

0636 [토커티브]
tend to be talkative
말을 많이 하는 경향이 있다

• tend to ~하는 경향이 있다(= have a tendency to) tendency 경향

0637 [어쏘시에이트]
associate red with the devil
붉은 색을 악마와 연관시키다

• associate 연관시키다, 연상하다
← 같은(a-) 부류(socia-)로 묶다

0638 [히포크리리컬]
shed a hypocritical tear
위선적인 눈물을 흘리다

• hypocrite [히퍼크리트] 위선자

0639 [프라이머리]
a primary concern
주된 관심사

• primary 주요한, 주된 ← 첫 번째(prime)로 중요한

0640 [인핸스]
enhance public service
공공 서비스를 강화하다

• public 공공의 ← 대중(publ = people)을 위한

0641 [익스플로이트]
exploit solar energy
태양 에너지를 이용하다

• solar 태양의(↔ lunar 달의, 음력의)

0642 [이그저-트]
exert himself to succeed
성공하기 위해 노력하다

0643 [인플루언스]
a dominant influence
지배적인 영향력

• influential 영향을 미치는 ← 안으로(in-) 흘러(flu = flow) 들어오는

0644
☐☐

[컨써-'버티'브]
a conservative party
보수 정당

- **conservative** 1. 보수적인 2. 보수주의자
- **party** 정당, 일행 ← 부분(part)으로 나뉘어진 그룹

0645
☐☐

[디'미니쉬]
a diminishing birth rate
감소하는 출산율

- **diminish** 줄어들다 ← 떨어져(di-) 나가 작아지다(mini)

0646
☐☐

[어'보이드]
avoid commenting
언급을 회피하다

0647
☐☐

[뷰럴]   [인'베스티게이션]
Federal Bureau of Investigation
미 연방수사국(FBI)

- **investigate** 조사하다, 수사하다

0648
☐☐

[스'뽁욱스먼]
a Blue House spokesman
청와대 대변인

0649
☐☐

guitar strings
기타 줄

- **string** 끈, 줄(str은 길게 늘어진 것을 의미함)

0650
☐☐

give money in return
답례로 돈을 주다

어근 을 알면 단어가 보인다   **popul**

people(사람들)의 뜻을 가지는 popul은 publ로 변형되어 나타나기도 합니다.

popular 인기 있는 ← 사람들에게 잘 알려진   **publ**ic 공공의 ← 여러 사람들이 쓰는
population 인구 ← 사람들의 숫자   **publ**ish 출판하다 ← 사람들에게 알리다
          re**publ**ic 공화국 ← 사람들이 주인되는 국가

통암기 테스트 ✎ 통째로 익힌 표현의 핵심어휘를 한국어로 옮겨보세요. 뜻이 여럿인 단어는 해당 표현에 맞는 것만 적으세요. 초중등 수준 단어는 괄호로 묶었습니다.

▶ 정답은 259쪽에

1
run for
mayor

2
lie down
belly

3
disappointing
result

4
compare
candidate
election

5
thrifty
housewife

6
(student)
council

7
extravagant
habit

8
rule out
possibility

9
leave out
(part)

10
accurate
(data)

11
tend to
talkative

12
associate A with B

devil

13
shed
hypocritical
tear

14
primary
concern

15
enhance
public

16
exploit
solar

17
exert
succeed

18
dominant
influence

19
conservative
party

20
diminish
birth rate

21
avoid
comment

22
federal
bureau
investigation

23
(Blue House)
spokesman

24
(guitar)
string

25
(money)
in return

Bonus +1
더 어려운
통암기
테스트에
도전하세요!

Bonus +2
영어 표현을
듣고
한국어 뜻을
말해보세요!

DAY 27

듣고 확인하자!

Day27.mp3

study date | yy | mm | dd |

0651 [엔터테이너]
an entertainer's manager
연예인 매니저

0652 [퍼썰러티]
an entertainment facility
오락 시설

0653
worn-out clothes
낡은 옷
• **worn-out** 1. 닳아빠진 2. (몸이) 지친(ex. I'm worn out. 나는 지쳤어.)

0654 [이그제큐러브]
company executive
회사 중역
• **company** 1. 일행, 동료 2. 회사 ← 빵(pan)을 같이(com) 먹는 사람들

0655 [[율]라-킹]
leaking water
새는 물

0656 [칸f피던스]
display confidence
자신감을 보이다
• **confident** 확신하는

0657 [디나이]
deny flatly
단호하게 부인하다
• **denial** 부인, 부정
• **flat** 평평한, 단호한

0658 [칸트러딕션]
a logical contradiction
논리적 모순
• **contradict** 반박하다, 모순되게 말하다 ← 반대로(contra-) 말하다(dict)

0659 [쌔크러f파이스]
sacrifice her life
삶을 희생하다
• **sacrifice** 제물, 희생 ← 신성한(sacred) 존재에게 만들어(fic = fact) 바치는 것

0660
[[(으)리테인]]
retain his post

직책을 유지하다

- retain 유지하다, 계속 가지고 있다 ← 다시(re-) 가지다(tain = take)

0661
[디그너티]
destroy human dignity

인간의 존엄성을 파괴하다

- destruction 파괴 ← 구조물(struct ← structure)을 아래로(de = down) 허무는 것
  destructive 파괴적인

0662
[[(으)레컨싸일]]
reconcile with North Korea

북한과 화해하다

- reconciliation 화해

0663
[커밋트]
commit a murder

살인을 저지르다

- murderer 살인자

0664
[쑤어싸이드]
suicide bombing attack

자살 폭탄 공격

- suicide 자살 ← 스스로(sui = self) 목숨을 끊는(cid = cut)

0665
[포이즈너스]
a poisonous gas

독가스

- poison 독

0666
['베이그]   [데'프니션]
a vague definition

모호한 정의

- define 정의하다 ← 끝(fin = final)을 한정짓다
  definite 정의된, 명백한

0667
[뉴클리어]
suppose that nuclear war breaks out

핵전쟁이 일어난다고 가정하다

0668
[(을)링거]
a lingering memory

남아 있는 기억

- linger 꾸물거리다, 오래가다 ← 오래(ling = long) 끌다
- memorize 암기하다

0669 [θ쓰러스트]

thrust a chair forward　　의자를 앞으로 밀치다

- forward 앞으로 ← 앞(fore) 방향(ward)으로

0670 [브라이브]

accept bribes　　뇌물을 받다

- acceptable 받아들일 수 있는(↔ unacceptable 받아들일 수 없는)

0671 [프라젝트]

a person in charge of the project

프로젝트를 책임지고 있는 사람

0672 [디스미스]　　[°바이스]

dismiss the vice president　　부통령을 해임하다

- dismiss 해임하다, 해고하다 ← 멀리(dis-) 보내다(miss = mit)

0673 [커럽티드]

a corrupted politician　　부패한 정치인

- corruption 부패, 타락 ← 도덕성이 완전히(co-) 부서진(rupt) 것

0674 [폴리티션]

politicians involved in the scandal

스캔들에 연루된 정치인들

- involve 연루되다
  ← 안에서(in-) 같이 돌아가다(volve)

0675 [스킴]

scheme to overthrow the government

정부를 전복시키려는 계획

- overthrow 엎어버리다
  ← 뒤집어(over) 던지다(throw)

어근 을 알면 단어가 보인다　　**cis**

scissors에서 cis는 cut(자르다)의 의미를 가지고 있습니다. 여기에 접미사 or이 붙어서 '자르는 것', 즉 '가위'가 되었습니다.

concise 간결한 ← 쓸데없는 것을 함께(con-) 자른　　suicide 자살 ← 스스로(sui = self) 목숨을 끊는 것
precise 정확한 ← 앞(pre-)을 뾰족하게 자른　　decide 결심하다 ← 칼을 내리(de-)치듯 단호하다

통암기 테스트 ✏️

통째로 익힌 표현의 핵심어휘를 한국어로 옮겨보세요. 뜻이 여럿인 단어는
해당 표현에 맞는 것만 적으세요. 초중등 수준 단어는 괄호로 묶었습니다.

▶ 정답은 259쪽에

1
entertainer
manager

2
entertainment

facility

3
worn-out
(clothes)

4
company
executive

5
leak
(water)

6
display
confidence

7
deny
flatly

8
logical
contradiction

9
sacrifice
(life)

10
retain
post

11
destroy
dignity

12
reconcile
(North Korea)

13
commit
murder

14
suicide
bomb
(attack)

15
poisonous
(gas)

16
vague
definition

17
suppose
nuclear
break out

18
linger
(memory)

19
thrust
forward

20
accept
bribe

21
in charge of
(project)

22
dismiss
vice president

23
corrupted
politician

24
involved
(scandal)

25
scheme
overthrow
government

Bonus +1
더 어려운
통암기
테스트에
도전하세요!

Bonus +2
영어 표현을
듣고
한국어 뜻을
말해보세요!

Day 27 **127**

DAY 28

0676
[트레일]
trail her skirt 치마를 질질 끌다

0677
[트라이얼]
trial and error 시행착오
- **erroneous** [이러니어스] 잘못된

0678
[어텐드]
attend the trial 재판에 출석하다
- **attendant** 참석자

0679
[트랜스액션]
transactions between companies 기업간의 거래
- **transaction** 거래 ← 서로(trans-) 주고받는 행위(action)

0680
[디케이드]
a decayed tooth 썩은 이빨

0681
[테스터모니]
testimony of a witness 목격자의 증언
- **testify** 증언하다

0682
[어레스트]
arrest a thief on the spot 현장에서 도둑을 체포하다
- **arrest** 체포하다 ← 다른 짓을 멈추게(rest) 하다

0683
[뉴머러스] [플로]
detect numerous flaws 수많은 결함을 찾아내다
- **detection** 탐지 **detective** 탐정 **detector** 탐지기

0684
[칸시언스]
follow his conscience 양심을 따르다
- **conscientious** [칸시엔셔스] 양심적인

0685 a haunting memory [호온트] 지워지지 않는 기억

- haunt 1. ~에 계속 출몰하다 2. 계속 머릿속에 떠오르다 3. 계속 문제가 되다

0686 a vivid description [디스크립션] 생생한 묘사

- describe 묘사하다 ← 글로 써(scrib) 내려가다(de-)

0687 speak without hesitation [헤지테이션] 주저 없이 말하다

- hesitate 주저하다, 머뭇거리다

0688 intrude on her privacy [프라이'버시] 사생활을 침해하다

- intrude 침범하다 ← 안으로(in-) 밀고(trud = thrust) 들어가다

0689 revise his manuscripts [매뉴스크립트] 원고를 수정하다

- manuscript 원고 ← 손(manu)으로 쓴(scrib) 것

0690 the author of the book [오^θ써-] 그 책의 저자

0691 find fault with others ['폴-트] 다른 사람의 흠을 잡다

- fault 잘못, 결점 ←잘못된(false) 것

0692 a lump of fat [(을)럼프] 지방 덩어리

0693 constructive criticism [컨스럭티'브] 건설적인 비판

- criticize 비판하다 critic 비평가 critical 비판적인

0694 drug addiction [어딕션] 약물 중독

- addict 중독자 addictive 중독성의

0695	**reveal the secret** [씨크릿트] • reveal 드러내다, 누설하다 ← 베일(veal = veil)을 다시(re-) 거두다	비밀을 드러내다
0696	**restore her reputation** [(으)레퓨테이션] • restore 복구하다, 회복하다 ← 다시(re-) 채우다(store)	명성을 되찾다
0697	**ruin the plan** [(으)루인]	계획을 망치다
0698	**suppress the freedom of the press** [써프레스] • suppress 억압하다 ← 위에서(su-) 누르다(press)	언론의 자유를 억압하다
0699	**consider every aspect** [애스펙트] • aspect 측면 ← 눈으로 보는(spect = see) 부분	모든 측면을 고려하다
0700	**tolerate his rudeness** [탈러레이트] • intolerable 참을 수 없는 • rude 무례한	무례를 참다

어근을 알면 단어가 보인다 · **scrib**

'대본'이라는 뜻의 script는 write와 동족입니다. sc를 없애면 write와 발음이 유사하죠? 그리고 p
는 발음 방식이 유사한 b로 나타나기도 합니다.

scribble 휘갈겨 쓰다
manu**script** 원고 ← 손(manu-)으로 쓴 것

pre**scrib**e 처방하다 ← 약 짓기 전에 먼저(pre-) 쓰다
sub**scrib**e 구독하다 ← 밑에(sub-)주소를 적다
de**scrib**e 묘사하다 ← 아래(de-)로 써 내려가다

▶ 정답은 259쪽에

1
trail
(skirt) ....

2
trial ....
error ....

3
attend ....
trial ....

4
transaction ....
(company) ....

5
decayed ....
(tooth) ....

6
testimony ....
witness ....

7
arrest
thief ....
on the spot ....

8
detect ....
numerous ....
flaw ....

9
follow ....
conscience ....

10
haunting ....
(memory) ....

11
vivid ....
description ....

12
(speak)
hesitation ....

13
intrude ....
privacy ....

14
revise ....
manuscript ....

15
author ....
(book) ....

16
(find)
fault ....

17
lump ....
fat ....

18
constructive ....
criticism ....

19
(drug) ....
addiction ....

20
reveal ....
(secret) ....

21
restore ....
reputation ....

22
ruin ....
(plan) ....

23
suppress ....
(freedom) ....
press ....

24
consider ....
aspect ....

25
tolerate ....
rudeness ....

Bonus +1
더 어려운
통암기
테스트에
도전하세요!

Bonus +2
영어 표현을
듣고
한국어 뜻을
말해보세요!

자주 어울리는 단어들이 모여 뜻을 이루는
통암기 표현입니다. 각 단어를 조합해서 뜻을
생각해보고 오른쪽 뜻과 일치하는지 확인해보세요.
낱단어보다는 표현 전체를 통으로 외우는 게
포인트!

The important thing is not to stop questioning.

가장 중요한 것은
질문을 멈추지 않는 것이다

DAY 29

듣고 확인하자!

Day29.mp3

study date | yy | mm | dd |

0701 [인게이지]
engage in war
전쟁에 개입하다

0702
an engagement ring
약혼 반지

0703 [노토리어스]
a notorious Roman emperor
악명 높은 로마 황제
• **notorious** 악명 높은 ← 나쁜 것으로 잘 알려진(noted)

0704 [으']뤠]벨] ·[뤼]벨] '·'[으']레]블]
rebel against the government
정부에 대항해 반란을 일으키다
• **rebellion** 반역

0705 [얼티]밋트]
achieve the ultimate goal
최종 목표를 달성하다
• **achievement** 성취, 달성 • **ultimate** 최종의, 극한의(ulti = ultra)

0706 [캡처-]
capture the tiger alive
호랑이를 산 채로 잡다
• **capture** 잡다(= catch)

0707 [인쎄인]
confine an insane person
미친 사람을 가두다
• **confine** 가두다 ← 한정된(fin = finite) 공간 안에 넣다
• **insane** 미친(↔ sane 제정신인)

0708 [으']라이엇]
put down the riot
폭동을 진압하다

0709 [스위]'프틀리]
move swiftly
신속하게 움직이다

0710

[캐피털]

capital letters

대문자

* capital 1. 나라의 수도 2. 대문자(문장의 머리) 3. (가축의 머릿수) 자본
  ← 머리(cap)가 되는 것

0711

[(으)리조-트]

resort to drug-taking

약물에 의존하다

* resort 1. 휴양지 2. 의지하다 3. 자주 드나들다

0712

[ˇ바이얼레이트]

violate rules

규칙을 위반하다

* violation 위반

0713

[비헤이ˇ비어]

violent behavior

폭력적인 행위

* behave 행동하다, 처신하다

0714

[어답트]

adopt a couple of kids

두 아이를 입양하다

0715

[(으)레절루션]

adopt a new resolution

새 결의안을 채택하다

* adoption 채택

0716

[ˇ플렉써블]

flexible body

유연한 몸

* flexible 유연한 ← 구부러지는(-flex, flect)

0717

[스트래러지]   [택틱스]

strategies and tactics

전략과 전술

0718

[아큐파이]

occupy too much space

너무 많은 공간을 차지하다

* occupied 바쁜 ← 시간을 다 차지하고 있는

0719

[아큐페이셔널]

occupational training

직업 훈련

* occupation 직업

0720
[위더-]
a withering flower
시드는 꽃

* wither 시들다, 말라 죽다

0721
hold out to the end
끝까지 버티다

* hold out 버티다, 계속 남아 있다 ← 끝까지(out) 붙잡다(hold)

0722
[애드'밴테이저스]
advantageous circumstances
유리한 환경

* circumstance 환경, 상황 ← 둘레(circum = circle)에 서 있는(stance = stand) 것

0723
[(으)리'버-스]
reverse a tape
테이프를 되감다

* reverse 1. 되감다 2. 반대(의) ← 방향을 뒤로(re-) 바꾸다(-vers)

0724
[디프라이브]
deprive him of the gold medal
그에게서 금메달을 박탈하다

0725
[타이런트]
the tyrant Nero
폭군 네로

어근을 알면 단어가 보인다   **mot**

automobile에서 mob은 move의 변형으로, '스스로(auto) 움직이는 것'이란 의미에서 자동차를 뜻하게 되었습니다. move는 mot처럼 변형되어 나타나기도 합니다.

motive 동기 ← 마음을 움직이게 하는 것

motivate 동기를 부여하다

re**mot**e 멀리 떨어진 ← 있던 자리에서 다시(re-) 이동한

e**mot**ion 감정, 정서 ← 마음이 움직여 밖으로(e-) 나타난 것

pro**mot**e 촉진하다, 승진시키다 ← 앞으로(pro-) 움직이게 하다

re**mov**e 없애다, 제거하다 ← 다시(re-) 이동시키다

통암기 테스트 ✏️ 통째로 익힌 표현의 핵심어휘를 한국어로 옮겨보세요. 뜻이 여럿인 단어는 해당 표현에 맞는 것만 적으세요. 초중등 수준 단어는 괄호로 묶었습니다.

▸ 정답은 260쪽에

1
engage in
(war) ....

2
engagement
(ring) ....

3
notorious ....
emperor ....

4
rebel ....
(against)
government ....

5
achieve ....
ultimate ....
goal ....

6
capture ....
alive ....

7
confine ....
insane ....

8
put down ....
riot ....

9
(move)
swiftly ....

10
capital ....
letter ....

11
resort to ....
(drug) ....

12
violate ....
(rule) ....

13
violent ....
behavior ....

14
adopt ....
(kid) ....

15
adopt ....
resolution ....

16
flexible ....
(body) ....

17
strategy ....
tactics ....

18
occupy ....
space ....

19
occupational ....
(training) ....

20
wither ....
(flower) ....

21
hold out ....
(end) ....

22
advantageous ....

circumstance ....

23
reverse ....
(tape) ....

24
deprive ....
(medal) ....

25
tyrant ....
(Nero) ....

Bonus +1
더 어려운
통암기
테스트에
도전하세요!

Bonus +2
영어 표현을
듣고
한국어 뜻을
말해보세요!

DAY 30

듣고 확인하자!

Day30.mp3

study date | yy | mm | dd |

0726 [어베이] [커멘드]
obey the command 명령에 복종하다

- obey 복종하다(↔ disobey 불복종하다)
  obedient [어비디언트] 순종적인 obedience 복종, 순종

0727 [컬랩스] [리어짐]
collapse of a regime 정권의 붕괴

0728
a train bound for Busan 부산행 열차

0729
He is bound to fail. 그는 반드시 실패하게 되어 있다.

- bound 속박된, 반드시 ~하게 되어 있는 ← bind(묶다, 속박하다)

0730 [컨템]
condemn the US bombing attack

- condemn 비방하다, 욕하다   미국의 폭격을 비난하다
  (cf. damn 속어로 "빌어먹을!" 정도의 뜻)

0731
condemn him to life in prison

- condemn ~에게 (형을) 선고하다   그에게 무기징역을 선고하다

0732 [인'베이드]
invade a neighboring country

- invasion 침략 invader 침입자   이웃 나라를 침략하다

0733 [컴패니언쉽]
a long-lasting companionship 오래 가는 우정

- companion 동무, 친구 ← 빵(pan)을 같이(com-) 먹는 사람

0734 [인디펜던스] [칼러니]
the independence of a colony 식민지의 독립

- colonize 식민지로 만들다 colonization 식민지화

0735

[디클러레이션]
the Declaration of Independence　　독립 선언문

• declare 선언(선포)하다 ← 분명하게(clar = clear) 말하다

0736

[플러리쉬]
a flourishing tourist industry　　번창하는 관광 산업

• flourish 번성하다, 번창하다 ← 꽃(flower)처럼 활짝 피다

0737

[이멘스]　　　　　[카밋]
an immense comet　　거대한 혜성

• immense 거대한 ← 측정할 수(mens = measure) 없는(im-)

0738

[이렉트]　　　[마뉴먼트]
erect a monument　　기념비를 세우다

0739

[나블]
the noble class　　귀족 계급

0740

[어필]　　　　　　[이모우션]
appeal to the emotions　　감정에 호소하다

• emotional 감정적인 ← 마음속에 있다가 밖으로(e-) 움직여(motion) 나오는 것

0741

[앤θ썸]
sing the national anthem　　국가를 부르다

0742

[니일] *k 묵음
kneel down on the floor　　마룻바닥에 무릎을 꿇다

• knee 무릎

0743

[씬씨어-]　　　[프레어-]
a sincere prayer　　진심어린 기도

• sincerely 진심으로　• pray 기도하다

0744

[쏘울]　　　　　　[디씨스트]
the souls of the deceased　　죽은 자의 영혼

• deceased 죽은 ← 이승에서 떨어져(de-) 나간(cease = cede)

0745

[써프림]

Supreme Court

대법원

- supreme 최고의 ← 어떤 것보다도 위에(super) 있는

0746

[을]로우케이트]

locate the destination on a map

지도에서 목적지를 찾아내다

- destination 목적지
  ← 멀리 떨어져(de-) 서 있는(stin = stand) 곳

0747

[어보-션]

ban abortion

낙태를 금지하다

0748

[프러테스트]

protest against wage cuts

임금 삭감에 항의하다

0749

[아암드]

armed bodyguards

무장한 경호원들

- arms 무기 army 육군

0750

[익스피-리언스]

a bitter experience of life

인생의 쓴 경험

어원 을 알면 단어가 보인다　　　flour와 flower는 같은 식구?

flour와 flower는 발음이 같습니다. 그도 그럴 것이, 원래 flour는 '밀꽃'에서 유래된 단어이기 때문입니다. 미국 남부의 Florida도 역시 '꽃의 축제'라는 스페인어에서 유래한 것인데, 스페인 탐험가들이 그곳에 상륙했을 당시 원주민들의 꽃 축제가 한창이었기 때문에 붙여진 이름이랍니다. flourish는 꽃이 활짝 피듯이 '번창하다'의 뜻이고요. blossom의 blo는 flo와 발음이 비슷하죠? 그래서 '꽃이 피다'란 뜻입니다.

통암기 테스트 🖋 통째로 익힌 표현의 핵심어휘를 한국어로 옮겨보세요. 뜻이 여럿인 단어는 해당 표현에 맞는 것만 적으세요. 초중등 수준 단어는 괄호로 묶었습니다.

▶ 정답은 260쪽에

1
obey ....
command ....

2
collapse ....
regime ....

3
(train)
bound for ....

4
be bound to ....
(fail)

5
condemn ....
(attack)

6
condemn ....
(prison)

7
invade ....
neighbor ....

8
long-lasting ....

companionship ....

9
independence ....

colony ....

10
declaration ....
(independence)

11
flourish ....
tourist ....
industry ....

12
immense ....
comet ....

13
erect ....
monument ....

14
noble ....
class ....

15
appeal ....
emotion ....

16
national ....
anthem ....

17
kneel down ....
(floor)

18
sincere ....
prayer ....

19
soul ....
decease ....

20
supreme ....
court ....

21
locate ....
destination ....

22
ban ....
abortion ....

23
protest ....
wage ....

24
armed ....
bodyguard ....

25
bitter ....
experience ....

Bonus +1
더 어려운 통암기 테스트에 도전하세요!

Bonus +2
영어 표현을 듣고 한국어 뜻을 말해보세요!

DAY 31

듣고 확인하자!

Day31.mp3

study date | yy | mm | dd |

0751

[칸트러'버-시] [지네릭]
a controversy over genetic research

유전자 연구에 대한 논쟁

● gene 유전자

0752

[코우프]
cope with stress

스트레스에 대처하다

0753

[번들]
bind the bundle with a cord

끈으로 꾸러미를 묶다

● bundle 짐, 꾸러미 ← 포장해서 묶은(bund = bind) 것

0754

[(으)리줌] [써밋]
resume the summit talks

정상 회담을 재개하다

0755

[브로드캐스트]
broadcast a documentary

다큐멘터리를 방영하다

● broadcast 방송하다 ← 소식을 널리(broad) 던져 보내다(cast)

0756

[시멀테이니어슬리]
answer simultaneously

동시에 대답하다

● simultaneous 동시의 ← 비슷한(simul = similar) 시간에 일어나는

0757

[토-취]
light a torch

횃불을 밝히다

0758

[엠배써더-]
appoint him ambassador

그를 대사로 임명하다

● appoint 임명하다, 정하다 ← (누구를) 콕 찍어서(point) 가리키다

0759

[뮤추얼]
a mutual interest

서로의 관심사

0760

[컨피던스]
foster self-confidence

자신감을 기르다

● foster 키우다 ← 음식(fos = food)을 먹여 기르다

0761 [그래스프]
grasp the meaning within context
문맥으로 뜻을 이해하다
* grasp 의미를 잡아내다, 이해하다 ← (손으로) 잡다

0762 [더스트]
built-up dust
쌓인 먼지
* dusty 먼지가 쌓인

0763 [퍼-머넌트]
a permanent peace treaty
항구적인 평화 협정
* treaty 조약, 협정
  ← 문제를 다루면서(treat) 합의를 본 것

0764 [일루전]
fall into illusion
착각에 빠지다

0765 [엘러*베이트] [스때러스]
elevate the status of teachers
교사의 지위를 향상시키다
* status 지위 ← 서 있는(stat = stand) 자리

0766 [스매쉬]
smash a ball
공을 강하게 때리다

0767 [프레쥬디스]
struggle against prejudice
편견에 맞서 투쟁하다
* prejudice 편견, 선입견
  ← 미리 앞서서(pre) 판단(judi = judge)하는 것

0768 [(으)레이셜] [디스크러므네이션]
racial discrimination
인종 차별
* discriminate 차별하다

0769 [업프레스] [인털렉츄얼]
oppress the intellectuals
지식인들을 탄압하다
* oppression 억압, 진압 ← 완전히 누르는(press) 것

0770 [파*버티]
poverty-stricken people
가난에 찌든 사람들
* poverty 궁핍, 가난 ← 가난한(pov = poor) 상태

0771
☐☐
do away with the death penalty
[페널티]
사형제를 폐지하다

- **penalty** 처벌 ← 벌주는(pena = punish) 형식

0772
☐☐
[이머그레이션]
illegal immigration
불법 이민

- **immigrate** (다른 나라에서) 이민 오다 ← 안으로(in-) 이주해오다(migrate)

0773
☐☐
[멘털]
a mental disorder
정신 이상

- **disorder** 1. 무질서 2. 이상(가벼운 장애) ← 순서(order)에 맞지 않는(dis-) 상태

0774
☐☐
[컨스티튜션]
amend the constitution
헌법을 개정하다

- **constitute** 1. 구성하다 2. (법을) 제정하다 ← 함께(con-) 세우다(stit = stand)

0775
☐☐
[프로포우절]
reject the proposal
제안을 거절하다

- **rejection** 거절 ← 다시(re-) 던져버리는(ject = jet) 것

어근 을 알면 단어가 보인다   **pos**

포즈(pose) 좀 취해보라고 하면 우리는 몸을 특정한 자세로 가만히 둡니다. pose와 put은
형제입니다. 둘이 안 닮았다구요? s와 t는 발음 위치가 비슷해서 바뀌서 잘 쓰입니다.

propose 제안하다 ← 여러 가지를 앞에(pro-) 두다   **com**pose 구성하다 ← 함께(com-) 두다
oppose 반대하다 ← 맞서서(op = against) 두다   **ex**pose 노출시키다 ← 밖에(ex-) 두다
dispose 처분(처리)하다 ← 떼어내어(dis = away) 두다
suppose 가정하다 ← 생각 아래(su = sub) 두다

통암기 테스트 ✎ 통째로 익힌 표현의 핵심어휘를 한국어로 옮겨보세요. 뜻이 여럿인 단어는
해당 표현에 맞는 것만 적으세요. 초중등 수준 단어는 괄호로 묶었습니다.

▸ 정답은 260쪽에

1
controversy
genetic
research

2
cope with
stress

3
bind
bundle
cord

4
resume
summit

5
broadcast
documentary

6
(answer)
simultaneously

7
(light)
torch

8
appoint
ambassador

9
mutual
interest

10
foster
self-confidence

11
grasp
meaning
context

12
built-up
dust

13
permanent
treaty

14
fall into
illusion

15
elevate
status

16
smash
(ball)

17
struggle
prejudice

18
racial
discrimination

19
oppress
intellectual

20
poverty
stricken

21
do away with

death penalty

22
illegal
immigration

23
mental
disorder

24
amend
constitution

25
reject
proposal

Bonus +1
더 어려운
통암기
테스트에
도전하세요!

Bonus +2
영어 표현을
듣고
한국어 뜻을
말해보세요!

DAY 32

0776
diverse races
다양한 인종
[다이'버-스]
- diverse 다양한 ← 다른(di-) 방향으로 도는(vert = turn)

0777
long for eternal youth
영원한 젊음을 갈망하다
[이터-널]
- eternity 영원

0778
a refugee camp
난민 수용소
[으레'퓨지]
- refugee 난민, 망명자, 피난민 refuge 피난(처)

0779
according to the survey
조사에 따르면
[어코-딩]
- survey 1. 조사(하다) 2. 조망(하다) ← 위에서(sur-) 보는(vey, view) 것

0780
indifferent to politics
정치에 무관심한
[인디'퍼런트]
- indifferent 관심이 가지 않는 ← 다 똑같은 ← 서로 다르지(different) 않은(in-)

0781
national security
국가 안보
[씨큐러티]
- secure 안전(하게 하다) insecure 안전하지 않은

0782
hire a baby-sitter
아기 봐주는 사람을 고용하다
[하이어-]

0783
extend the expiration date
만기일자를 연장하다
[익스삐레이션]
- expire 기한이 다 되다, 만료되다 ← 숨(-spire = spirit)을 거두다(ex = out)

0784
an unceasing argument
끊임없는 논쟁
[언-규먼트]
- cease [씨-쓰] 그치다, 중단하다
- argue 논쟁하다, 말다툼하다

0785 □□

[어노이]

an annoying pest

성가신 해충

* annoy 괴롭히다, 못살게 굴다

0786 □□

[(을)립]

leap over a fence

담을 뛰어 넘다

0787 □□

[태리'프]

impose tariffs

관세를 부과하다

* impose 부과하다 ← 그 위에(im = on) 올려 두다(pose = put)

0788 □□

[쌩션]

trade sanction

무역 제재

* sanction 제재, 규제 ← 신성한(sanc = sacred) 힘으로 벌주다

0789 □□

[디플러매릭]

diplomatic friction

외교적 마찰

0790 □□

[해'프웨이]

meet him halfway regarding the matter

그 문제에 관해 그와 타협하다

* regarding ~에 관해서
  ← 어떤 대상을 보면서(regard)

0791 □□

[디스퓨트]

continue the dispute

논쟁을 계속하다

* continuous 계속적인

0792 □□

[프라이오러티]

set priorities

우선순위를 정하다

* priority 우선순위, 우선 사항 prior to ~보다 먼저(pri = prime)

0793 □□

[버짓]   [그래쥬얼리]

increase the defense budget gradually

국방 예산을 점진적으로 늘리다

* gradual 점진적인
  ← 등급, 단계(grade)에 따라 하나씩 올라가는

0794 □□.

[어프루-'브]

approve her plan

그녀의 계획에 찬성하다

* approval 찬성 ← 옆에서(a-) 증언하는(prove) 것

0795
[애드'미너스트레이트]
administrate the law
법률을 시행하다

* administrate 집행하다 ← 장관(minister)에게 맡겨서 하게 하다

0796
[올터너티'''브]
alternative energy like wind power
풍력 같은 대체 에너지

* alternative 대체, 대안
← 다른 걸로 바꾸는(alter) 것

0797
[(으)레'비뉴]
annual revenue
연간 수입

* annually 매년

0798
[오'''버웰음] [어포우넌트]
overwhelm the opponent
상대를 압도하다

0799
[네이션와이드]
a nationwide strike
전국적 파업

0800
[(을)레지슬레이트]
legislate new laws
새로운 법을 제정하다

* legislate 제정하다 ← 법(leg = legal)으로 만들다

어근을 알면 단어가 보인다   **cord**

record에서 cord는 heart의 변형입니다. heart는 '심장 → 마음'을 나타내니까 '마음에 다시(re) 새기다'라는 의미에서 '기록하다'의 뜻이 됩니다.

accord 일치하다 ← 마음이 ~쪽으로(a-) 가다
concord 조화, 일치 ← 함께(con-) 마음이 맞는 상태
discord 불화 ← 마음이 맞지 않는(dis-) 상태

core 핵심 ← 심장(heart)이 있는 곳
courage 용기 ← 마음에서 우러나온 것

통암기 테스트 ✏️ 통째로 익힌 표현의 핵심어휘를 한국어로 옮겨보세요. 뜻이 여럿인 단어는 해당 표현에 맞는 것만 적으세요. 초중등 수준 단어는 괄호로 묶었습니다.

▶ 정답은 260쪽에

1
diverse
race

2
long for
eternal
youth

3
refugee
camp

4
according to
survey

5
indifferent
politics

6
(national)
security

7
hire
baby-sitter

8
extend
expiration

9
unceasing
argument

10
annoy
pest

11
leap over
fence

12
impose
tariff

13
(trade)
sanction

14
diplomatic
friction

15
meet A halfway

regarding

16
continue
dispute

17
set
priority

18
increase
defense
budget
gradually

19
approve
(plan)

20
administrate
(law)

21
alternative
(energy)

22
annual
revenue

23
overwhelm
opponent

24
nationwide
strike

25
legislate
(law)

Bonus +1
더 어려운
통암기
테스트에
도전하세요!

Bonus +2
영어 표현을
듣고
한국어 뜻을
말해보세요!

DAY 33

듣고 확인하자!

Day33.mp3

study date | yy | mm | dd |

0801
find a clue to the murder 살인 사건의 단서를 찾아내다
[클루]

0802
kill animals brutally 잔인하게 동물을 죽이다
[브루털리]

0803
search for a missing child 실종된 아이를 수색하다
[써-치]
• miss 1. 놓치다 2. 그리워하다

0804
distinguish reality from dreams 꿈과 현실을 구분하다
[디스팅귀쉬]
• distinguish 구분하다
  ← 콕 찍어서(stinc = sting) 다른 것과 떼어(di-) 놓다

0805
virtue and vice 선과 악
['버-츄]
• vicious ['비셔스] 악한

0806
dip the index finger into water 검지를 물에 살짝 담그다
[인덱스]
• index finger 검지
  ← 방향을 가리키는(indicate = index) 손가락

0807
correspond regularly with a friend 친구와 정기적으로 연락하다
[코러스판드]
• correspond 1. 일치하다 2. 연락을 주고받다
  ← 같이(co-) 응답하다(respond)

0808
correspond to what he said 그가 말한 것과 일치하다

0809
a psychological analysis 심리학적 분석
[싸이컬라지컬]   [어낼러시스]
• psychology 심리학 ← 정신(psycho)을 연구하는 학문(-logy)

0810

[어큐즈]

accuse her of cheating   그녀를 사기죄로 고발하다

- **accuse** 비난하다, 고발하다 ← 원인(cuse = cause)을 ~에게(a-) 돌리다
- **cheat** 속이다, 사기 치다

0811

[키드냅]

kidnap a five-year-old boy   다섯 살 난 소년을 유괴하다

- **kidnap** 유괴하다 ← 아이(kid)를 잡아(-nap)가다

0812

[밀리어네어]   [에어-]

a millionaire's heir   백만장자의 상속자

- **heiress** (여자) 상속자

0813

[길티]

feel guilty about an accident

- **guilty** 유죄인, 죄책감을 느끼는   사고에 대해 죄책감을 느끼다
  (↔ innocent 죄 없는, 순수한)

0814

[(으)릴리-스]   [하스티지]

plead for release of hostages   인질 석방을 간청하다

- **release** 석방하다 ← 묶인 몸을 풀어주다(relax)

0815

[퍼-씨ㅂ브]

perceive his mistake   실수를 깨닫다

- **perception** 인식 ← 완전히(per-) 잡다, 파악하다(ceiv = cap)

0816

[(으)렉클리스]

a reckless attempt   무모한 시도

0817

[위어-ㄷ]

a weird voice   기이한 목소리

0818

[완더-]   [윌더니스]

wander in the wilderness   황야를 떠돌다

- **wilderness** 황야 ← 야생의 거친(wild) 상태

0819

[어웨어-]

be aware of the danger   위험을 의식하다

- **awareness** 자각, 인식   **be unaware of** ~을 알아차리지 못하다

0820	**stare blankly** [스떼어-]	멍하니 쳐다보다

0821	**a narrow aisle** [아일] 's 목음 묵음	좁은 복도

0822	**scream sharply** [스크림]	날카롭게 비명을 지르다

* sharpen 날카롭게 만들다

0823	**shudder in horror** [셔더-]	공포에 떨다

* horrify 공포에 질리게 만들다 horrible 끔찍한, 무서운

0824	**inform her of the good news** [인포-음]	그녀에게 좋은 소식을 알리다

* well-informed 유식한, 잘 알고 있는

0825	**breathe a sigh of relief** [브라-드]	안도의 한숨을 쉬다

* relieve (부담을) 덜어주다, 경감시키다 ← 다시(re-) 짐을 들어(lever, lift)주다

어근 을 알면 단어가 보인다   **cei**

배구에서 상대방 서브를 받는 것을 '리시브한다'고 하죠? receive를 뜯어보면 '내 쪽에서 다시(re-) 잡다(ceive, cep) → 받다'가 된다는 것을 알 수 있습니다.

de**cei**ve 속이다 ← 슬그머니 잡아서 안 보이는 곳에 떼어(de-)놓다
con**cept** 개념 ← 대상과 함께(con-) 받아들이는 의미
inter**cept** 방해하다 ← 둘 사이에(inter-)끼어서 자리 잡다
ex**cept** ~를 제외하고 ← 잡아서 밖으로(ex-) 골라내고
ac**cept** 받아들이다 ← 자신에게 오는 것을 받다

통암기 테스트

통째로 익힌 표현의 핵심어휘를 한국어로 옮겨보세요. 뜻이 여럿인 단어는 해당 표현에 맞는 것만 적으세요. 초중등 수준 단어는 괄호로 묶었습니다.

▶ 정답은 261쪽에

1
clue
murder

2
(kill)
brutally

3
search for
missing

4
distinguish A from B

reality

5
virtue
vice

6
dip
index finger

7
correspond
(with)
regularly

8
correspond
(to)

9
psychological
analysis

10
accuse
cheat

11
kidnap
(boy)

12
millionaire
heir

13
guilty
(accident)

14
plead
release
hostage

15
perceive
mistake

16
reckless
attempt

17
weird
(voice)

18
wander
wilderness

19
be aware of
danger

20
stare
blankly

21
narrow
aisle

22
scream
sharply

23
shudder
horror

24
inform
(news)

25
breathe
sigh
relief

Bonus +1
더 어려운
통암기
테스트에
도전하세요!

Bonus +2
영어 표현을
듣고
한국어 뜻을
말해보세요!

DAY 34

0826
[페너트레이트]
penetrate his chest
가슴을 관통하다

0827
[크리리컬]
a critical condition
위중한 상태

0828
[딜리버러틀리]
deliberately delay the game
고의적으로 경기를 지연시키다

0829
[언써-튼]
an uncertain future
불확실한 미래
• certainty 확실성

0830
[애쉬]
a heap of ashes
잿더미

0831
[써든]
a sudden death
갑작스러운 죽음
• suddenly 갑자기 (= all of a sudden)

0832
[익스플로우전]
an explosion of anger
분노의 폭발
• explode 폭발하다 explosive 폭발성의, 폭발물

0833
put out the fire
불을 끄다

0834
[버-스]
free verse
자유시

0835
[운 드]
heal a wound
상처를 치유하다
• wounded 부상당한

0836 [v베슬]
a cargo vessel 화물 선박

0837 [블러드]
a blood vessel 혈관
- bleed 피 흘리다 bloody 피투성이의
- vessel 1. 선박 2. 그릇, 용기 3. 혈관, 관

0838 [바텀]
sink to the sea bottom 바다 밑에 가라앉다

0839 [트레이스]
leave no trace 자취를 남기지 않다

0840 [메드터레이니언] [클라이밋]
Mediterranean climate 지중해성 기후
- Mediterranean 지중해, 지중해의 ← 땅(terra) 가운데(med-) 있는 바다

0841 [엑스퍼디션] [앤타-크틱]
expedition to the Antarctic 남극 탐험
- expedition 탐험, 탐사 ← 밖으로(ex-) 걸어(ped = foot) 나가는 것

0842 [트래직]
a tragic ending 비극적 결말
- tragedy 비극

0843 [엑씨비션]
an outdoor sculpture exhibition 야외 조각 전시회
- exhibit [이그지빗] 전시하다

0844 [터'프]
chew tough, hard food 질기고 딱딱한 음식을 씹다
- harden 딱딱하게 하다

0845 [인싸이트]
self insight 자아 성찰
- insight 내면의 성찰 ← 안을(in-) 들여다보는(sight = see) 것

0846
ancient civilization　　　　　　　　고대 문명

[씨'빌르제이션]

• civil 시민의(← city)　civilized [씨빌라이즈드] 문명화된, 개화한(↔ uncivilized 미개한)

0847
sow seeds　　　　　　　　씨를 뿌리다

[쏘우]

0848
mount pictures on the wall　　벽에 그림을 걸다

• picturesque [픽쳐레스크] 그림 같은, 멋진

0849
draw a portrait　　　　　초상화를 그리다

[포-트레이트]

• portray (초상화를) 그리다

0850
a magnificent palace　　　웅장한 궁전

[매그니'피스트]　　[팰리스]

• magnify 확대하다 ← 거대한(magnus) 것으로 만들다(-fy)

어근을 알면 단어가 보인다　　　　　**sp**

sp(r)가 들어가는 단어들은 공간적으로 퍼지는 모습을 떠올리면 외우기 쉽습니다.

spark 불꽃이 튀다　　　　　　　　spread 퍼지다
sprinkle 물을 흩뿌리다　　　　　　spray 뿌리다
sprout 싹이 트다　　　　　　　　splash 물이 첨벙 튀기다
spring 용수철, 샘물 ← 튀어 나오는 것

통암기 테스트 ✎ 통째로 익힌 표현의 핵심어휘를 한국어로 옮겨보세요. 뜻이 여럿인 단어는 해당 표현에 맞는 것만 적으세요. 초중등 수준 단어는 괄호로 묶었습니다.

▶ 정답은 261쪽에

1
penetrate ....
chest ....

2
critical ....
condition ....

3
deliberately ....
delay ....

4
uncertain ....
future ....

5
heap ....
ash ....

6
sudden ....
(death) ....

7
explosion
anger ....

8
put out ....
(fire)

9
(free) ....
verse ....

10
heal ....
wound ....

11
cargo ....
vessel ....

12
blood ....
vessel ....

13
sink ....
bottom ....

14
leave ....
trace ....

15
Mediterranean

climate ....

16
expedition ....
Antarctic ....

17
tragic ....
ending ....

18
outdoor ....
sculpture
exhibition ....

19
chew
tough
hard ....

20
self ....
insight ....

21
ancient
civilization ....

22
sow
seed ....

23
mount ....
(wall)

24
(draw) ....
portrait ....

25
magnificent ....
palace ....

Bonus +1
더 어려운
통암기
테스트에
도전하세요!

Bonus +2
영어 표현을
듣고
한국어 뜻을
말해보세요!

DAY 35

듣고 확인하자!

Day35.mp3

study date | yy | mm | dd |

0851
date back to the Stone Age

석기 시대로 거슬러 올라가다

0852
speed limit

속도 제한

- **limitation** 제한, 한도, 규제(제한하는 행위나 과정, 법규 등에 초점)

0853
[인스삐레이션]
get an inspiration

영감을 얻다

- **inspire** 영감을 주다 ← 안으로(in-) 혼(spir = spirit)을 불어넣다

0854
[스쁠렌디드]
have a splendid holiday

멋진 휴일을 보내다

0855
[익스플로어-]
explore the moon

달을 탐험하다

- **exploration** 탐사, 탐험

0856
[베리]   [트레-저]
bury the treasure

보물을 묻다

- **burial** [베리얼] 매장

0857
[인씨스트]
insist on going alone

혼자 갈 것을 고집하다

- **insistence** 고집, 주장 ← 자기 의견 안에(in-) 서 있는(sist = stand) 것

0858
[팬팅]
a panting runner

헐떡거리는 주자

- **pant** 숨을 헐떡거리다

0859
[옥션]
sell at an auction

경매에서 팔다

0860 ☐☐

indicate a temperature

[템퍼러쳐-]

온도를 나타내다

- indication 표시

0861 ☐☐

a legendary hero

[(을)레전더리]

전설적인 영웅

- legend 전설
- heroic 영웅적인 heroin (여자) 영웅

0862 ☐☐

Greek myths

[미θ쓰]

그리스 신화

- Greece 그리스(국가)

0863 ☐☐

speak fluently like a native

[플루언틀리]   [네이리'브]

원어민처럼 유창하게 말하다

- fluent 유창한 fluency 유창함
  ← 물 흐르듯이(flow) 말하는

0864 ☐☐

the dialect in Gyeongsang Province

[다이얼렉트]

경상도 사투리

0865 ☐☐

several years later

[쎄'브럴]

몇 년 후에

0866 ☐☐

worship Greek gods

[워-쉽]

그리스 신들을 섬기다

0867 ☐☐

a prevalent rumor

[프레'벌런트]

자자한 소문

- prevail 널리 퍼지다

0868 ☐☐

introduction to anthropology

[앤θ쓰로팔러지]

인류학 입문

- introduce 소개하다 ← 안으로(intro-) 이끌다(duc, duct)
- anthropologist 인류학자

0869 ☐☐

a revolving door

[(으)리'발'브]

회전문

- revolve 1. (축을 중심으로) 돌다 2. (천체가) 공전하다 3. 순환하다
  revolution 혁명 ← 세상이 다시(re-) 도는(volve) 것

0870
[위키드]
a wicked witch
사악한 마녀

0871
[위서드]
a wizard's spell
마법사의 주문

0872
[터리'픽]
a terrific present
멋진 선물

0873
[디쎈드]
descend steep stairs
가파른 계단을 내려가다
* **descend** 내려가다(↔ ascend 올라가다) ← 아래로(de-) 가다(scend)

0874
[프러씨드]
proceed along a path
길을 따라 나아가다
* **process** 진행, 과정 ← 앞으로(pro-) 나가는 것(cess, ceed)
  procedure 공정, 단계

0875
[보·더]
cross the border
국경을 넘다

어근 을 알면 단어가 보인다   **sist**

resist에서 sist는 stand의 뜻입니다. 의미를 연결해보면, 쓰러져도 다시(re-) 일어선다는 뜻이 되어 '저항하다'가 되는 것을 쉽게 알 수 있습니다.

consist ~로 구성되다(of) ← 함께(con-) 서다
assist 돕다, 보조하다 ← 곁에(a-) 서다
insist 고집스럽게 주장하다 ← 자기 입장 속에(in-) 서 있다

통암기 테스트 ✎ 통째로 익힌 표현의 핵심어휘를 한국어로 옮겨보세요. 뜻이 여럿인 단어는
해당 표현에 맞는 것만 적으세요. 초중등 수준 단어는 괄호로 묶었습니다.

▶ 정답은 261쪽에

1
date back
Stone Age

2
(speed)
limit

3
(get)
inspiration

4
splendid
(holiday)

5
explore
(moon)

6
bury
treasure

7
insist
alone

8
pant
(runner)

9
(sell)
auction

10
indicate
temperature

11
legendary
(hero)

12
Greek
myths

13
fluent
native

14
dialect
province

15
several
(later)

16
worship
(god)

17
prevalent
(rumor)

18
introduction
anthropology

19
revolve
(door)

20
wicked
witch

21
wizard
spell

22
terrific
(present)

23
descend
steep
stair

24
proceed
along
path

25
(cross)
border

Bonus +1
더 어려운
통암기
테스트에
도전하세요!

Bonus +2
영어 표현을
듣고
한국어 뜻을
말해보세요!

6 week

자주 어울리는 단어들이 모여 뜻을 이루는
통암기 표현입니다. 각 단어를 조합해서 뜻을
생각해보고 오른쪽 뜻과 일치하는지 확인해보세요.
낱단어보다는 표현 전체를 통으로 외우는 게
포인트!

Try not to become a man of success, but rather a man of value.

성공한 사람이 아니라
가치 있는 사람이 되려고 하라

DAY 36

0876
[인악쎄서블]
inaccessible area　　　　접근이 어려운 지역

● **access** 접근 ← 곁으로(a-) 가는 것(cess)

0877
[에이프]
an ape-like face　　　　원숭이처럼 생긴 얼굴

0878
[쑤드]
soothe a frightened kid　　겁에 질린 아이를 달래다

● **frighten** 겁주다 **fright** 무서움, 두려움

0879
[다이너쏘어-]
emergence of dinosaurs　　　　공룡의 출현

● **emerge** 나타나다, 출현하다

0880
[에일리언]
an alien from another galaxy

다른 은하에서 온 외계인

0881
[°배니쉬]
vanish like a ghost　　　귀신처럼 사라지다

● **ghostly** 귀신 같은

0882
[애너°버써리]
celebrate a wedding anniversary

결혼기념일을 축하하다

● **celebration** 축하(행사)
● **anniversary** 기념일 ← 해마다(annual) 하는 것

0883
[티슈]
cell tissue　　　　세포 조직

0884
[크라우드]
stand out in the crowd　　군중 속에서 돋보이다

● **stand out** 돋보이다 ← 밖으로 나와 서 있다

0885
[피큘-리어]
a peculiar hobby
특이한 취미

0886
a touching movie
감동적인 영화
- touching 감동적인 ← 마음에 와 닿는(touch)

0887
[하스퍼탤러티]
receive warm hospitality
따뜻한 대접을 받다
- warmth 따뜻함

0888
[새비]
shabby, stinking clothes
남루하고 냄새나는 옷
- stink 악취 나는 ← 냄새가 코를 찌르는(stink = sting)

0889
[쑤터블]
clothes suitable for the occasion
경우에 맞는 옷차림
- occasion 경우, 때, 행사
  occasionally 이따금, 때때로

0890
[인터미트]
intimate relationships
친밀한 관계
- relate 관련짓다 relation 관계
  relative 친척 ← 혈연으로 관계되어 있는 사람

0891
[어퀘인티드]
get acquainted with the work
일에 대해 잘 알게 되다
- acquaintance (그냥) 아는 사람

0892
[프라덕트]
crudely made products
조잡하게 만들어진 제품
- produce 2. 생산하다 ← 1. 낳다 ← 앞으로(pro-) 이끌다(duce)
  productive 생산적인

0893
[캄프러핸드]　　　　　[프러파운드]
comprehend the profound meaning
심오한 뜻을 이해하다
- profound 심오한, 깊이 있는
  ← 밑(found 기초)으로 향하는(pro)

0894　**words implying his death**　그의 죽음을 암시하는 말
[임플라이]

0895　**an embarrassing situation**　당황스런 상황
[임배러싱]
* embarrassment 당황, 곤혹스러움

0896　**tease the little girl**　여자애를 못살게 굴다
[티즈]

0897　**ambiguous reply**　애매모호한 대답
[앰비규어스]

0898　**irritate the sensitive skin**　민감한 피부를 자극하다
[이러테이트]

0899　**a timid mind**　소심한 마음
[티미드]

0900　**blushed cheeks**　발그레한 볼
[블러쉬트]
* blush 얼굴을 붉히다, 얼굴이 빨개지다

어근을 알면 단어가 보인다　　　　**sent**

감각, 느낌을 뜻하는 단어 sense는 다들 아시죠? 마지막 s는 t로 바뀌어 나타나기도 합니다.

as**sent** 동의하다 ← ~쪽으로(a-) 느낌이 가다
con**sent** 동의(하다) ← 함께(con-) 느끼다

sensitive 예민한 ← 자극을 느낄 수 있는
con**sens**us 공감대 ← 함께(con-) 느끼는 것

▶ 정답은 262쪽에

1
inaccessible
area

2
ape-like
(face)

3
soothe
frightened

4
emergence
dinosaur

5
alien
galaxy

6
vanish
ghost

7
celebrate
anniversary

8
cell
tissue

9
stand out
crowd

10
peculiar
hobby

11
touching
(movie)

12
receive
hospitality

13
shabby
stink
(clothes)

14
suitable
occasion

15
intimate
relationship

16
get acquainted

(work)

17
crudely
product

18
comprehend
profound

19
(word)
imply

20
embarrassing

situation

21
tease
(girl)

22
ambiguous
reply

23
irritate
sensitive
(skin)

24
timid
(mind)

25
blush
cheeks

Bonus +1
더 어려운
통암기
테스트에
도전하세요!

Bonus +2
영어 표현을
듣고
한국어 뜻을
말해보세요!

DAY 37

0901
[디스에이블드]
look down on the disabled
장애인을 무시하다

* disabled 1. 장애인 2. 장애를 가진 ← 어떤 능력(able)이 없는(dis-)

0902
[어프리시에이트]   [루-럴]
appreciate the rural scenery
시골 풍경을 감상하다

* appreciation 1. 감사 2. 감상 ← 값어치(prec = price)를 인식하는 것

0903
[미저러블]
a miserable defeat
참담한 패배

* misery 비참

0904
[디스가이즈]
disguise as a woman
여자로 변장하다

0905
[(으)레커그나이즈]
recognize his handwriting at a glance
필체를 한눈에 알아보다

* recognition 인식, 인정

0906
[오ᵗ쏘러티]
recognize her authority
권위를 인정하다

0907
[빌롱잉스]
lose his belongings
소지품을 분실하다

* belongings 소지품 ← 자신에게 속해(belong) 있는 물건

0908
[일리트]
belong to an elite club
엘리트 클럽에 소속되다

0909
[익스트림]   [어ᶠ펙션]
extreme affection
지나친 애정

0910
[어댑트]
adapt to new surroundings
새 환경에 적응하다

* adaptation 적응 * surround 둘러싸다

0911 □□ **an utter liar** [어터-] 순 거짓말쟁이

0912 □□ **utterly exhausted** [어그죠스티드] 완전히 지친

0913 □□ **That book is worth reading.** [워-ᵇ쓰] 그 책은 읽을 가치가 있다.
* **worthwhile** ~할 가치가 있는 **worthless** 가치가 없는 **worthy** [워-디] 가치 있는

0914 □□ **derive lessons from the story** [디라이ᵛ브] 이야기에서 교훈을 얻다

0915 □□ **observe the heavenly bodies** [어브저-ᵛ브] 천체를 관찰하다
* **observation** 관찰, 관측 **observatory** 관측소

0916 □□ **observe traffic regulations** [(으)레귤레이션] 교통 법규를 지키다

0917 □□ **a mature appearance** [머츄어] 성숙한 외모
* **mature** 성숙한, 분별 있는(↔ immature 성숙하지 못한) **maturity** 성숙함

0918 □□ **spare some time** [스뻬어] 시간을 좀 내다

0919 □□ **greet politely** [펄라이트] 정중하게 인사하다
* **politely** 공손하게, 예의바르게 **politeness** 예의 **impolite** 예의 없는

0920 □□ **a single fare** [ˈ패어] 편도 요금
* **single** 편도의(= one-way)

0921 □□ **pay attention to the lecture** [어텐션] 강의에 주의를 기울이다
* **attention** 주의, 정신집중 ← ~쪽으로(a-) 관심이 쏠리는(tend) 것

0922 **approach cautiously** [코서슬리] 조심스럽게 접근하다

● caution 조심 precaution 주의 ← 미리(pre-) 조심하는 것(caution)

0923 **color contrast effect** [칸트래스트] 색 대비 효과

● contrast 대조 contrary 반대인 ← 반대(contra = counter)편에 선

0924 **an awkward pause** [오-쿼드] 어색한 침묵

0925 **drag the mouse** 마우스를 드래그하다

● drag 끌다(tract, draw와 동족어)

어근을 알면 단어가 보인다	clu

'(우편 봉투에) 동봉하다'라는 뜻으로 enclose를 쓰는데요, close가 '닫다'라는 의미니까 '~을 넣고 닫은 상태로 만들다(en-)'가 되어 '동봉하다'라는 뜻임을 쉽게 알 수 있습니다.

conclusion 결론 ← 함께(con-)이야기를 매듭짓는 것   include 포함하다 ← 안에(in-)넣고 닫다
exclude 제외하다 ← 밖에(ex-)두고 문을 닫다

통암기 테스트 ✎

통째로 익힌 표현의 핵심어휘를 한국어로 옮겨보세요. 뜻이 여럿인 단어는
해당 표현에 맞는 것만 적으세요. 초중등 수준 단어는 괄호로 묶었습니다.

▶ 정답은 262쪽에

1
look down on
_____
disabled _____

2
appreciate _____
rural _____
scenery _____

3
miserable _____
defeat _____

4
disguise _____
(woman)

5
recognize _____
handwriting _____
at a glance _____

6
recognize _____
authority _____

7
(lose)
belongings _____

8
belong to _____
(club)

9
extreme _____
affection _____

10
adapt to _____
surroundings
_____

11
utter _____
liar _____

12
utterly _____
exhausted _____

13
be worth _____
(reading)

14
derive _____
lesson _____

15
observe _____
heavenly _____

16
observe _____
regulation _____

17
mature _____
appearance _____

18
spare _____
(time)

19
greet _____
politely _____

20
(single)
fare _____

21
pay attention to
_____
lecture _____

22
approach _____
cautiously _____

23
contrast _____
effect _____

24
awkward _____
pause _____

25
drag _____
(mouse)

Bonus +1
더 어려운
통암기
테스트에
도전하세요!

Bonus +2
영어 표현을
듣고
한국어 뜻을
말해보세요!

DAY 38

0926
[컴'포터블]
a comfortable armchair　　　편한 팔걸이 의자
- comfort 위안, 위로

0927
[인터프릿]
interpret a phrase　　　어구를 해석하다
- interpreter 통역사　interpretation 통역

0928
[크맆]
creep up the wall　　　벽을 기어오르다

0929
a sound mind in a sound body
　　　　　　　건강한 육체에 건전한 정신

0930
[어슬맆]
sound asleep　　　깊이 잠든

0931
[져-니]
set off on a journey　　　여행을 시작하다

0932
[임브레이스]　　　[패셔니틀리]
embrace her passionately
　　　　　　그녀를 열정적으로 포옹하다
- passion 열정

0933
[어'펜씨'브]
offensive remark　　　모욕적인 발언
- offend 공격하다　offense 공격
  ← 상대편 담(fence)이 있는 쪽으로 다가가서

0934
[개더]　　　[스꿰어]
gather in the square　　　광장에 모이다
- together 함께　← ~로(to-) 모이는(gather)

0935 [카-암]
calm the screaming baby 우는 아이를 진정시키다

0936 [(을)리터럴]
a literal meaning 문자 그대로의 의미
- literary 문학의 literally 문자 그대로, 말 그대로

0937 [이그재저레이트]
exaggerate his career 경력을 과장하다
- exaggeration 과장

0938 [인클라인드]
feel inclined to marry her
그녀와 결혼하는 쪽으로 마음이 기울다

0939 [어팔러자이즈] [(으)릴럭턴틀리]
apologize reluctantly 마지못해 사과하다
- apology 사과

0940 [디프레스트]
a depressed mood 우울한 기분
- depression 우울 ← 마음을 아래로(de-) 짓누르는(press) 것

0941
pet a barking dog 짖는 개를 쓰다듬다

0942 [테어-] *발음 유의
tear up a letter 편지를 찢어버리다

0943 [가-비지]
throw away the garbage 쓰레기를 버리다

0944 [디씨-브]
deceive the people around him 주변 사람을 속이다
- deceit 속임수, 사기 ← 물건을 잡아서(ceiv = cep, cap) 멀리 떨어지게(de-) 두는 것

0945 [트러스트워-디]
a trustworthy merchant 믿을 만한 상인
- trustworthy 믿을 만한 ← 신뢰(trust)할 가치가 있는(worth)
  trust 믿다(↔ distrust 불신하다)

0946
□□

[(으)리 그렛]
regret her past
과거를 후회하다

0947
□□

[컴플리트]
a complete waste of time
완전한 시간 낭비

- complete [컴플리잇] 완료하다, 끝마치다(강세 주의)

0948
□□

[애돌레슨스]
look back on his adolescence
청소년기를 되돌아보다

0949
□□

[트리'비얼]
get upset over trivial things
사소한 일 때문에 화를 내다

- trivial 사소한 ← 작은 길 ← 길(via = way)이 세(tri) 갈래

0950
□□

[스빠이씨]
get used to spicy food
매운 음식에 익숙해지다

어근을 알면 단어가 보인다　　　　　　　　　**force**

force는 명사로 '힘'을 나타내고, 동사로는 '(힘을 써서) 강제하다'란 의미입니다. effort는 힘을 밖으로(e = ex) 드러내는 것이니까, 자연스럽게 '노력'이라는 뜻이 되지요.

en**force** 시행하다 ← 힘으로 밀어 붙이다

rein**force** 강화하다 ← 다시 힘을 실어주다

com**fort** 위로 ← 함께 있어(com-) 힘(fort)이 되어주는 것

통암기 테스트 🖊 통째로 익힌 표현의 핵심어휘를 한국어로 옮겨보세요. 뜻이 여럿인 단어는
해당 표현에 맞는 것만 적으세요. 초중등 수준 단어는 괄호로 묶었습니다.

▶ 정답은 262쪽에

1
comfortable ....
(armchair)

2
interpret ....
phrase ....

3
creep up ....
(wall)

4
sound ....
(mind)

5
sound ....
asleep

6
set off ....
journey ....

7
embrace ....
passionately ....

8
offensive ....
remark ....

9
gather ....
square ....

10
calm ....
scream ....

11
literal ....
meaning ....

12
exaggerate ....
career ....

13
feel inclined to ....

(marry)

14
apologize ....
reluctantly ....

15
depressed ....
(mood)

16
pet ....
bark ....

17
tear up ....
(letter)

18
throw away ....
garbage ....

19
deceive ....
(people)

20
trustworthy ....
merchant ....

21
regret ....
past ....

22
complete ....
waste ....

23
look back on ....

adolescence ....

24
get upset ....
trivial ....

25
get used ....
spicy ....

Bonus +1
더 어려운
통암기
테스트에
도전하세요!

Bonus +2
영어 표현을
듣고
한국어 뜻을
말해보세요!

DAY 39

듣고 확인하자!

Day39.mp3

study date | yy | mm | dd |

0951
see him off at the airport 공항에서 그를 배웅하다

0952
show up at a meeting 모임에 나타나다

0953
[토·처]
torture a suspect 용의자를 고문하다
- **suspect** 용의자 ← 마음속 밑에서(su, sub-) 떠올라 보이는(spect = see) 인물
  suspicious 의심스러운

0954
[썹]
sob with grief 슬픔으로 흐느껴 울다
- **grieve** 슬퍼하다

0955
['빌리지]
settle down in a village 한 마을에 정착하다
- **settlement** 정착 ← 눌러 앉는(set = sit) 것

0956
[도-온]
wake up at dawn 새벽에 깨어나다

0957
['프리퀀틀리]
frequently occurring accidents 자주 일어나는 사고
- **frequency** 빈도 • **occurrence** 발생, 사건

0958
[나이'브]
a naive idea 순진한 생각

0959
give up hope 희망을 버리다

0960

[미스'포-츈]

delight in the misfortunes of others

다른 사람의 불행을 기뻐하다

● **delightful** 기뻐하는

0961

[싸로우]

sorrow of breaking up

헤어짐의 슬픔

0962

[씨즌]

mating season for birds

새들의 짝짓기 계절

● **mate** 1. 짝짓다 2. 친구

0963

[프러'보우크]

provoke a fierce dog

사나운 개를 화나게 하다

● **provoke** 화나게 하다 ← 자극해서 소리(vok, voc = voice) 내도록(pro) 만들다

0964

[애로건트]

an arrogant look

건방진 표정

0965

[어드'밴티지]

take advantage of his weak point

약점을 이용하다

● **weaken** 약화시키다

0966

['프리지]

a secondhand fridge

중고 냉장고

0967

[(으)리'플렉트]

reflect the light from the sun

태양 광선을 반사하다

● **reflection** 반사 ← 들어온 것을 다시(re-) 구부려(flect = flex) 보내는 것

0968

[크라이시스]

get over the crisis

위기를 극복하다

0969

[씩씨드]

succeed on her own

자력으로 성공하다

0970

[인터'피어]

interfere with his plan

계획을 방해하다

● **interfere** 방해하다 ← 둘 사이에(inter-) 끼어들다

[업죠·브드]
be absorbed in meditation
명상에 잠기다

• absorb 흡수하다 ← ~로부터(ab = from) 빨아들이다(sorb = suck, sip)

[쎄이크리드] [(으)리츄얼]
a sacred ritual
성스러운 의식

• rite 의식, 예식

[오'풀]
awful accidents taking place on the road

• take place (일이) 일어나다　　도로에서 일어나는 끔찍한 사고
　← 어떤 일이 발생하기 위해서는 장소(place)를 취해야(take) 하므로

[포스트포운]
postpone the game due to rain

• postpone 미루다　　비 때문에 게임을 연기하다
　← 뒤에(post-) 두다(pon = put)

[써·먼]
a priest's sermon
신부의 설교

어원을 알면 단어가 보인다　　　mob의 어원이 mobile?

'폭도'를 뜻하는 mob은 mobile의 앞 세 글자를 따서 만든 말입니다. mobile은 '움직이기 쉬운'
이란 뜻이니 예전에도 선동하는 사람이 나타나면 동요하기 쉬운 집단이라고 군중을 인식했던 것
같습니다. 마찬가지로 pub은 public에서 앞의 pub만 따서 만든 단어입니다. 보통 사람들이 자주
가는 집(public house)이 어딜까요? 예, 술집이죠? 그래서 pub하면 '선술집' 정도로 옮긴답니다.

통암기 테스트 ✐ 통째로 익힌 표현의 핵심어휘를 한국어로 옮겨보세요. 뜻이 여럿인 단어는
해당 표현에 맞는 것만 적으세요. 초중등 수준 단어는 괄호로 묶었습니다.

▶ 정답은 263쪽에

1
see off
(airport)

2
show up
(meeting)

3
torture
suspect

4
sob
grief

5
settle down
(village)

6
wake up
dawn

7
occur
frequently
(accident)

8
naive
(idea)

9
give up
(hope)

10
delight
misfortune

11
sorrow
break up

12
mating
(season)

13
provoke
fierce

14
arrogant
(look)

15
take advantage of

(weak)

16
secondhand
fridge

17
reflect
(light)

18
get over
crisis

19
(succeed)
on one's own

20
interfere
(plan)

21
be absorbed in

meditation

22
sacred
ritual

23
awful
(accident)
take place

24
postpone
due to

25
priest
sermon

Bonus +1
더 어려운
통암기
테스트에
도전하세요!

Bonus +2
영어 표현을
듣고
한국어 뜻을
말해보세요!

DAY 40

듣고 확인하자!

Day40.mp3

study date | yy | mm | dd |

0976
[블래'포터]
burst into laughter
웃음을 터뜨리다

0977
[부디스트]
a Buddhist temple
불교 사원
- Buddhism 불교
  ← 석가모니를 산스크리트어로 '깨달은 자'를 뜻하는 Buddha라고 부른 데에서 유래

0978
[스뽀일드]
spoiled food
상한 음식

0979
[쌀럼]   [애'머스'피어]
solemn atmosphere
엄숙한 분위기
- atmosphere 1. 대기 2. 분위기 3. 환경 ← 공기(atmo = air)에 의해 둘러싸인(sphere) 것

0980
[요온]   [드라우지니스]
yawn from drowsiness
졸려서 하품하다
- drowsy 졸린

0981
[스노어]
snore during sleeping
자는 동안 코를 골다

0982
My grandfather passed away years ago.
할아버지는 몇 년 전에 돌아가셨다.

0983
[페어웰]
a farewell party
송별 파티

0984
[어레인지]
arrange books in order
순서대로 책을 정리하다
- arrange 배열하다, 정리하다 ← 줄(range = rank)에 맞춰(a-) 놓다

0985
[페이드]
a fading memory
희미해지는 기억

0986 suffer from an incurable disease
[인큐어러블] [디지-즈]

• incurable 치료할 수 없는 cure (병을) 고치다

불치병으로 고통받다

0987 cherish the memory
[체리쉬]

추억을 간직하다

0988 a precious gemstone
[프레셔스]

귀한 보석

• precious 값비싼, 귀중한 ← 값(preci = price)이 많이 나가는

0989 motivation for a crime
[모러'베이션]

범행 동기

• motive 의도 ← 마음을 움직이는(mot = motion, move) 것

0990 agitate the mob
[애즈테티트]

폭도를 선동하다

0991 take roughly three hours
[(으)러'플리]

대략 세 시간 걸리다

0992 patients diagnosed with terminal lung cancer
[다이어그노즈]

말기 폐암으로 진단받은 환자들

• diagnosis 진단
←완전히(dia-) 아는(gno = know) 것

0993 starving children in Africa
[스따-'빙]

아프리카의 굶주리는 아이들

• starvation 기아, 굶주림

0994 a sore throat
[ᵉ쓰로우트]

쓰라린 목구멍

0995 bang his fist on the table

주먹으로 탁자를 꽝 치다

0996 bone and flesh
['플레쉬]

뼈와 살

0997
[키드니]
transplant a kidney
신장을 이식하다

• transplant 이식하다 ← 옮겨서(trans-) 심다(plant)

0998
[비어-드]
grow a beard
턱수염을 기르다

0999
[스켈러튼]
a skeleton of a monkey
원숭이 뼈

• skeleton (전체로서의) 뼈, 뼈대, 골격, 해골

1000
[링클] [포-헤드]
get rid of wrinkles in the forehead
이마의 주름을 제거하다

• forehead 이마 ← 머리(head)의 앞(fore) 부분

어근 을 알면 단어가 보인다   **pass**

passenger, passer-by와 같은 단어는 모두 동사 pass(지나가다)와 관련이 있습니다. 따라서
각각 '승객', '지나가는 사람'의 뜻을 가지고 있습니다.

passport 여권 ← 항구(port)를 통과할 수 있는 표시
passage 통로 ← 지나갈 수 있는 길
sur**pass** 능가하다 ← ~보다 위를(sur = over) 지나가다
com**pass** 콤파스, 나침반 ← 두 다리가 함께(com-) 가는 것

by**pass** 우회로 ← 옆으로(by) 지나가는 길
pace 발걸음의 속도 ← 가는 속도

통암기 테스트 🖊 통째로 익힌 표현의 핵심어휘를 한국어로 옮겨보세요. 뜻이 여럿인 단어는 해당 표현에 맞는 것만 적으세요. 초중등 수준 단어는 괄호로 묶었습니다.

▶ 정답은 263쪽에

1
burst ....
laughter ....

2
Buddhist ....
temple ....

3
spoiled ....
(food)

4
solemn ....
atmosphere ....

5
yawn ....
drowsiness ....

6
snore ....
(sleep)

7
(grandfather)
pass away ....

8
farewell ....
(party)

9
arrange ....
order ....

10
fade ....
(memory)

11
suffer ....
disease ....
incurable ....

12
cherish ....
(memory)

13
precious ....
gemstone ....

14
motivation ....
crime ....

15
agitate ....
mob ....

16
roughly ....
(hour)

17
diagnose ....
terminal ....
lung ....
cancer ....

18
starve ....
(children)

19
sore ....
throat ....

20
bang ....
fist ....

21
bone ....
flesh ....

22
transplant ....
kidney ....

23
grow ....
beard ....

24
skeleton ....
(monkey)

25
get rid of ....
wrinkle ....
forehead ....

Bonus +1
더 어려운
통암기
테스트에
도전하세요!

Bonus +2
영어 표현을
듣고
한국어 뜻을
말해보세요!

DAY 41

듣고 확인하자!

Day41.mp3

study date | yy | mm | dd |

1001
[커컬리]
straighten curly hair   곱슬머리를 펴다

• **straightforward** 똑바른, 솔직한 ← 앞으로(forward) 쭉 뻗은(straight)

1002
[위어리]
weary of hard training   힘든 훈련에 지친

1003
[컨텐트]
be content with the results   결과에 만족하다

• **contentment** 만족 ← 원하는 것을 함께(con-) 가지고 있는(tent, tain) 것

1004
[크라닉]   [퍼티그]
chronic fatigue   만성 피로

1005
take a nap after lunch   점심 먹고 낮잠을 자다

1006
[슬렌더]
a slender model   날씬한 모델

• **slender** 가늘고 호리호리한(= slim)

1007
[개스프]
gasp after running   뛰고 나서 헐떡거리다

• **gasp** 숨을 헐떡거리다

1008
[아이들]
an idle farmer   빈둥거리는 농부

1009
[(으)레스틀리스]
a restless night   뒤척이는 밤

• **restless** 뒤척이는 ← 휴식(rest)을 못 취하는(-less)

1010

[타이'푼]
a typhoon alert signal
태풍 경계경보

• signal [씨그널] 경보 ← 사인(sign)을 보내는 것

1011

[스트렛치]
stretch the body
몸을 쭉 펴다

• stretch 늘이다, 당기다, 펴다(str-은 앞으로 쭉 나간다는 뜻을 가짐 cf. string 실)

1012

[초우크트]
choked by smoke
연기에 질식된

1013

[브루-즈드]
a bruised eye
멍든 눈

1014

[카'핀]
nail the coffin
관에 못을 박다

• nail 1. 못을 박다 2. 못, 손톱 ← 끝이 뾰족한 사물

1015

[베리]   [쎄머테리]
bury him at the cemetery
그를 공동묘지에 묻다

1016

[크립플드]
crippled body
불구가 된 몸

1017

[어큐트]
endure acute pain
극심한 통증을 견디다

• acute 1. 심한 2. 예리한
• painful 고통스러운 pains 수고, 노력

1018

[넘]
My hands are numb from the cold.
추워서 손에 감각이 없다.

1019

arm stung by a bee
벌에 쏘인 팔

• sting 찌르다(- stung - stung)

1020

[스왈로우]
swallow pills
알약을 삼키다

• pill 알약(정제와 캡슐을 포함하여 가루 형태가 아닌 고형 제제를 두루 일컫는 말)

1021 [태블릿]

take one tablet at a time   한번에 한 알씩 복용하다

- **tablet** 알약(가루를 뭉쳐서 일정한 모양으로 만든 정제)
  ← 조그만 판 모양 ← table + let(작은 것을 뜻하는 접미사)

1022 [인시던트]

a commonplace incident   흔한 사고

1023 [¹프래그런트]

a fragrant odor   향기로운 냄새

1024 [허라이즌]

gaze at the horizon   수평선을 바라보다

- **horizontal** 수평의(↔ vertical 수직의)

1025 [플레이버]

add some flavor   조미료를 첨가하다

- **addition** 추가 **additional** 추가적인 **in addition to** ~에 덧붙여서

어근을 알면 단어가 보인다   **str**

str은 발음할 때 혀끝이 앞으로 나오지요? 길게 직선으로 뻗는 모습을 떠올리세요.

straight 길고 곧은	**str**ait (긴) 해협
stroll (길을 따라 쭉) 거닐다	**str**ain (줄 따위를) 당기다
stray (길을) 이리저리 헤매다	**str**eak 줄무늬
street (길게 뻗은) 길	**str**eam (가느다란) 시냇물
string (기다란) 줄	**str**etch (몸을 길게) 쭉 펴다
stripe (긴) 줄무늬	**str**ide (다리를 길게 뻗는) 걸음
strap 가죽 끈	

통암기 테스트 🖉 통째로 익힌 표현의 핵심어휘를 한국어로 옮겨보세요. 뜻이 어렷인 단어는 해당 표현에 맞는 것만 적으세요. 초중등 수준 단어는 괄호로 묶었습니다.

▶ 정답은 263쪽에

1
straighten ....
curly ....

2
weary ....
(training)

3
be content with
....
result ....

4
chronic ....
fatigue ....

5
take a nap ....
(lunch)

6
slender ....
(model)

7
gasp ....
(running)

8
idle ....
(farmer)

9
restless ....
(night)

10
typhoon ....
alert ....
signal ....

11
stretch ....
(body)

12
choked ....
(smoke)

13
bruised ....
(eye)

14
nail ....
coffin ....

15
bury ....
cemetery ....

16
crippled ....
(body)

17
endure ....
acute ....
pain ....

18
numb ....
(cold)

19
sting ....
(bee)

20
swallow ....
pill ....

21
(take) ....
tablet
at a time ....

22
commonplace ....

incident ....

23
fragrant ....
odor ....

24
gaze ....
horizon ....

25
add ....
flavor ....

Bonus +1
더 어려운 통암기 테스트에 도전하세요! ▦

Bonus +2
영어 표현을 듣고 한국어 뜻을 말해보세요! ▦

DAY 42

1026 [비우리풀]
a beautiful landscape 아름다운 풍경

1027 [(으)로움]
go sightseeing in Rome 로마 관광을 가다
- **sightseeing** 관광 ← 풍경(sight)을 보는(see) 것

1028 [클라짓]
slam the closet door 옷장 문을 꽝 닫다
- **closet** 옷장 ← 물건을 안에 두고 닫는(close) 장소

1029 [치-ㅋ]
slap his cheek 뺨을 때리다

1030 [휘슬]
blow a whistle 호루라기를 불다

1031 [매스터피스]
flock to see Picasso's masterpieces 피카소의 명작들을 보기 위해 몰려들다
- **masterpiece** 명작
  ← 정통한 사람(master)이 만들어 낸 한 부분(piece)

1032 [허-드]
a herd of sheep 양 떼

1033 [햇치]
hatch eggs 알을 부화시키다

1034 [바-스트]
a man worse than a beast 짐승만도 못한 인간
- **worsen** 악화시키다(= make worse)

1035 　　□□
[매멀]
Bats and dolphins are both mammals.
박쥐와 돌고래 모두 포유동물이다.

1036 　　□□
[하인드]
front paws and hind legs
(짐승의) 앞발과 뒷다리
- confront 마주치다, 직면하다 ← 앞(front)을 함께(con-)하다

1037 　　□□
[테임]
tame a wild horse
야생마를 길들이다

1038 　　□□
[위-임]
feed on worms
벌레를 먹고 살다
- feed 먹이다(food의 동사형)

1039 　　□□
[버즈]
buzzing sound
(벌이) 윙윙거리는 소리

1040 　　□□
[쏘어-]
soar through the air
공중으로 날아오르다

1041 　　□□
[스워-엄]
swarm of grasshoppers
메뚜기 떼
- grasshopper 메뚜기 ← 풀(grass) 속에서 뛰어(hop)다니는 곤충

1042 　　□□
[메도우]
cows grazing in a meadow
초원에서 풀을 뜯어먹는 소들

1043 　　□□
[(을)로온]
trim the lawn
잔디를 다듬다

1044 　　□□
['바인]
tangled grape vine
뒤엉킨 포도 덩굴

1045 　　□□
[블라썸]
a tree beginning to blossom
꽃 피기 시작하는 나무
- bloom 꽃이 피다 ← 꽃(blo = flower)이 만발하다

1046
☐☐

[*바월*] [*칸써넌트*]

vowels and consonants   모음과 자음

* **consonant** 자음 ← 혀와 다른 부분이 함께(con-) 내는 소리(son = sound)

1047
☐☐

[*엘러멘터리*]

an elementary school   초등학교

* **elementary** 기초적인, 초등의 ← 기본적인 요소(element)가 되는

1048
☐☐

[*[스]떼밍*]

English words stemming from Latin

* **stem** 1. 줄기 2. 어간   라틴어에서 유래한 영어 단어들

1049
☐☐

pull out the roots of the weeds 잡초 뿌리를 뽑아내다

1050
☐☐

[*모 쓰*]

moss-covered rocks   이끼로 뒤덮인 바위

어근을 알면 단어가 보인다   **fl**

fl로 시작하는 단어는 공통적으로 바람이나 물에 의한 흐름을 나타냅니다. 발음할 때 혀의 움직임도
부드럽게 이루어지죠.

flow 흐르다	**fl**ood 홍수	**fl**ing (물건을) 휙 던지다
fluid 액체	**fl**ap (깃발이) 펄럭이다	**fl**uent (물 흐르듯) 유창한
float 둥둥 뜨다	**fl**are (불이) 활활 타오르다	**fl**utter (새가) 푸드덕 날개치다

통암기 테스트 ✏️ 통째로 익힌 표현의 핵심어휘를 한국어로 옮겨보세요. 뜻이 여럿인 단어는 해당 표현에 맞는 것만 적으세요. 초중등 수준 단어는 괄호로 묶었습니다.

▸ 정답은 263쪽에

1
(beautiful)
landscape

2
sightseeing
(Rome)

3
slam
closet

4
slap
(cheek)

5
blow
whistle

6
flock
(see)
masterpiece

7
herd
sheep

8
hatch
(egg)

9
(man)
beast

10
bat
mammal

11
paw
hind
(leg)

12
tame
wild

13
feed on
(worm)

14
buzz
(sound)

15
soar
(air)

16
swarm
grasshopper

17
graze
meadow

18
trim
lawn

19
tangled
vine

20
(tree)
blossom

21
vowel
consonant

22
elementary
(school)

23
stem from
Latin

24
pull out
root
weed

25
moss
(rock)

Bonus +1
더 어려운
통암기
테스트에
도전하세요!

Bonus +2
영어 표현을
듣고
한국어 뜻을
말해보세요!

week 7

자주 어울리는 단어들이 모여 뜻을 이루는
통암기 표현입니다. 각 단어를 조합해서 뜻을
생각해보고 오른쪽 뜻과 일치하는지 확인해보세요.
낱단어보다는 표현 전체를 통으로 외우는 게
포인트!

Learn from yesterday, live for today, hope for tomorrow.

과거에서 배우고, 현재를 위해 살며, 미래를 꿈꾸라

DAY 43

1051
[앤써스터]
an ancestor of mankind 인류의 조상

- ancestor 조상 ← 전에(an, ant-) 간(cess, cede) 사람들

1052
[ˈ펠로우쉽]
fellowship at the workplace 직장에서의 동료의식

- fellow 놈, 녀석, 동료

1053
[어슈어]
assure food safety 식품의 안전을 보증하다

- sure 확실한 surely 확실히, 틀림없이

1054
[ˈ포욱스]
folks in a village 마을의 주민들

1055
[칸셉트]   [디ˈ마크라씨]
figure out the concept of democracy

- concept 개념, 관념   민주주의의 개념을 이해하다
  ← 대상과 함께(con-) 머리 속에 잡아(cep, cap ← catch)두는 것

1056
[배철러]
stay a bachelor all his life 평생 독신으로 남다

- bachelor 1. 독신 남자 2. (석사 바로 밑의) 학사

1057
[ˈ씨니어]
treat her as a senior 그녀를 선배로 대접하다

- mistreat 부당하게 다루다

1058
[나이트로전]
contain nitrogen compounds 질소 화합물을 포함하다

- contain 포함하다 ← 함께(con-) 지니다(tain = take)

1059
[디ˈ펙트]
analyze merits and defects 장점과 단점을 분석하다

- defect 결함, 결점 ← 다른 물건보다 떨어지게(de-) 만든(fect = fac) 것

1060	[커-티어스] **a courteous lad**	예의 바른 청년

1061	[θ쓰로운] **succeed to the throne**	왕위를 계승하다

● **succeed** 계승하다 ← 다른 사람 밑으로(suc = sub) 이어가다(ceed, cede)

1062	[페전트] **a plowing peasant**	쟁기질하는 농부

1063	[디크리-] **government decree**	정부의 포고령

1064	[디그리-] **grant a doctor's degree**	박사 학위를 수여하다

● **degree** 1. 정도 2. 지위, 학위 ← 계단(gree = grade) 아래로(de-) 오다

1065	[퍼트로울] **a patrol car**	순찰차

1066	[휩] **whip the horse**	말을 채찍질하다

1067	**fine him 30 dollars for speeding** 과속으로 그에게 30달러 벌금을 매기다	

1068	[스뜨레인] **strain at the rope**	줄을 잡아당기다

● **strain** 줄 따위를 쭉 당기다(str는 뻗어 나감을 의미함)

1069	[스뻬어-] **stab with a spear**	창으로 찌르다

1070	[피어-스] **fierce combat**	치열한 전투

● **combat** 전투 ← 같이(com-) 치고 때리는 것(bat = beat)

| 1071 | **a parade of triumph** | 승리의 행진 |

[트라이엄'프]

• parade 행진 ← 나란히 배열(par)을 맞춰서 가는 것

| 1072 | **a divine blessing** | 신의 은총 |

[디'바인]

| 1073 | **a parking lot** | 주차장 |

[파'킹]

• park 1. 주차하다 2. 공원

| 1074 | **college dormitory** | 대학교 기숙사 |

[도-머토리]

| 1075 | **hide in basement** | 지하실에 숨다 |

[베이스먼'트]

• base 기초 basic 기초적인 basically 기본적으로

---

final은 '마지막'의 뜻으로 많은 사람들이 알고 있는데 finish와 어근이 같습니다. 그런데 fine이 왜 '멋진', '좋은'이란 뜻과 함께 그와 상반된 '벌금'이란 뜻을 가지게 되었을까요? 일단 '끝낸' 작품은 완성된 것일 테니까 '멋진'이란 뜻이 덧붙여졌고, '(완전히 빚을) 청산하다'는 의미에서 '벌금'이란 뜻이 붙은 것입니다. 벌금을 내면 자신의 죄가 끝나는 것이니까요.

통암기 테스트 🖉 통째로 익힌 표현의 핵심어휘를 한국어로 옮겨보세요. 뜻이 여럿인 단어는 해당 표현에 맞는 것만 적으세요. 초중등 수준 단어는 괄호로 묶었습니다.

▶ 정답은 264쪽에

1
ancestor ....
mankind ....

2
fellowship ....
workplace ....

3
assure ....
safety ....

4
folks ....
(village) ....

5
figure out ....
concept ....
democracy ....

6
(stay) ....
bachelor ....

7
treat ....
senior ....

8
contain ....
nitrogen ....
compound ....

9
analyze ....
merit ....
defect ....

10
courteous ....
lad ....

11
succeed to ....
throne

12
plow ....
peasant ....

13
government ....
decree ....

14
grant ....
degree ....

15
patrol ....
(car)

16
whip ....
(horse)

17
fine ....
speeding ....

18
strain ....
(rope)

19
stab ....
spear ....

20
fierce ....
combat ....

21
parade ....
triumph ....

22
divine ....
blessing ....

23
parking ....
lot ....

24
(college) ....
dormitory

25
hide ....
basement ....

Bonus +1

더 어려운
통암기
테스트에
도전하세요!

Bonus +2

영어 표현을
듣고
한국어 뜻을
말해보세요!

DAY 44

1076 [(을)랜들로-드]
☐☐ **a kind-hearted landlord** 마음씨 좋은 집주인

1077 [인로울] [인터미디엇트]
☐☐ **enroll in an intermediate course**
- enroll 명부에 올리다, 등록하다 중급 과정에 등록하다
  ← 두루마리(roll) 종이에 이름을 올린 데서 비롯

1078 [(을)로-지]
☐☐ **lodge in London for a week**
일주일간 런던에 머무르다

1079 [침니]
☐☐ **break into the house through the chimney**
- break into 침입하다 굴뚝을 통해 집안으로 침입하다
  ← 부수고(break) 안으로(into) 들어오다

1080 [칸스터튜-트]
☐☐ **constitute nearly 25% of the whole population**
- constitute 구성하다 전체 인구의 거의 25%를 차지하다
  ← 함께(con-) 서 있다(stitu = stand)

1081 [체임버-]
☐☐ **a gas chamber** 가스실

1082 [컨그래출러토리]
☐☐ **a congratulatory address** 축하 연설
- congratulate 축하하다
  congratulation 축하 ← 함께(con-) 기분 좋은(gratu = grateful) 것

1083 [인스또올]
☐☐ **install an air conditioner** 에어컨을 설치하다
- install 설치하다, 설비하다(↔ uninstall 제거하다) installation 설치

1084

[퍼-니쉬]
furnish electric power
전력을 공급하다

• electricity 전기 | electrical 전기의

1085

[배어-]
bare feet
맨발

1086

[쥬월리]
rob a jewelry store
보석 가게를 털다

• robbery 강도사건 robber 강도
• jewel 보석

1087

[(으)래기드]
ragged patch
너덜너덜한 헝겊

1088

[스트라이프]
T-shirts with stripes
줄무늬 티셔츠

• stripe 줄무늬(= streak) ← 선, 줄(str-)처럼 길게 뻗은 것

1089

[프레'피스]
preface to a book
책의 서문

• preface 서문 ← 본문 앞(pre-)에 있는 것

1090

[스트립]
strip off the paint
페인트칠을 벗겨내다

• strip 벗기다 ← 끌 따위로 길게(str-) 벗겨내는 것에서 유래

1091

[데커레이트]
decorate the room
방을 꾸미다

• decoration 장식 decorative 장식적인

1092

[오-너먼트]
Christmas tree ornaments
크리스마스 트리 장식

1093

[(으)리무'브]
remove a stain on her clothes
옷에 묻은 얼룩을 제거하다

• removal 제거
← 있던 자리에서 다시(re-) 옮기다(move)

1094 □□
sweep dirt with broom [브룸]
먼지를 빗자루로 쓸어내다
* brush 솔

1095 □□
shave off his mustache [머스태쉬]
콧수염을 깎아버리다
* off ~에서 (떨어져) (접촉을 나타내는 on과 반대로 '분리'의 의미)

1096 □□
wipe the corridor windows [코리더]
복도 창문을 닦다
* corridor 복도 ← 흘러 나가듯(cor = cur) 뻗은 모양

1097 □□
a language barrier [랭귀지] [배리어]
언어 장벽
* linguist 언어학자 linguistics 언어학 bilingual 두 가지 언어를 구사하는

1098 □□
purify contaminated water [퓨러'파이] [컨태머네이티드]
오염된 물을 정화하다
* pure 순수한 * contamination 오염

1099 □□
a loaf of bread [(을)로우'프]
빵 한 덩어리
* loaf 한 덩어리(복수형은 loaves)

1100 □□
make dough with flour [도우] ['플라우어]
밀가루로 반죽하다
* doughnut 도우넛 ← 밀가루 반죽(dough)으로 밤(nut)처럼 만든 것

어근을 알면 단어가 보인다 **grat**

이탈리아어로 "감사합니다"는 Gracias[그라씨아스]라고 합니다. grace, grat는 원래 '만족'이란 뜻에서 '감사'의 뜻으로 의미가 확장된 것입니다.

gratuity 팁 ← 감사의 뜻으로 주는 것   **grat**eful 감사하는 ← 어떤 결과에 만족하는
gratitude 고마움, 감사   con**grat**ulate 축하하다 ← 만족스러운 마음으로 함께(con-) 하다

통암기 테스트 🖊 통째로 익힌 표현의 핵심어휘를 한국어로 옮겨보세요. 뜻이 여럿인 단어는 해당 표현에 맞는 것만 적으세요. 초중등 수준 단어는 괄호로 묶었습니다.

▶ 정답은 264쪽에

1
kind-hearted

landlord

2
enroll
intermediate

3
lodge
(London)

4
break into
chimney

5
constitute
nearly
whole
population

6
(gas)
chamber

7
congratulatory

address

8
install
air conditioner

9
furnish
electric

10
bare
(feet)

11
rob
jewelry

12
ragged
patch

13
(T-shirts)
stripe

14
preface
(book)

15
strip off
(paint)

16
decorate
(room)

17
(Christmas)
ornament

18
remove
stain

19
sweep
dirt
broom

20
shave off
mustache

21
wipe
corridor

22
language
barrier

23
purify
contaminate

24
loaf
(bread)

25
dough
flour

Bonus +1
더 어려운
통암기
테스트에
도전하세요!

Bonus +2
영어 표현을
듣고
한국어 뜻을
말해보세요!

DAY 45

1101
[페이스트]
paste the wallpaper
벽지를 풀로 붙이다

1102
[스삘]
spill the water
물을 흘리다

1103
[(을)리커-]
allow him to drink liquor 그가 술 마시는 것을 허락하다
• liquor 독주 ← liquid(액체), leak(물이 새다)와 동족어

1104
peel the bark of a tree
나무껍질을 벗기다
• bark 1. 개가 짖다 2. 나무껍질

1105
[캐'퍼티리어]
stop by the school cafeteria
학교 매점에 들르다

1106
[θ썸]
suck her thumb
엄지손가락을 빨다

1107
[디잘'브]
dissolve sugar in boiling water
설탕을 끓는 물에 녹이다
• dissolve 녹이다
← 풀어서(solve) 아래로(di-) 가라앉히다

1108
[´포캇]
boycott foreign goods
외제 상품을 불매 운동하다

1109
[드래'프트]
a draft for a new machine
새 기계의 설계도
• draft 설계도, 도안(= draught)

1110
[붓처]
butcher a hog
돼지를 도살하다

1111 ☐☐

[바-긴]
sell at a bargain price

헐값에 팔다

• bargain 1. 거래 계약 2. 턱없이 싼

1112 ☐☐

[그래터튜드]
give a present in token of gratitude

감사의 표시로 선물을 하다

• grateful 감사하는
  gratuity [그러튜어티] 감사의 표시로 주는 팁

1113 ☐☐

[애ᵉ쓸리트]
500 athletes representing Korea

한국을 대표하는 500명의 선수들

• athletic shoes 운동화
• representative [(으)리프리젠터티ᵛ브] 대표자

1114 ☐☐

[갬블링]
lose himself in gambling

도박에 빠지다

• lost (길을) 잃어버린, 실종된

1115 ☐☐

bet 100 dollars

100달러를 걸다

• I bet ~라고 생각하다

1116 ☐☐

[(으)리들]
a puzzling riddle

헷갈리는 수수께끼

• puzzled 혼란스러운

1117 ☐☐

spin a top

팽이를 돌리다

• spin 돌다, 돌리다(- spun - spun)

1118 ☐☐

[닛트]
knit a muffler

목도리를 짜다

1119 ☐☐

[쏘우]
sew socks

양말을 꿰매다

• sew 바느질하다(- sewed - sewed/sewn)

1120
stitch a deep cut in his forehead
이마의 찢어진 부위를 꿰매다

* stitch 바늘로 꿰매다
← 뾰족한 것으로 찌르다(stitch = sting)

1121
[클럼지]
a clumsy makeup
어설픈 화장

1122
[위-브]
weave a straw mat
돗자리를 짜다

* straw 풀, 지푸라기 ← 위로 길게 뻗은(str-) 것

1123
[어밀]
amusing tales
재미있는 이야기들

* amusement 재미, 즐거움 ← 음악(music)을 듣고 흥겨운 것

1124
[퓨너럴]
weep at the funeral
장례식에서 울다

1125
[모운]
moan with pain
고통으로 신음하다

어원을 알면 단어가 보인다   guy와 boycott의 유래

1605년에 영국의 Guy Fawkes라는 사람이 화약통을 가지고 의회를 폭파시키려고 했다가 실패한 사건이 있었는데, 이때부터 '무모하고 기이한 사람'을 일컬어 guy라고 부르기 시작했습니다. 하지만 미국으로 전해지는 과정에서 본래의 의미는 퇴색되고 단지 '남자, 녀석'만을 의미하게 되었죠. 마찬가지로 boycott란 단어는 Charles C. Boycott란 한 아일랜드인의 이름에서 유래한 것입니다. 그는 농장관리인이었는데 소작농들에게 높은 세금을 받은 것으로 유명했습니다. 그래서 농부들이 집단적으로 노동을 거부했는데, 여기에서 의미가 발전해 '불매 운동을 벌이다'란 뜻이 되었죠.

통암기 테스트 ✎ 통째로 익힌 표현의 핵심어휘를 한국어로 옮겨보세요. 뜻이 여럿인 단어는 해당 표현에 맞는 것만 적으세요. 초중등 수준 단어는 괄호로 묶었습니다.

▶ 정답은 264쪽에

1
paste
(wallpaper) ....

2
spill
(water) ....

3
allow ....
liquor ....

4
peel ....
bark ....

5
stop by ....
cafeteria ....

6
suck ....
thumb ....

7
dissolve ....
boil ....

8
boycott ....
goods ....

9
draft ....
(machine)

10
butcher ....
hog ....

11
(sell) ....
bargain ....

12
in token of
gratitude ....

13
athlete ....
represent ....

14
lose oneself in ....
gambling ....

15
bet ....
(dollar)

16
puzzling
riddle ....

17
spin ....
top ....

18
knit ....
muffler ....

19
sew ....
(sock) ....

20
stitch ....
forehead ....

21
clumsy
(makeup) ....

22
weave ....
straw ....

23
amusing ....
tale ....

24
weep ....
funeral ....

25
moan
pain ....

Bonus +1
더 어려운 통암기 테스트에 도전하세요!

Bonus +2
영어 표현을 듣고 한국어 뜻을 말해보세요!

DAY 46

듣고 확인하자!

Day46.mp3

study date | yy | mm | dd |

1126 **mourn his death**
[모-언]
죽음을 애도하다

• deadly 치명적인

1127 **a sequence of misfortunes**
[씨퀀스]
불행의 연속

1128 **gorgeous sunglasses**
[고-저스]
멋진 선글라스

1129 **furious waves**
[퓨리어스]
성난 파도

• fury 격분, 분노 ← 불처럼(fire) 활활 타오르는 것

1130 **growl savagely**
[그라울] [쌔비지]
사납게 으르렁거리다

• savage 1. 야만적인 2. 야만(인)

1131 **an awesome spectacle**
[오-썸] [스펙터클]
경이로운 장관

• spectacle 광경, 장관 ← 볼(spect = see)거리가 많은 것

1132 **a dreadful nightmare**
[드레드펄]
무시무시한 악몽

1133 **a boy seized with panic**
[씨-즈드]
공포에 사로잡힌 소년

1134 **a bold investment**
[보울드]
과감한 투자

1135 **be startled by a knock on the door**
[스타틀]
문 두드리는 소리에 놀라다

| 1136 □□ | [잇치]
an itchy back | 가려운 등 |

| 1137 □□ | [여-언]
yearn for success | 성공을 열망하다 |

| 1138 □□ | [지일]
work with zeal
• zealous 열심인, 열성적인 | 열의를 가지고 일하다 |

| 1139 □□ | [왝]
wag the tail | 꼬리를 흔들다 |

| 1140 □□ | [어-니스트]
an earnest discussion
• discuss 의논하다 | 진지한 토론 |

| 1141 □□ | **a witty joke**
• wit 재치 | 재치 있는 농담 |

| 1142 □□ | [(으)리(마커블]
remarkable progress
• remark 주목하다 ← 다시(re-) 표시하다(mark) | 상당한 진전 |

| 1143 □□ | [컴플러먼트]
feel flattered by compliments
• flatter 아첨하다 | 칭찬을 듣고 우쭐해지다 |

| 1144 □□ | [(으)로어링]
a roaring lioness | 으르렁대는 암사자 |

| 1145 □□ | [쓰리씨져-]
illustrate the procedure | 과정을 보여주다 |

| 1146 □□ | [오·θ쓰]
a marriage oath | 결혼 서약 |

1147	[그럼블] **grumble about her wage**	봉급에 대해 불평하다
□□		

1148	[포우잇·프로] **poetry and prose**	시와 산문
□□	• poetic 시적인 poet 시인 poem 시(한 편)	

1149	[씨메스터-] **get a better grade this semester**	이번 학기에 더 좋은 성적을 거두다
□□	• grade 성적 ← A~F까지 등급(grade)을 매긴 것	

1150	[어리^{9}쓰머틱] **solve arithmetic problems**	산수 문제를 풀다
□□		

jet plane은 '쏜살같이' 날아가는 비행기를 가리키죠? 여기서 jet는 '쏘다', '분출하다'의 의미로 shot과 같은 동족어입니다. 발음이 비슷하죠?

re**ject** 거절하다 ← 오는 걸 돌려(re-)보내다
in**ject**ion 주사 ← 안으로(in) 쏘는 것
pro**ject** 기획 사업 ← 다른 일보다 앞서(pro) 추진하는 것
ob**ject** 물체 ← 앞에(ob) 던져진 것
       반대하다 ← 물체 앞에 물건을 던져 방해하다
ob**ject**ive 목표, 목적 ← 앞에 놓인 대상을 향한 것

통암기 테스트 ✏️ 통째로 익힌 표현의 핵심어휘를 한국어로 옮겨보세요. 뜻이 여럿인 단어는 해당 표현에 맞는 것만 적으세요. 초중등 수준 단어는 괄호로 묶었습니다.

▶ 정답은 264쪽에

1
mourn
(death)

2
sequence
misfortune

3
gorgeous
(sunglasses)

4
furious
(wave)

5
growl
savagely

6
awesome
spectacle

7
dreadful
nightmare

8
seize
panic

9
bold
investment

10
be startled
knock

11
itchy
back

12
yearn
(success)

13
(work)
zeal

14
wag
tail

15
earnest
discussion

16
witty
joke

17
remarkable
progress

18
feel flattered
compliment

19
roar
lioness

20
illustrate
procedure

21
marriage
oath

22
grumble about

wage

23
poetry
prose

24
grade
semester

25
solve
arithmetic

Bonus +1
더 어려운
통암기
테스트에
도전하세요!

Bonus +2
영어 표현을
듣고
한국이 뜻을
말해보세요!

DAY 47

들고 확인하자!

Day47.mp3

1151 **love you indeed**
[인디-드]
당신을 정말로 사랑하다
• indeed 정말로, 실제로 ← 행동(deed)으로 보여주어

1152 **scarce oxygen**
[스깨어-스]
희박한 산소
• scarcely 거의 ~이 아닌(= hardly) ← 희박해서

1153 **reap fruit**
[(으)리-ㅍ]
열매를 거둬들이다

1154 **make a bowl from clay**
[보울]
찰흙으로 그릇을 만들다

1155 **fix up a barn**
외양간을 고치다

1156 **a barren pasture**
[배른]　[패스처]
황량한 목초지

1157 **dairy products**
[데이리]
유제품

1158 **a low interest loan**
[(을)로운]
저금리 대출

1159 **endow a scholarship**
[인다우]
장학금을 기부하다
• scholarship 장학금 ← 학자(scholar)에게 주는 돈

1160 **renew a driving license**
[(을)라이번스]
운전면허증을 갱신하다
• renew 갱신하다 ← 다시(re-) 새롭게 고치다

1161

[쏘우셜] [펑션]
the social function of education   교육의 사회적 기능

* sociable 사교적인 society 사회 sociology 사회학

1162

[(으)라튼]
sort out rotten apples   썩은 사과들을 골라내다

* rot 썩다, 썩게 하다

1163

[택클]
tackle the drug problem   마약 문제에 대처하다

1164

[배기지]
carry his baggage   짐을 나르다

* baggage 짐, 수하물 ← 가방(bag)에 담은 것

1165

[크루키드]
pave the crooked road   도로를 포장하다

1166

[셔'블]
shovel the sand and pebble   모래와 자갈을 푸다

* shovel 1. 삽 2. 삽으로 푸다

1167

[그라인드]
grind her teeth   이를 갈다

* grind 갈다(- ground - ground)

1168

[그레인]
store grain   곡식을 저장하다

* storage 저장, 보관

1169

[스꿔-즈]
squeeze a lemon   레몬을 짜다

1170

[찹] [(을)로그]
chop the log in half   통나무를 반으로 자르다

1171 □□ **saw off a bough** [바우]   나뭇가지를 (톱으로) 잘라내다

● **saw** 1. 톱 2. 톱으로 잘라내다(- sawed - sawed/sawn)

1172 □□ **an exact meaning** [이그잭트]   정확한 뜻

1173 □□ **a decrease in prices**   물가 하락

● **decrease** 줄다, 감소하다, 줄이다(↔ increase 증가하다)

1174 □□ **grip a racket** [그래킷]   라켓을 쥐다

1175 □□ **seize his arm** [씨 즈]   팔을 붙잡다

어근을 알면 단어가 보인다   **car**

car는 원래 고대 로마의 이륜마차를 뜻하는 단어 carrus에서 온 단어입니다.

carry (마차로) 나르다, 운반하다
carrier 운반해주는 것/사람
cart 손수레 ← 실어 나르는 도구

cargo 화물 ← 차로 실어 나르는(go) 것
career 경력 ← 차 바퀴의 흔적

통암기 테스트

통째로 익힌 표현의 핵심어휘를 한국어로 옮겨보세요. 뜻이 여럿인 단어는 해당 표현에 맞는 것만 적으세요. 초중등 수준 단어는 괄호로 묶었습니다.

▶ 정답은 265쪽에

1
(love)
indeed

2
scarce
oxygen

3
reap
(fruit)

4
bowl
clay

5
fix up
barn

6
barren
pasture

7
dairy
product

8
interest
loan

9
endow
scholarship

10
renew
license

11
social
function
education

12
sort out
rotten

13
tackle
(problem)

14
(carry)
baggage

15
pave
crooked

16
shovel
pebble

17
grind
(teeth)

18
store
grain

19
squeeze
(lemon)

20
chop
log
in half

21
saw off
bough

22
exact
meaning

23
decrease
prices

24
grip
racket

25
seize
(arm)

Bonus +1
더 어려운
통암기
테스트에
도전하세요!

Bonus +2
영어 표현을
듣고
한국어 뜻을
말해보세요!

DAY 48

| 1176 | **snatch his hand** | 손을 잡아채다 |

| 1177 | **swing a bat** | 방망이를 휘두르다 |

| 1178 | [패슨]
fasten the buttons | 단추를 끼우다 |
- fasten 고정시키다 ← fast(고정된) + en

| 1179 | [핀치]
pinch her cheek | 볼을 꼬집다 |

| 1180 | [쉬'버-]
shiver with cold | 추워서 부르르 떨다 |

| 1181 | **sweat dripping down his nose** | 코에서 떨어지는 땀방울 |
- drip 물방울(drop)이 되어 똑똑 떨어지다

| 1182 | **link web sites** | 웹사이트로 연결하다 |
- link 연결하다 ← 선으로(line)

| 1183 | [(을)락]
lock the door | 문을 잠그다 |
- unlock 자물쇠를 열다

| 1184 | [드(디)아렉트]
a direct objective | 직접 목적어 |
- direct 직접적인 ← 직선 방향으로 가는 ← 방향을 가리키다, 지시하다

1185 □□

[앵자이어티]
unnecessary anxiety

쓸데없는 걱정

* anxiety 걱정, 불안, 열망
  be anxious about ~에 대해 근심하다
  be anxious for ~를 갈망하다

1186 □□

[힌더-] [컨센트레이션]
hinder concentration

집중을 방해하다

* concentrate 집중하다 ← 정신이 중심(center)으로 함께(con-) 모이다

1187 □□

[프롬프트] [(으)리액션]
prompt reaction

즉각적인 반응

* react 반응하다 ← 어떤 자극에 다시(re-) 행동하다(act)

1188 □□

[스트라이드]
keep up with his father's stride

아버지의 걸음을 따라잡다

* stride 큰 걸음 ← 앞으로 쭉 뻗는(str-) 것

1189 □□

[텀블]
tumble down the stairs

계단 아래로 굴러 떨어지다

1190 □□

[크로울] [토어토이스]
crawl like a tortoise

거북이처럼 기어가다

* crawl 기다, 기어가다(creep와 동족어)

1191 □□

[스웨이]
walk with her hips swaying

엉덩이를 흔들며 걸어가다

* sway 흔들리다, 흔들다(swing과 동족어)

1192 □□

[워얼]
a whirling propeller

돌아가는 프로펠러

* propel 추진하다 ← 앞으로(pro-) 나가게(-pel) 만들다

1193 □□

[베가-]
toss the beggar a coin

거지에게 동전을 던져주다

* beg 빌다

1194 □□

[쇼울더]
pat his shoulder

어깨를 두드리다

1195 [으럽]
rub with an eraser
지우개로 문지르다

- **rub** 문지르다, 비비다 **scrub** (솔, 천 따위로) 싹싹 문지르다 (의성어)

1196 [쉬'프트]
shift the position
위치를 변경하다

1197 [드라우닝]
save a drowning man
물에 빠진 사람을 구하다

1198 ['펫치]
fetch the police
경찰을 데려오다

1199
hold a public hearing
공청회를 열다

- **hold** 2. (행사, 모임 따위를) 열다, 주최하다 ← 1. 잡다

1200 [미디-'벌] [이어러]
medieval era
중세 시대

- **medieval** 중세의 ← 중간에(medie = middle) 낀 시대의

어근 을 알면 단어가 보인다   **pel**

프로펠러 잘 아시죠? 바람개비처럼 돌아가면서 추진력을 주지요. propeller를 분석하면 '앞으로
(pro-) 내모는(pel = drive)것' 즉, '추진기'가 됩니다.

compel 억지로 ~하도록 몰다 ← 여럿이 함께(com-) 내몰다   **pro**pel 추진시키다 ← 앞으로 내몰다
im**pul**se 충동 ← 내 마음 속에서(in-) 무엇을 하도록 내모는 것   ex**pel** 내쫓다 ← 밖으로(ex-) 내몰다
ap**peal** 호소하다, 간청하다 ← 누구를 향해 무엇을 하도록 내몰다

통암기 테스트 ✎

통째로 익힌 표현의 핵심어휘를 한국어로 옮겨보세요. 뜻이 어렷인 단어는 해당 표현에 맞는 것만 적으세요. 초중등 수준 단어는 괄호로 묶었습니다.

▶ 정답은 265쪽에

1
snatch
(hand)

2
swing
bat

3
fasten
(button)

4
pinch
(cheek)

5
shiver
(cold)

6
sweat
drip down

7
link
site

8
lock
(door)

9
direct
objective

10
unnecessary
anxiety

11
hinder
concentration

12
prompt
reaction

13
keep up with
stride

14
tumble down
(stairs)

15
crawl
tortoise

16
hip
sway

17
whirling
(propeller)

18
toss
beggar
coin

19
pat
shoulder

20
rub
eraser

21
shift
position

22
save
drowning

23
fetch
(police)

24
hold
public
hearing

25
medieval
era

Bonus +1
더 어려운
통암기
테스트에
도전하세요!

Bonus +2
영어 표현을
듣고
한국어 뜻을
말해보세요!

DAY 49

Day49.mp3

study date | yy | mm | dd |

1201 **take up too much space**   너무 많은 공간을 차지하다

- take up 1. (공간을) 차지하다 2. (책임 따위를) 떠맡다

1202 **mistake a woman for my girlfriend**

- mistake A for B A를 B로 잘못 알다   어떤 여자를 여자친구로 착각하다
  (cf. take A for B A를 B로 여기다)

1203 **call for a ban on guns**   총기 금지를 요청하다

- call for 요청하다(= ask)

1204 **call on a sick friend**   아픈 친구를 방문하다

- call on 방문하다(= visit)

1205 **put up with his rudeness**   무례함을 참다
[루드니스]

- put up with ~을 참다(= stand) ← 인내의 한계까지(up) 마음속에 두다(put)

1206 **put off the meeting**   모임을 연기하다

- put off 연기하다(= postpone) ← 스케줄에서 떼어(off) 놓다(put)

1207 **turn the videos over to the police**

- turn over 건네주다(= give)   비디오테이프를 경찰에 넘겨주다

1208 **look after kids all day long**   애들을 하루 종일 돌보다

- look after 돌보다(= take care of) ← 뒤를(after) 봐주다(look)

1209

give off a lot of smoke　　　많은 연기를 내뿜다

• **give off** 발산하다, 내뿜다(= emit) ← 물체에서 떨어져(off) 나오다

1210

give in to terrorists' demands

• **give in** 굴복하다(= surrender)　　테러범들의 요구에 굴복하다

[프럴롱]

1211

prolong the life span　　　수명을 연장하다

• **prolong** 연장하다 ← 앞으로(pro) 더 길어지게(long) 만들다

[칸'플릭트]

1212

internal conflict　　　내부 갈등

• **internal** 내부의(↔ external 외부의)

[인티리어]　　　[일루머네이션]

1213

interior illumination　　　실내조명

• **exterior** 실외의
• **illuminate** 밝게 하다, 비추다 ← 안을(in) 빛(lum = light)내다

[패러럴]

1214

parallel bars　　　평행봉

• **parallel** 평행한 ← 나란히 배열(par)되어 있는

[(으)리쏘-씨스]

1215

marine resources　　　해양 자원

• **submarine** 잠수함 ← 바다(marine) 밑(sub-)으로 다니는 배

1216

tidal power plant　　　조력 발전소

[포어모우스트]

1217

become the foremost scientist in the world

• **foremost** 으뜸가는　　세계에서 제일가는 과학자가 되다
　← 가장(most) 앞으로(fore-) 나가 있는

[스띠어-]

1218

steer a boat　　　배를 조종하다

1219

drift with the current
[커런트]

물결 따라 떠다니다

• current 흐름, 해류, 전류 ← 물에 의해 운반(cour = carry)되는 것

1220

shrug her shoulders
[슈러그]

어깨를 으쓱하다

1221

spring breeze
[브리즈]

봄바람

• spring 1. 샘물 2. 봄 3. 용수철

1222

blast a skyscraper
[스카이스크레이퍼]

고층 건물을 폭파하다

• skyscraper 고층 건물 ← 하늘(sky)을 긁을(scrape) 수 있을 정도로 높은

1223

moist skin
[모이스트]

촉촉한 피부

• moisture 습기
• skinny 빼빼 마른 ← 피부(skin)만 남은

1224

a pile of hay
[파일]

건초 더미

1225

a down-stuffed pillow
[스터프트]

오리털로 채워진 베개

• down (오리나 거위 등 새의) 솜털

어원을 알면 단어가 보인다   **police**의 어원은 **polis**

police는 city의 뜻인 그리스어 polis에서 유래된 것입니다. 그리스는 도시 국가였기 때문에 police 는 '국가를 지키는 사람'이란 뜻에서 '경찰'이 되고, 국가적인 정책을 policy라고 하는 것이죠. politician은 그 국가를 다스리는 정치가가 되구요. 노예를 뜻하는 단어 slave는 러시아, 폴란드 등 동부 유럽 슬라브족(Slav)에서 유래한 말입니다. 예전에 게르만족이 슬라브인들을 잡아서 로마에 팔았던 데서 나왔다고 합니다.

통째로 익힌 표현의 핵심어휘를 한국어로 옮겨보세요. 뜻이 어려운 단어는 해당 표현에 맞는 것만 적으세요. 초중등 수준 단어는 괄호로 묶었습니다.

▶ 정답은 265쪽에

1
take up
space

2
mistake A for B

3
call for
ban

4
call on
(sick)

5
put up with
rudeness

6
put off
(meeting)

7
turn over
(police)

8
look after
(kid)
all day long

9
give off
(smoke)

10
give in
demand

11
prolong
life span

12
internal
conflict

13
interior
illumination

14
parallel
bar

15
marine
resource

16
tidal power
plant

17
foremost
(in the world)

18
steer
(boat)

19
drift
current

20
shrug
(shoulder)

21
spring
breeze

22
blast
skyscraper

23
moist
(skin)

24
pile
hay

25
down-stuffed

pillow

Bonus +1
더 어려운
통암기
테스트에
도전하세요!

Bonus +2
영어 표현을
듣고
한국어 뜻을
말해보세요!

8 week

자주 어울리는 단어들이 모여 뜻을 이루는
통암기 표현입니다. 각 단어를 조합해서 뜻을
생각해보고 오른쪽 뜻과 일치하는지 확인해보세요.
낱단어보다는 표현 전체를 통으로 외우는 게
포인트!

Live as if you were to die tomorrow.
Learn as if you were to live forever.
내일 죽을 것처럼 살되,
영원히 살아갈 것처럼 배우라

DAY 50

듣고 확인하자!

Day50.mp3

1226 **fold the blanket** [블랭킷] 이불을 개다
* unfold (접힌 것을) 펴다

1227 **beat with a rod** [으란] 몽둥이로 두들겨 패다

1228 **a red-brick house in flames** [플레임] 화염에 싸인 빨간 벽돌집

1229 **create a new world** [크리에이트] 새로운 세상을 창조하다
* creator 창조자 creation 창조 creative 창조적인 creature 피조물

1230 **glow brilliantly** [브릴리언틀리] 눈부시게 빛나다
* brilliant 눈부신, 찬란한 ← 밝은(bright)

1231 **look pale** [페일] 창백해 보이다

1232 **a gigantic company** [자이갠틱] 거대 회사

1233 **get infected with a fatal virus** [페이탈] 치명적인 바이러스에 감염되다
* infection 감염
* fatal 치명적인 ← 운명(fate)하게 만드는

1234 **lower a fever** [피·버] 열을 내리다

1235 **a mere accident** [미어·] 단순한 사고
* merely 단지

1236 [델리키트]
delicate craftsmanship　　　　　　섬세한 공예 솜씨

● craft (수)공예

1237 [써틀] *b 묵음에 유의
a subtle difference　　　　　　미묘한 차이

1238 [스떠-언]
grow up in a stern family　　　엄한 가정에서 자라다

1239 [컴팩트]　　[캐머러]
a compact camera　　　　　　소형 카메라

● compact 소형의 ← 함께(com-) 집어넣어(pact = pack) 작게 만든

1240 [휴머]
a keen sense of humor　　　　날카로운 유머 감각

● humorous 유머가 있는

1241 [플레인]
plain English　　　　　　　평이한 영어

● plain 1. 평원 2. 예쁘지 않은(얼굴이 밋밋한) ← flat(평평한)과 같은 어원

1242
the Great Plains　　　　　　(미국의) 대평원

1243 [아드]
odd numbers　　　　　　　홀수

● even numbers 짝수

1244 [미스터리]
an odd mystery　　　　　기이한 미스터리

● mysterious 불가사의한

1245 [퀴어-]
a queer voice　　　　　　희한한 목소리

1246 [이그자릭]
an exotic atmosphere　　　　이국적 분위기

● exotic 이국적인 ← 바깥(exo = ex) 세상의

1247

unavoidable doom

피할 수 없는 운명

[언어`보어니`블]

• doom 비운, 멸망(보통 나쁜 의미의 운명)

1248

rescue hostages

인질을 구출하다

[으레스귀]

1249

flee abroad

외국으로 달아나다

[어브로‧드]

• flee 달아나다, 도망치다 ← 날듯이(fly) 가다
• abroad 해외로 ← 넓은(broad) 곳으로 가는

1250

prepare the dinner

저녁을 준비하다

[프리페어]

• preparation 준비 ← 미리(pre-) 가지런히 배열(par)해두는 것
  unprepared 준비되지 않은

어근을 알면 단어가 보인다   dict

dictionary에서 dict는 speak의 뜻을 가지고 있습니다. 따라서 '말하는 것을 모아둔 것'이라는 의미에서 '사전'을 뜻하게 된 것입니다.

contradict 모순되다 ← 반대로(contra-) 얘기하다   dictation 받아적기 ← 말하는 것을 적는 것
predict 예언하다 ← 앞서(pre-) 말하다

통암기 테스트 🖊 통째로 익힌 표현의 핵심어휘를 한국어로 옮겨보세요. 뜻이 여럿인 단어는 해당 표현에 맞는 것만 적으세요. 초중등 수준 단어는 괄호로 묶었습니다.

▶ 정답은 266쪽에

1
fold ....
blanket ....

2
beat ....
rod ....

3
red-brick ....
flame ....

4
create ....
(new)

5
glow ....
brilliantly ....

6
(look)
pale ....

7
gigantic ....
(company)

8
infected ....
fatal ....

9
lower ....
fever ....

10
mere ....
(accident)

11
delicate ....
craftsmanship ....

12
subtle ....
difference ....

13
grow up ....
stern ....

14
compact ....
(camera)

15
keen ....
humor ....

16
plain ....
(English)

17
(great)
plain ....

18
odd ....
(number)

19
odd ....
(mystery)

20
queer ....
(voice)

21
exotic ....
atmosphere ....

22
unavoidable ....
doom ....

23
rescue ....
hostage ....

24
flee ....
abroad ....

25
prepare ....
(dinner)

Bonus +1
더 어려운
통암기
테스트에
도전하세요!

Bonus +2
영어 표현을
듣고
한국어 뜻을
말해보세요!

DAY 51

듣고 확인하자!
Day51.mp3

study date | yy | mm | dd |

1251
[패밀리]
a fairly diligent worker　　　아주 부지런한 일꾼

1252
[인스팅트]
natural instinct　　　타고난 본능
● instinct 본능 ← 마음속에서(in-) 자꾸 찔러대는(sting) 것

1253
[어커스톰드]　　　　　[쌀러테리]
be accustomed to a solitary life
　　　　　　　　　　　고독한 생활에 익숙하다
● accustomed 익숙해진
　← 관습(custom)에 따라가는(a-)
● solitude 고독 ← 혼자(soli = solo) 있는 것

1254
[써-티피키트]
a fake certificate　　　위조 자격증
● certify 보증하다, 증명하다 ← 확실히(certain) 해두다

1255
[디베이트]
a hot debate　　　열띤 토론
● debate 논쟁, 토론
　← 상대방을 논리적으로 공격해(bat = beat) 자신보다 아래에(de = down) 두는 것

1256
[바이알러지]
a biology professor　　　생물학 교수
● biological [바이얼라지컬] 생물학적인

1257
[프러포-션]
mix in a one-to-three proportion　1:3의 비율로 섞다
● mixture 혼합(물)
● proportion 비율 ← 부분(port = part)이 전체에서 차지하는 정도

1258
[커뮤니케이션]
wireless communication　　　무선 통신
● wire 선
● communicate 의사소통하다, 통신하다 ← 여럿이 공통적으로(common) 의견을 나누다

1259

[다우트]
doubt his intention   의도를 의심하다

• intentional 의도적인, 고의적인

1260

[씨밀러]
a similar case   유사한 사건

1261

[인텐스]
an intense desire   강렬한 욕망

• desirable 바람직한 desirous 바라는, 소망하는

1262

[클라임]
climb the ladder   사다리를 오르다

1263

[θ쓰레튼]
threaten to kill her   그녀를 죽이겠다고 협박하다

• threat 위협, 협박

1264

[휴매니테리언]
from a humanitarian point of view
                                                      인도주의적 관점에서

1265

[(으)리싸이클]
recycle paper   종이를 재활용하다

• recycling 재활용 ← 다시(re-) 돌려서(cycle) 쓰는 것

1266

[나드]
nod his head   고개를 끄덕이다

1267

[어포인트먼트]
break an appointment   약속을 깨다

• appointment 약속 ← 날짜를 콕 찍는(point) 것

1268

generally speaking   일반적으로 말하자면

1269

[(으)로-]   [머티리얼]
raw materials   원료(원자재)

1270

[어프리시에이트]

appreciate her kindness

친절에 감사하다

- **appreciate** 1. 감사하다 2. 감상하다 ← 값지게(preci = price) 여기다

1271

[어포 드]

afford to buy a new car

새 차를 살 여유가 되다

1272

[쎄퍼레이티드]

a separated family

이산가족

- **separation** 분리 ← 나눠서(se-) 배열하는(pare) 것

1273

[클레임]

claims based on facts

사실에 근거한 주장

1274

[피 스트]

take part in a feast

연회에 참석하다

- **take part** 참가하다 ← ~에서 부분(part)을 취하다(take)

1275

[포우임]

recite poems

시를 암송하다

- **recite** 암송하다 ← 머리 속에 있는 것을 다시(re-) 불러내다(cite = call)

어근을 알면 단어가 보인다   **fer**

사람들을 나르는(carry) 배를 ferry라고 하죠. 이처럼 fer는 carry의 의미를 가지고 있습니다.

prefer ~를 선호하다 ← 마음이 어느 쪽으로 먼저 쏠리다   **offer** 제공하다 ← ~쪽으로 가지고 가다

differ 다르다 ← 서로 떨어져(di = away from) 흘러가다

▸ 정답은 266쪽에

1
fairly ....
diligent ....

9
doubt ....
intention ....

17
(break) ....
appointment
....

2
(natural) ....
instinct ....

10
similar ....
case ....

18
generally
(speaking)

3
be accustomed
....
solitary ....

11
intense ....
desire ....

19
raw ....
material ....

4
fake ....
certificate ....

12
climb ....
ladder ....

20
appreciate ....
(kindness)

5
(hot) ....
debate ....

13
threaten ....
(kill) ....

21
afford to ....
(buy)

6
biology ....
professor ....

14
humanitarian
....
point of view
....

22
separated ....
(family)

7
mix ....
proportion ....

15
recycle ....
(paper)

23
claim ....
be based on
....

8
wireless ....
communication
....

16
nod ....
(head)

24
take part in ....
feast ....

25
recite ....
poem ....

1276
[오로매릭]
an automatic teller (현금) 자동 입출금기

• automation 자동 ← 스스로(auto) 움직이는(mat = move) 것

1277
[엔벌로우프]
seal the envelope with glue 봉투를 풀로 봉합하다

1278
[퍼-쓰웨이씨'브]
a persuasive speech 설득력 있는 연설

• persuade 설득하다 persuasion 설득

1279
[코울]
coal mining 석탄 채굴

• mine 광산 miner 광부

1280
[아퍼-튜너티]
offer an equal opportunity 동등한 기회를 제공하다

• equality 평등(↔ inequality 불평등)

1281
[페이트리어티즘]
plant patriotism 애국심을 심다

• plant 1. 식물 2. 심다

1282
[이미디어트]
take immediate action 즉각적인 조치를 취하다

• immediately 즉시, 바로 ← 중간(media)을 거치지 않은(im-)

1283
[미디엄]
a medium of exchange 교환의 매개 수단

• medium 매개체 media (방송, 신문 등의) 매체(단수형은 medium)
  ← 중간(medi-)에서 이어주는 것

1284
[인써-트]
insert a coin into the slot 동전을 투입구에 집어넣다

1285
[(으)레이즈] [(을)라이ᵛ브스탁]
raise livestock　　　　　　가축을 키우다

1286
[스삐리츄얼]
a spiritual leader　　　　정신적 지도자

1287
[어크날리지]
acknowledge defeat　　　패배를 인정하다
* acknowledge 인정하다 ← 알고 있는(knowledge) 상태로 가다

1288
[디ᵛ바이즈] [메ᶿ써드]
devise a new method　　새로운 방법을 고안하다
* device 발명품

1289
[에너미]
block an enemy's attack　　적의 공격을 막다

1290
[디스카ᵣ드]
discard his faith　　　　신념을 버리다
* faithful 충실한

1291
[엠프티]
empty a trash can　　　쓰레기통을 비우다

1292
[어ᵛ베일러블]
every means available　　동원할 수 있는 모든 수단

1293
[이ᵛ펙티ᵛ브]
the effective range of a cannon
* effect 영향, 효과　　　　대포의 유효 사정거리

1294
[크루-] [패신저-]
crew and passengers on board
* passenger 승객 ← 타고 지나가는(pass) 사람　탑승 중인 승무원과 승객

1295
[임팩트] [인더스트리얼]
impact of the Industrial Revolution
산업 혁명의 영향

1296

a triple jump

[트리쁠]

삼단 뛰기

• triangle 삼각형(angle) ← 각이 세 개(tri = three)인 도형

1297

tip of the iceberg

[아이스버-그]

빙산의 일각

• tip 끄트머리 ← 끝(top)에 있는 것

1298

win the lottery

[(을)랏터리]

복권에 당첨되다

• lot 제비뽑기 ← 운(luck)으로 뽑는 것

1299

gather a great deal of information

[인'포메이션]

많은 양의 정보를 모으다

1300

walk a puppy

[퍼삐]

강아지를 산책시키다

어근을 알면 단어가 보인다   spir

spirit에서 spir는 라틴어로 호흡(breath), 즉 '숨'이란 뜻입니다. 숨쉬는 모든 것은 영혼을 가지고 있다고 생각하기 때문에 spirit은 '영혼', '정신'이라는 뜻이 됩니다.

aspire 열망하다 ← ~을 향해(a-) 정신이 쏠리다
inspire 영감을 주다 ← 몸 속으로(in-) 혼을 불어넣다
conspiracy 음모 ← 여럿이 함께(con-) 호흡을 맞추는 것
expiration 만기일, 기간의 종료 ← 숨이 몸 밖으로(ex-) 빠져나가는 것

통암기 테스트 🖋 통째로 익힌 표현의 핵심어휘를 한국어로 옮겨보세요. 뜻이 여럿인 단어는 해당 표현에 맞는 것만 적으세요. 초중등 수준 단어는 괄호로 묶었습니다.

▶ 정답은 266쪽에

1
automatic ....
teller ....

2
seal ....
envelope ....
glue ....

3
persuasive ....
speech ....

4
coal ....
mining ....

5
offer ....
equal ....
opportunity ....

6
plant ....
patriotism ....

7
immediate ....
action ....

8
medium ....
exchange ....

9
insert ....
slot ....

10
raise ....
livestock ....

11
spiritual ....
(leader)

12
acknowledge ....
defeat ....

13
devise ....
method ....

14
block ....
enemy ....

15
discard ....
faith ....

16
empty ....
trash ....

17
means ....
available ....

18
effective ....
range ....
canon ....

19
crew
passenger
on board ....

20
impact
industrial
revolution ....

21
triple ....
(jump)

22
tip ....
iceberg ....

23
win ....
lottery ....

24
gather ....
a great deal of ....

25
walk ....
puppy ....

Bonus +1
더 어려운
통암기
테스트에
도전하세요!

Bonus +2
영어 표현을
듣고
한국어 뜻을
말해보세요!

DAY 53

1301
[디스트랙트]
distract his attention　　　주의를 다른 데로 돌리다
- distract 흐트러뜨리다 ← 잡아당겨(tract = pull) 떼어(dis-)내다

1302
[제너러슬리]
forgive her generously　　그녀를 너그럽게 용서하다
- forgiveness 용서 ← 죄를 다른 데 줘(give)버리다

1303
[프리스크라이브]　　　　[도우씨즈]
prescribe three doses of medicine
- prescribe 처방을 내리다　prescription 처방전　　3회분의 약을 처방하다
　← 약을 받기 전에(pre-) 써서(scrib) 주는 것

1304
[헤이스트]
rush to the station in haste　　역으로 급히 달려가다
- hasty 급한　hastily 급하게

1305
[머제스틱]　　　[커^θ씨드럴]
a majestic cathedral　　　　　웅장한 성당

1306
[컴바인]
combine two companies　　두 회사를 합병하다
- combination 결합, 조합 ← 둘(bi-)을 함께(com-) 묶는 것

1307
[컴펠]
compel him to agree　　그에게 동의하라고 강요하다
- compel 억지로 ~하도록 만들다 ← 강제로 몰아대다(pel, propel)

1308
[인썰트]
bear an insult　　　　　모욕을 참다

1309
[어그레씨ʹ브]
an aggressive marketing strategy
- aggression 침략, 공격　　　　공격적인 마케팅 전략
　← 상대편으로 향해(a-) 가는(gress) 것

1310
☐☐

for the rest of her life

남은 인생 동안

1311
☐☐

[프러|페션]
enter a teaching profession

교직에 발을 들이다

• enter 들어가다 entrance 입장, 입구 ← 안쪽으로(intro = enter) 가는 것

1312
☐☐

[이|밸류에이트]   [커패씨티]
evaluate his capacity

능력을 평가하다

• evaluation 평가 ← 가치(value)를 밖으로(e-) 드러내 말하는 것

1313
☐☐

[인쎅터싸이드]
spray insecticide

살충제를 뿌리다

• insecticide 살충제 ← 곤충(insect)을 죽이는(cid = cut) 것

1314
☐☐

[(으)릴렉스]
relax her mind

마음을 편안하게 하다

• relaxation 몸, 긴장 풀기(release와 동족어)

1315
☐☐

[(으)루-티인]
be sick of daily routines

일상적인 일에 싫증나다

• routine 일상 ← 길(route) 따라가듯 반복적인 것

1316
☐☐

[(으)리펜트]
repent his sin

죄를 뉘우치다

1317
☐☐

[스뜨렝^{g}쓴]   [임뮤-너티]
strengthen immunity

면역력을 증강시키다

• immune 면역성이 있는

1318
☐☐

[컨|버-트]
convert to Islam

이슬람교로 개종하다

• convert 바꾸다, 개종하다 ← 방향을 완전히(con-) 돌리다(vert = turn)

1319
☐☐

[|바이브레이트]
a vibrating voice

떨리는 목소리

1320 an ill omen
[오멘]

불길한 징조

1321 devour its prey
[ㄴ]*바우어]

먹이를 먹어치우다

1322 suspend a decision
[씨스펜드]

결정을 보류하다

1323 the Korean strait
[스트레이트]

대한 해협

● strait 해협 ← 길게 뻗은(straight) 바다

1324 a stray lamb
[[[스]*트레]]

길 잃은 새끼 양

● stray 길 잃은 ← 이리 저리 길게(str-) 이동하는

1325 hate physical contact of any sort
[피지컬]   [칸택트]

● contact 접촉
← 두 사물이 같이(con-) 만지는(tact = touch) 것

어떤 종류의 신체 접촉도 싫어하다

어근을 알면 단어가 보인다   cap

모자 cap은 라틴어의 '머리'를 뜻하는 caput에서 유래했습니다. p는 발음 위치가 f, v와 비슷하기 때문에 chief처럼 변형되어 나타나기도 합니다.

capital 수도 ← 나라의 머리
　　　　대문자 ← 문장의 첫머리
　　　　자본 ← 소의 머리
captain 선장, 대장 ← 선원들의 우두머리

cabbage 양배추 ← 사람 머리와 모양이 비슷해서
chief 우두머리, 주된
handkerchief 손수건 ← 손으로 머리를 싼 보자기
achieve 달성하다 ← 우두머리가 되다

통암기 테스트 ✎ 통째로 익힌 표현의 핵심어휘를 한국어로 옮겨보세요. 뜻이 여럿인 단어는 해당 표현에 맞는 것만 적으세요. 초중등 수준 단어는 괄호로 묶었습니다.

▸ 정답은 266쪽에

1
distract
attention

2
forgive
generously

3
prescribe
dose
medicine

4
rush
in haste

5
majestic
cathedral

6
combine
company

7
compel
agree

8
bear
insult

9
aggressive
strategy

10
rest
(life)

11
enter
profession

12
evaluate
capacity

13
spray
insecticide

14
relax
(mind)

15
be sick of
routine

16
repent
sin

17
strengthen
immunity

18
convert
(Islam)

19
vibrate
(voice)

20
ill
omen

21
devour
prey

22
suspend
decision

23
(Korean)
strait

24
stray
lamb

25
physical
contact
sort

Bonus +1
더 어려운
통암기
테스트에
도전하세요!

Bonus +2
영어 표현을
듣고
한국어 뜻을
말해보세요!

DAY 54

듣고 확인하자!

Day54.mp3

study date | yy | mm | dd |

1326
[인에이블]   [트래'블]
enable man to travel to the moon
달로 여행하는 것을 가능하게 하다

1327
[다이퍼-]
a damp diaper
축축한 기저귀
- **dampen** 축축하게 만들다

1328
[오우]
owe his parents a lot
부모님께 많이 신세 지다

1329
[쎄'이프]
keep in a safe
금고에 보관하다
- **safe** 금고 ← 안전한
  safety 안전

1330
[위즈덤]
seek wisdom from her
그녀에게 지혜를 구하다
- **wisdom** 지혜(← wise) **boredom** 지루함, 권태(← bore)

1331
[인라이튼]   [이그너런트]
enlighten the ignorant
무지한 사람들을 일깨우다
- **enlighten** 일깨우다, 계몽하다 ← 배우지 못한 사람에게 빛(light)을 주다

1332
[압티미스틱]
an overly optimistic view
지나치게 낙관적인 시각
- **optimistic** 낙관적인(↔ pessimistic 비관적인)

1333
[어브테인]   [너·리쉬먼트]
obtain nourishments
양분을 얻다
- **nourish** 기르다 ← 간호사(nurse)처럼 사람을 돌보다

1334
[어드마이어]   [브레이'버리]
admire his bravery
용기를 찬양하다

1335

[오운] [맨션]
own a mansion
대저택을 소유하다

• owner 소유자 ownership 소유(권)

1336

[페리셔블]
perishable food
상하기 쉬운 음식

• perish 1. 죽다 2. 소멸하다

1337

[캉그레쓰]
pay a visit to the Library of Congress
국회 도서관을 방문하다

• congress 국회, 의회
  ← 정치인들이 함께(con-) 모이는(gress) 곳

1338

[파이어니어] [(으)루-트]
pioneer a new trade route
새 무역로를 개척하다

1339

[썹스크라이브]
subscribe to a fashion magazine
패션 잡지를 구독하다

• subscribe 구독하다
  ← 편지 봉투 아래(sub-) 써서(scrib) 우편물을 받다

1340

[디스메이] [칸써퀀스]
be dismayed by an unexpected consequence
예상치 못한 결과에 당황하다

• consequently 결과적으로
  ← 함께(con-) 연이어(sequence) 오는

1341

[디쎈던트] [워리어]
descendants of the warriors
전사의 후예들

• descendant 후손 ← 조상들 아래로(de-) 이어져 오는(scend) 것

1342

[트랜스밋] [저-엄]
transmit germs
병균을 옮기다

• transmit 전염시키다 ← 옮겨서(trans-) 보내다(mit)
  transmission 1. 전염 2. 전송

1343

[어바이드]
abide by regulations
규정을 준수하다

1344 [올마이티]
an almighty god
전능한 신
• might 힘, 능력

1345 [컨'베이]
convey her thoughts
생각을 전달하다
• convey 나르다, 운반하다 ← 길(vey = way)을 따라 같이(con-) 가다

1346 [인오더블]
murmur in an inaudible voice
들리지 않는 목소리로 중얼거리다

1347 [유-텐셀]
cooking utensils
요리 기구

1348 [불릿]
a bullet scar
총상

1349 [스빠우즈]   [디'보어-스]
spouse's consent to divorce
배우자의 이혼 합의
• consent 동의(하다) ← 함께(con-) 감정(sent = sense)이 맞다

1350 [쑤퍼'바이즈]
supervise construction
공사를 감독하다
• supervisor 감독관 ← 위에서(super-) 내려다보는(vis = view) 사람

어근 을 알면 단어가 보인다 — vis

동사 visit에서 vis(= view)는 '보다'라는 뜻을 나타냅니다. 따라서 visit이 '찾아가서 보는 것,' 즉 '방문하다'라는 뜻이 된 것입니다.

visual 시각적인 ← 눈에 보이는
invisible 눈에 보이지 않는
television 텔레비전 ← 먼(tele-) 곳을 볼 수 있는 기계

viewer 시청자
preview (영화) 시사회 ← 미리(pre) 보는 것
review 복습 ← 다시(re) 보는 것

통암기 테스트 ✏️ 통째로 익힌 표현의 핵심어휘를 한국어로 옮겨보세요. 뜻이 여럿인 단어는 해당 표현에 맞는 것만 적으세요. 초중등 수준 단어는 괄호로 묶었습니다.

▶ 정답은 267쪽에

1
enable ....
(travel to the moon)

2
damp ....
diaper ....

3
owe ....
(parents)

4
(keep) ....
safe

5
seek ....
wisdom ....

6
enlighten ....
ignorant ....

7
overly ....
optimistic ....

8
obtain ....
nourishment ....

9
admire ....
bravery ....

10
own ....
mansion ....

11
perishable ....
(food)

12
pay a visit ....
Congress ....

13
pioneer ....
route ....

14
subscribe ....
magazine ....

15
be dismayed ....

consequence
....

16
descendant ....
warrior ....

17
transmit ....
germ ....

18
abide by ....
regulation ....

19
almighty ....
(god)

20
convey ....
thought ....

21
murmur ....
inaudible ....

22
(cooking) ....
utensil ....

23
bullet ....
scar ....

24
spouse ....
consent ....
divorce ....

25
supervise ....
construction ....

Bonus +1
더 어려운
통암기
테스트에
도전하세요!

Bonus +2
영어 표현을
듣고
한국어 뜻을
말해보세요!

DAY 55

듣고 확인하자!

Day55.mp3

study date | yy | mm | dd |

1351 [인디'비쥬얼]
individual taste
개인적 취향
- **individual** 1. 개체, 개인 2. 개인의 ← 더이상 나눌(divide) 수 없는

1352 [(일)레버러토리]
a laboratory assistant
실험실 조수
- **assist** 도와주다, 보조하다 ← 옆에(a-) 서 있다(sist = stand)
- **laboratory** 실험실 ← 일(labor)을 하는 곳

1353 [인그리디언트]
chief ingredients
주요 성분
- **ingredient** 성분 ← 안에(in-) 들어가는(gred,gress) 것

1354 [노우디드]
a noted writer
저명한 작가

1355 [너'"버스]
nervous state
긴장된 상태
- **state** 상태 ← 서 있는(stand) 것

1356 ['폴스]
a false statement
허위 진술

1357 [인스턴트]
an instant effect
즉각적인 효과
- **instant food** 즉석 식품

1358 [버-글러]
a burglar alarm
도난 경보기
- **burglar** 도둑 **burglary** 절도

1359 [브리스크]
a brisk pace
빠른 걸음걸이

1360
[브리'프]
a brief answer　　　　　　　짤막한 대답

1361
['판드]
be fond of dogs　　　　　　개를 좋아하다

1362
[유틸라이즈]
utilize tools　　　　　　　도구를 활용하다
- **utility** 유용, 효용 ← 쓸 수 있게(uti = use) 만드는 것

1363
[유너'버-썰]
a universal truth　　　　　보편적 진리
- **universe** 우주, 전 세계 ← 하나가 되어(uni-) 도는(vers, vert) 것

1364
[디'바이드]
divide profits　　　　　　이익을 나누다
- **profit** 이익 ← 만들어(fit = fact) 내다(pro-)

1365
[써라운드]
surround a ten-story-building　10층 건물을 에워싸다
- **surround** 둘러싸다, 감싸다 ← 위에서(sur-) 둘레를(round) 싸다

1366
[앨터튜드]
fly at an altitude of 35,000 feet
　　　　　　　　　　　3만 5천 피트 고도에서 비행하다

1367
[(으)리마인드]
remind him of his childhood
- **remind** 상기시키다　그에게 어린 시절을 상기시키다
  ← 다시(re-) 마음에(mind) 떠오르게 하다

1368
[(으)로우테이트]
rotate clockwise　　　　시계 방향으로 돌다
- **rotation** 회전

1369
[이'배퍼레이션]
evaporation of water　　　물의 증발
- **evaporation** 증발 **evaporate** 내뿜다 ← 증기(vapor)를 밖으로(e-) 보내다

1370 **a formal invitation**　[인'비테이션]

공식적인 초대

1371 **a religious creed**　[리'릴리저스]

종교적 신념

* religion 종교　* creed 신조 ← 믿음(credit)을 지키는 것

1372 **superficial beauty**　[수퍼'피셜]

피상적인 아름다움

* superficial 피상적인 ← 표면(face) 위에(super) 있는

1373 **foresee her fate**　[포어-'씨]

운명을 예견하다

* foresee 예견하다 ← 앞서(fore-) 보다(see)

1374 **a reasonable price**　[리'러즈너블]

합당한 가격

* reason 1. 이유　2. 이성

1375 **a hereditary disease**　[허레'더테리]

유전적 질병

* hereditary 유전적인 ← 상속자(heir)에게 전해지는

---

clean을 발음할 때 나는 소리는 종소리처럼 맑고 깨끗합니다. 그래서 clean과 철자가 비슷한 단어들은 깨끗함과 연관이 있습니다.

cleanse 깨끗하게 하다　　　　　　**clar**ify 분명하게 해두다

clear 맑은, 분명한　　　　　　**de**clare 선언하다 ← 분명하게 적어두다

통암기 테스트 ✏️ 통째로 익힌 표현의 핵심어휘를 한국어로 옮겨보세요. 뜻이 여럿인 단어는 해당 표현에 맞는 것만 적으세요. 초중등 수준 단어는 괄호로 묶었습니다.

▶ 정답은 267쪽에

1
individual ....
taste ....

2
laboratory ....
assistant ....

3
chief ....
ingredient ....

4
noted ....
(writer) ....

5
nervous ....
state ....

6
false ....
statement ....

7
instant ....
effect ....

8
burglar ....
alarm ....

9
brisk ....
pace ....

10
brief ....
(answer) ....

11
be fond of ....
(dog) ....

12
utilize ....
tool ....

13
universal ....
truth ....

14
divide ....
profit ....

15
surround ....
ten-story ....

16
(fly) ....
altitude ....

17
remind ....
(childhood) ....

18
rotate ....
clockwise ....

19
evaporation ....
(water) ....

20
formal ....
invitation ....

21
religious ....
creed ....

22
superficial ....
(beauty) ....

23
foresee ....
fate ....

24
reasonable ....
(price) ....

25
hereditary ....
disease ....

Bonus +1
더 어려운
통암기
테스트에
도전하세요!

Bonus +2
영어 표현을
듣고
한국어 뜻을
말해보세요!

1376
[아웃렛]
a gas outlet　　　　　　　　　　　　가스 배출구
- outlet 배출구 ← 밖으로(out) 내보내는(let) 장치

1377
[얼라이크]
look alike　　　　　　　　　　　　흡사하게 보이다

1378
[다이애미터]
the diameter of a circle　　　　　원의 지름
- diameter 지름 ← 가로질러(dia-) 측정하는(meter = measure) 것

1379
[훼임]
hall of fame　　　　　　　　　　　명예의 전당
- famous 유명한(↔ infamous [인'퍼머스] 악명 높은)

1380
[(으)로우스트]
roast turkey　　　　　　　　　　　구운 칠면조 고기

1381
[섀도우]
cast a long shadow　　　　　　긴 그림자를 드리우다

1382
[(으)레치드]
live in a wretched condition　　열악한 상태에서 살다

1383
[(으)로잉]
gangs of youths roaming the streets

거리를 배회하는 젊은 패거리

1384
[(으)럼블]
the distant rumble of thunder
　　　　　　　　　　　　　멀리서 들리는 천둥소리
- distance 거리
　← 떨어져(di-) 서 있는(stance = stand) 것

1385
☐☐
the bright lights of downtown
시내의 밝은 불빛
* brighten 밝히다

1386
☐☐
[터그]
tug a sled
썰매를 끌다
* sled 썰매(썰매를 나타내는 sled, sleigh, sledge는 모두 slide와 동족어)

1387
☐☐
[아너-]
fight for honor
명예를 위해 싸우다
* honorable 고결한, 존경할 만한 dishonor 불명예, 수치

1388
☐☐
[노멀]
lead a normal life
정상적인 삶을 영위하다
* abnormal 비정상적인

1389
☐☐
[바우] *[보우]로 발음하면 '활'
bow his head
고개를 숙이다

1390
☐☐
[매너'페스트]
manifest her dissatisfaction
불만을 나타내다
* manifest 1. 명백한 2. 나타내다 ← 손(mani = manu)으로 만져지는

1391
☐☐
step on the brake
브레이크를 밟다

1392
☐☐
[브로든]
broaden the road
도로를 넓히다
* broad 넓은

1393
☐☐
[제너럴]
the rank of general
대장의 계급
* general 3. 총장, 대장, 장군 ← 2. 총괄적인 ← 1. 일반적인

1394
☐☐
['바우]
vow to repay the debt
빚을 갚겠다고 맹세하다
* vow 맹세하다 ← 표(vote)를 찍듯이 결심하다

1395

[바운더리]

the boundary between the two towns

두 마을 사이의 경계

* bound 경계, 한계

1396

[익스텐트]

to a certain extent

어느 정도는

* extend 늘리다, 연장하다 ← 밖으로(ex-) 뻗다(tend)

1397

[프리-치]

preach the word of God

하느님의 말씀을 설교하다

1398

[프리'벌리지]

enjoy many privileges

많은 특권을 누리다

* privilege 특권 ← 개별적(privi = private)으로 주어지는 혜택

1399

[쿼-터]

profits in second quarter

제2사분기의 이익

* quarter 1. 15분 2. 25센트 동전 3. 3개월(사분기)

1400

[디스빠이트]

love him despite his shortcomings

단점에도 불구하고 그를 사랑하다

* shortcomings 단점
  ← 기준보다 짧게(short) 이르는(come) 것

어근을 알면 단어가 보인다   cir

서커스(circus)를 보면 동물들이 둥근 무대를 돌면서 묘기를 부리죠? circus와 circle은 어근이
같다는 것을 확인할 수 있습니다.

circumstance 분위기, 환경 ← 주위를 둘러싸고 서 있는(stance) 것
circulate 순환하다 ← 원을 돌다
semi**circ**le 반원 ← 원의 절반(semi = hemi)
re**cyc**le 재활용하다 ← 다시(re-) 원상태로 돌리다

통암기 테스트 ✎ 통째로 익힌 표현의 핵심어휘를 한국어로 옮겨보세요. 뜻이 여럿인 단어는
해당 표현에 맞는 것만 적으세요. 초중등 수준 단어는 괄호로 묶었습니다.

▸ 정답은 267쪽에

1
(gas)
outlet

2
(look)
alike

3
diameter
(circle)

4
hall
fame

5
roast
turkey

6
cast
shadow

7
wretched
condition

8
gang
youth
roam

9
distant
rumble

10
bright
downtown

11
tug
sled

12
fight
honor

13
lead
normal

14
bow
(head)

15
manifest
dissatisfaction

16
step on
brake

17
broaden
(road)

18
rank
general

19
vow
repay
debt

20
boundary
(between)

21
certain
extent

22
preach
(word)

23
(enjoy)
privilege

24
profit
quarter

25
despite
shortcoming

Bonus +1
더 어려운
통암기
테스트에
도전하세요!

Bonus +2
영어 표현을
듣고
한국어 뜻을
말해보세요!

통암기 테스트 ANSWER 정답

DAY 01 P. 17

01 will 의지 (power 힘)
02 respect 존경하다, 존중하다 minority 소수 opinion 의견
03 (life 생명) insurance 보험
04 negative 부정적인 outlook 전망
05 positive 긍정적인 response 반응
06 maintain 유지하다 harmonious 조화로운 relationship 관계
07 regardless of ~에 관계없이 gender 성별
08 guarantee 보장하다 right 권리
09 lean 기대다 (wall 벽)
10 revenge 복수, 보복 attack 공격
11 scent 냄새 perfume 향수
12 taste ~한 맛이 나다 sour 신
13 tell A from B A와 B를 구분하다
14 publish 출판하다 novel 소설
15 up-to-date 최신의 edition (출간물의) 판
16 translate A into B A를 B로 번역하다
17 well-known 잘 알려진, 유명한 fable 우화, 지어낸 이야기
18 quote 인용하다 sentence 문장
19 (read 읽다) passage (책의) 구절
20 contemporary 동시대의, 현대의 literature 문학
21 carve 조각하다 statue 조각상 goddess 여신
22 correct 정확한 pronunciation 발음
23 article 기사 (newspaper 신문)
24 increase 늘다, 늘리다 vocabulary 어휘
25 clutch 꽉 움켜잡다 (rope 밧줄)

DAY 02 P. 21

01 realize 깨닫다 fault 잘못
02 realize 실현하다 (dream 꿈)
03 ugly 못생긴 (face 얼굴)
04 abstract 추상적인 (art 미술, 예술)
05 shake 흔들다 (head 머리)
06 impulsive 충동적인 purchase 구매
07 ordinary 평범한, 보통의, 일상적인 (people 사람들)
08 unemployment 실업 rate 비율
09 cut down 삭감하다, 줄이다 expense 비용, 경비
10 scorch 태우다, 그을리다 (blouse 블라우스) iron 다림질하다
11 compromise 협상 terrorist 테러범, 폭력 혁명 주의자
12 earn 벌다 (money 돈)
13 announce 발표하다 concrete 구체적인 (plan 계획)
14 carry out 실행하다, 수행하다 welfare 복지 (program 프로그램, 예정, 계획)
15 (social 사회의) reform 개혁, 개선

16 lead to ~에 이르다, ~로 이어지다 bankruptcy 파산, 파탄
17 thorough 철저한 review 재검토
18 government 정부 policy 정책
19 inevitable 불가피한 (choice 선택)
20 juvenile 청소년의 crime 범죄
21 vacant 비어 있는, 사람이 없는 (seat 자리, 좌석)
22 population 인구 density 밀도
23 drastic 급격한, 과감한 decline 쇠퇴, 감소 (the Roman Empire 로마 제국)
24 decline 감소하다 steadily 꾸준히, 끊임없이
25 supply 보급하다, 공급하다 necessary 필요한, 필수의 (item 물품)

DAY 03 P. 25

01 remote 외딴, 먼 (village 마을)
02 operate 작동하다 (machine 기계)
03 (enter 들어가다) permission 허락
04 exposure 노출, 폭로 radiation 방사선, 방사능
05 emphasize 강조하다 (importance 중요성)
06 develop 개발하다, 계발하다 potential 잠재력, 가능성
07 plenty of 많은, 풍부한 benefit 이점, 이익, 혜택
08 overlook 간과하다, 멀리 바라보다 (problem 문제)
09 lessen 줄이다, 감소시키다 traffic 교통 congestion 체증, 혼잡, 밀집
10 cultivate 경작하다 (land 땅)
11 run 운영하다 grocery 식료품 (store 가게)
12 establish 설립하다 cornerstone 초석(주춧돌), 기초, 토대
13 research 연구 institution 기관
14 prominent 유명한 politician 정치인
15 (teacher 교사) recommendation 추천
16 take an action 조치를 취하다 legal 법적인, 법률의
17 compensate for 보상하다 loss 손실
18 take care of 돌보다 injured 다친 (children 아이들)
19 die of ~로 죽다 epidemic 전염병
20 bite 물다 (arm 팔)
21 absolute 절대적인 (power 힘, 권력)
22 disgusting 역겨운 smell 냄새
23 hug 껴안다 (each other 서로)
24 stiff 뻣뻣한, 굳은 (neck 목)
25 (natural 자연적인) remedy 치료

DAY 04 P. 29

01 breakthrough 돌파구, 큰 발전 negotiation 협상
02 bring about (어떤 일을) 일으키다, 불러오다 striking 놀라운 (change 변화)

03 apply for 지원하다 (job 일, 직업)

04 apply 적용하다 (rule 규칙, 법)

05 forbid 금지하다 (human 인간) cloning (생물의) 복제

06 classify 분류하다 (top secret 일급비밀)

07 theory 이론 evolution 진화

08 (rich 풍부한) imagination 상상력

09 (historic 역사적인) discovery 발견

10 boast 뽐내다, 자랑하다 skill 기술

11 oppose 반대하다 (plan 계획)

12 spank 엉덩이를 때리다 naughty 버릇없는, 심술궂은 (son 아들)

13 initial 처음의 symptom 증상

14 complex 복잡한 structure 구조

15 conduct 지휘하다, 이끌다 poll 여론조사

16 absent 결석한 (school 학교)

17 stand 참다, 견디다 pressure 압박, 압력

18 probability 가능성 failure 실패

19 genuine 진짜의 antique 골동품

20 include 포함하다 tax 세금

21 take pride 자랑하다, 자부심을 갖다 glorious 영광스러운 (history 역사)

22 chilly 쌀쌀한, 추운 (weather 날씨)

23 (pocket 주머니) be full of ~로 가득 차다 change 잔돈

24 deliver 배달하다 parcel 소포, 꾸러미 client 고객, 의뢰인

25 slight 가벼운 injury 부상

01 extra 여분의, 추가의 charge 요금

02 conspicuous 눈에 잘 띄는, 뚜렷한 trait 특징, 특성

03 treat 다루다, 대접하다 idiot 바보

04 split 쪼개다, 나누다, 분열되다 axe 도끼

05 run into 우연히 만나다 (old friend 옛 친구)

06 short of ~이 부족한 (cash 현금)

07 withdraw 빼내다, 물러나다, 인출하다 (money 돈)

08 deposit 예금하다 (money 돈)

09 (bank 은행) account 계좌

10 detailed 상세한 account 설명, 해석

11 issue 발급하다 traffic 교통 ticket (벌금) 딱지

12 harsh 가혹한 punishment 처벌

13 (break 깨다, 부수다) promise 약속

14 (old 오래된) proverb 속담

15 end 목적, 목표 justify 정당화하다 means 수단, 방법

16 (somebody 어떤 사람, 누군가) turn to 의지하다

17 cast 던지다 vote 투표, 표

18 confess 고백하다 frankly 솔직히

19 national 국가의, 전국적인, 국민적인 consensus 합의

20 host 주최하다 (World Cup 월드컵)

21 somewhat 다소, 약간 (difficult 어려운)

22 make out 이해하다 (what she said 그녀가 말한 것)

23 wise 현명한 decision 결정

24 rely on ~에 의지(의존)하다 aid 원조

25 logical 논리적인 explanation 설명

01 come up with 생각해내다 solution 해결책

02 put A into practice A를 실행(실천)하다 (learn 배우다)

03 objective 객관적인 viewpoint 시각

04 inferior 열등한, 하위의 quality 품질

05 former 과거의, 전자의 (President 대통령)

06 latter 후반의, 후자의 (part 부분)

07 (food 음식) be apt to ~하기 쉬운 go bad 상하다, 썩다

08 mischief 나쁜 짓, 장난 (April Fool's Day 만우절)

09 complete 완수(완료)하다 (mission 임무)

10 constant 끊임없는, 지속적인 endeavor 노력

11 fall into ~에 빠지다 chaos 혼돈, 혼란

12 lack 부족 background 배경 knowledge 지식

13 possess 소유하다 enormous 거대한 wealth 부

14 overcome 극복하다 obstacle 장애물

15 support 지지하다, 부양하다 (family 가족)

16 sentiment 감정 pity 연민

17 prohibit 금지시키다 (gun 총)

18 delay 지연시키다, 연기하다 departure 출발

19 minor 사소한, 작은 (accident 사고)

20 plunge 빠뜨리다, 내던지다 (ocean 바다)

21 look into 조사하다 cause 원인

22 analyze 분석하다 statistics 통계, 통계 자료

23 bomb 폭탄 expert 전문가

24 on behalf of ~을 대표(대신)하여 staff 직원

25 (feel 느끼다) sympathy 동정, 연민

01 victim 희생자 (war 전쟁)

02 blame ~을 탓하다 failure 실패

03 inspect 조사하다 murder 살인 scene 현장

04 amazing 놀라운 (story 이야기)

05 turn off 끄다 faucet 수도꼭지

06 yell 소리치다 rage 분노

07 tighten 조이다 (seatbelt 좌석 벨트)

08 (open 열다) lid 뚜껑

09 substitute 대신하다 role 역할

10 transparent 투명한 liquid 액체

11 stick to ~에 집착하다, ~을 고수하다 formality 형식

12 needle 실 thread 바늘

13 dye 염색하다 (hair 머리카락)

14 shrunken 오그라들다, 줄어들다 clothes 옷, 의복

15 bald 대머리의 (eagle 독수리) claw 발톱

16 leather 가죽 strap 끈

17 stir 젓다 stew 스튜(수프보다 건더기가 많은 서양식 국)

18 share 나누다 household 가정, 집안
   chore (자질구레한) 일
19 scold 꾸짖다, 야단치다 (child 아이)
20 shatter 흩어지다 fragment 조각, 부스러기, 파편
21 (make 만들다) mess 엉망진창, 난장
22 resemble 닮다 (father 아버지)
23 stroll 산책하다 (shore 해변, 바닷가)
24 shade 그늘 (tree 나무)
25 faint 희미한 (shock 충격)

DAY 08 P. 47

01 except for ~를 제외하고 (him 그를)
02 daring 대담한, 위험한 operation 수술
03 inherit 상속하다 property 재산
04 (sign 서명하다) contract 계약서
05 invest 투자하다 stock 주식
06 sue 고소하다, 소송을 제기하다
   ex-husband 전 남편
07 manufacture 제조하다 household 가정
   appliance 기기, 설비, 전기 기구
08 undo 취소하다 shoelace 신발끈
09 abandon 버리다, 포기하다 (hope 희망)
10 cling to ~을 고수하다, ~에 매달리다
   traditional 전통적인 value 가치
11 unprecedented 유례없는
   financial 금융의, 재정의 crisis 위기
12 protect 보호하다 domestic 국내의
   industry 산업
13 strict 엄격한 law 법, 법률
   enforcement 시행, 집행
14 undertake 맡다 responsibility 책임
15 compete 경쟁하다 survival 생존
16 be willing to 기꺼이 ~하다
   take a risk 위험을 감수하다
17 desperate 필사적인, 간절한 (wish 소망)
18 omit 빠뜨리다 period 마침표
19 abolish 폐지하다 slavery 노예 제도
20 hide 숨다 shelter 피난처, 대피소
21 significant 중요한, 의미 있는
   progress 진전, 진보
22 prospective 유망한, 기대되는 (job 직업)
23 crucial 중대한, 힘든 phase 국면, 단계, 시기
24 (change 바꾸다) destiny 운명
25 alter 변경하다 (plan 계획)

DAY 09 P. 51

01 abuse 남용(오용)하다 drug 약물, 마약
02 (child 아이, 어린이) abuse 남용, 오용
03 radical 급진적인, 과격한 revolution 혁명
04 cut into ~에 끼어들다, 참견하다
   conversation 대화
05 ignore 무시하다 warning 경고
06 skip 건너뛰다, 깡충깡충 뛰다
   chapter (책의) 장, 단원
07 bully 괴롭히다, 못살게 굴다 (classmate 반 친구)
08 cheat 속이다, 사기 치다 (exam 시험)

09 hostile 적대적인 (American 미국인)
10 be jealous of ~을 시기(질투)하다 success 성공
11 elegant 우아한 (lady 숙녀)
12 bother 괴롭히다, 귀찮게 하다 absurd 터무니없는
   (question 질문)
13 frowning 찡그린, 찌푸린 (face 얼굴)
14 sip (조금씩 홀짝홀짝) 마시다 (soda 탄산음료)
15 meet (기한을) 지키다 deadline 마감 시한, 기한
16 summarize 요약하다 content 내용
17 stingy 인색한 miser 구두쇠
18 valid 유효한, 타당한 (date 날짜)
19 foretell 예언하다 precisely 정확하게
20 learn by heart 암기하다 formula 공식
21 calculate 계산하다 volume 부피
   approximately 대략, 거의
22 multiply 곱하다 length 길이 width 폭, 너비
23 wall 벽 crack 갈라진 금
24 isolated 고립된, 외딴 region 지역
25 stubborn 완고한, 고집 센 attitude 태도

DAY 10 P. 55

01 disposal 처리 toxic 유독성의
   waste 쓰레기, 폐기물
02 hand in 제출하다 (report 보고서)
03 assignment 과제, 임무 (student 학생)
04 via ~를 경유하여, ~를 통해 (e-mail 이메일)
05 collapse 붕괴되다, 무너지다 ceiling 천장
06 flunk 낙제하다, 떨어지다 (math 수학)
07 obscure 모호한 theme 주제
08 (answer 대답하다) concisely 간결하게
09 deal with ~을 다루다, 처리하다
   (issue 문제, 주제, 쟁점)
10 complicated 복잡한 (problem 문제)
11 look over 검토하다 (report 보고서)
12 barely 간신히, 겨우 visible 보이는
   naked eye 육안, 맨눈
13 hand over 건네주다, 넘겨주다 passport 여권
14 solid 단단한, 고체의 muscle 근육
15 vast 광활한, 거대한 universe 우주
16 consist of ~으로 이루어지다(구성되다)
   hydrogen 수소 oxygen 산소
17 (English 영어) composition 작문
18 compose 작곡하다 (music 음악)
19 rare 희귀한 substance 물질
20 average 평균 temperature 기온
21 adjust 맞추다, 조정하다 focus 초점
22 retreat 후퇴하다 front 전선, 앞쪽
23 prefer A to B A를 B보다 좋아하다
24 acquire 습득하다 practical 실용적인 skill 기술
25 through ~을 통해(관통하여) microscope 현미경

DAY 11 P. 59

01 (medical 의학의, 의료의) instrument 기구
02 measure 측정하다 gauge 계기, 측정기
03 minute 미세한 particle 알갱이, 입자

21 flat 평평한, 납작한 (screen 화면)
22 run over (사람·동물을) 치다 pedestrian 보행자
23 come close to 거의 ~할 뻔하다 (dying 죽음)
24 contend 주장하다 (honest 정직한)
25 contend for ~을 두고 경쟁하다, 다투다 (championship 챔피언 자리, 선수권)

04 oriental 동양의 medicine 의학
05 attribute 탓하다 cause 원인
carelessness 부주의
06 depend on 의지하다 (parents 부모)
07 catch up 따라잡다 (horse 말)
08 fall behind 뒤처지다 latest 최근의 trend 유행
09 keep pace with 보조를 맞추다
advancing 진보하는 technology 기술
10 interaction 상호 작용
between A and B A와 B 사이에
11 oyster 굴 shell 껍데기
12 overflow 넘쳐흐르다 bank 둑
13 technology 기술 innovation 혁명
14 space 우주 navigation 항해
15 consumer 소비자 price 가격
16 advertising 광고 agency 대행사
17 aim at ~을 조준하다 target 표적
18 obvious 명백한 evidence 증거
19 assemble 조립하다 parts 부품
20 replace 대신하다 position 지위, 직위
21 (energy 에너지, 동력 자원) efficiency 효율성
22 manual 수동의, 손으로 하는 art 예술, 공예
23 task 업무 manual 교본
24 virtual 실제적인, 사실상의 monopoly 독점
25 commercial 상업의 law 법률

01 import 수입 restriction 제한, 규제
agricultural 농업의 product 생산물, 상품
02 advocate 옹호하다 birth control 산아 제한
03 private 사유의, 사적인, 민간의 enterprise 기업
04 ridiculous 웃기는, 터무니 없는 clown 광대
costume 의상
05 venture 위험을 무릅쓰고 ~하다 gain 얻다
06 previous 이전의 (year 해, 년)
07 sum 총합, 합계 profit 이익
08 transfer 갈아타다 (line 노선, 선로)
09 apparent 분명한, 명백한 cheat 속이다, 사기 치다
10 lighten 가볍게 하다, 덜다 burden 짐, 부담
11 surpass 능가하다 (rival 경쟁자)
12 estimate 추정하다 loss 손실, 손실액
13 pretend ~하는 척 하다 (work 일, 업무)
14 enthusiastic 열광적인, 열렬한 cheer 응원, 환호
15 promote 승진시키다 (manager 지배인, 관리자)
16 (sale 판매) promotion 촉진, 홍보
17 shameful 부끄러운 (history 역사)
18 get along with ~와 잘 지내다 colleague 동료
19 peer 응시하다, 자세히 보다 (cave 동굴)
20 lay off 해고하다, 떠나다 part-timer 시간제 근로자
21 temporary 잠깐의, 일시적인
phenomenon 현상
22 (economic 경제의)
recession 불경기, 불황, 경기 후퇴
23 concerned 염려하는 (health 건강)
24 stick out 내밀다, 튀어나오다 tongue 혀

25 confront 직면하다 (challenge 도전)

01 repair 수리하다 raft 뗏목
02 strive for (~을 얻고자) 노력하다 perfection 완벽
03 current 현재의 educational 교육의, 교육적인
04 reach ~에 이르다(도달하다)
conclusion 결론, 결말
05 urgent 긴급한, 절박한 situation 상황
06 reduce 줄이다 deficit 적자
07 distribute 배포하다, 나누다 leaflet 전단
08 select 고르다 at random 임의로, 무작위로
09 fill in ~을 채우다 blank 빈칸, 여백
10 (20% 20퍼센트) discount 할인
11 rent 빌리다 tour 관광
12 various 다양한 option 선택 사양, 선택권
13 generation 세대 gap 차이, 간격
14 liberation 해방, 석방 slave 노예
15 confirm 확인하다 reservation 예약
16 notify 알려주다 in advance 미리, 사전에
17 prior to ~에 앞서, ~보다 전에 departure 출발
18 attach 부착하다 (memo 메모)
19 luggage 짐, 수하물 label 표, 딱지
20 hazardous 위험한 chemical 화학 물질
21 dim 희미한, 흐릿한 (light 빛)
22 accommodation 숙박 resort 휴양지
23 cancel 취소하다 performance 공연
24 interrupt 방해하다, 끼어들다
conversation 대화
25 astonish 놀라게 하다 outcome 결과

01 incredible 믿을 수 없는, 믿기지 않는
(victory 승리)
02 (big 대단한, 굉장한) appetite 식욕
03 settle 해결하다 curiosity 호기심
04 rear 기르다, 양육하다 (children 아이들)
05 exit 나가다 rear 뒤쪽
06 (catch 잡다) glimpse 힐끗 봄
07 autograph 자필 서명, 사인 celebrity 유명 인사
08 encounter 마주치다 objection 이의, 반대
09 mention 말하다, 언급하다 (before 전에, 예전에)
10 (feel 느끼다) dizzy 어지러운
11 modify 수정하다, 바꾸다 entire 전체의
sentence 문장
12 (take 갖다, 얻다) a day off 하루 휴가
13 marvelous 놀라운, 신기한 (magic 마술, 마법)
14 (alcohol 술, 알코올) beverage 음료
15 pregnant 임신한 (woman 여자)
16 infant 유아, 영아 death rate 사망률
17 vital 필수적인 factor 요소, 요인
18 moderate 알맞은 exercise 운동
19 stimulate 자극하다 sensory 감각의
nerve 신경

20 refrain from ~을 삼가다 (smoking 흡연)
21 nasty 끔찍한, 불쾌한, 징그러운 (voice 목소리)
22 undergo 겪다, 받다 cosmetic 성형의, 미용의 surgery 수술
23 take turns ~을 번갈아 하다 do the dishes 설거지하다
24 excessive 과도한, 지나친 consumption 소비, 소모
25 present 제안하다, 나타내다 hypothesis 가정, 전제

DAY 22 P. 107

01 immortal 죽지 않는, 불멸의 (god 신)
02 appropriate 적당한 measure 조치
03 minister 장관, 대신, 각료 (foreign 외국의) affair 일, 업무, 직책
04 resign 사임하다 (position 직위, 자리)
05 obligatory 의무적인 (education 교육)
06 bow 활 arrow 화살
07 fulfill 달성하다 ambition 야망
08 encourage 격려하다 (player 선수)
09 (dream 꿈) come true 실현되다
10 drop out 중퇴하다, 탈퇴하다 (school 학교)
11 major in 전공하다 philosophy 철학
12 raise 올리다, 인상하다 tuition 수업료
13 (number 수, 숫자) digit 자릿수
14 graduation 졸업 ceremony 의식, 예식
15 take over 인수하다 (business 사업, 장사, 일)
16 rigid 엄격한 discipline 규율, 훈련
17 military 군대의, 군사의 vehicle 차량, 운송 수단
18 (win 이기다) at all costs 어떻게 해서든, 기어코
19 determine 결정하다 career 직업, 경력
20 future-oriented 미래지향적인 perspective 시각, 관점
21 essential 필수적인, 근본적인 element 요소, 성분
22 conform to ~에 따르다 custom 관습
23 endless 끝없는 toil 노역, 고역
24 fit 맞다 frame 액자, 틀
25 obstinate 완고한 attitude 태도

DAY 23 P. 111

01 unconditional 무조건적인 surrender 항복, 굴복
02 take after 닮다 (father 아버지)
03 ripe 익은, 숙성한 (fruit 과일)
04 yield 양보하다 (seat 자리, 좌석)
05 conquer 정복하다 peak 봉우리
06 code 법전, 규약, 규칙 conduct 행동 brochure (안내용) 책자
07 demonstrate 보여주다 talent 재능
08 faithful 충성스러운, 충직한 (dog 개)
09 move 감동시키다 audience 관객, 청중
10 try on 입어보다, 신어보다 graceful 우아한
11 spectator 관중, 관객 (show 쇼, 공연, 전시)
12 prestigious 권위 있는, 명망 있는 award 상

13 durable 오래가는, 내구성 있는 architecture 건축, 건축물
14 accomplish 성취하다, 달성하다 (dream 꿈)
15 flicker 깜빡거리다 flashlight 전등
16 deserve ~을 받을 만하다 praise 칭찬, 찬사
17 (first 첫째의, 처음) impression 인상
18 eloquence 웅변 (contest 대회, 시합)
19 humble 초라한, 하찮은 (clothes 의복, 옷)
20 accumulate 축적하다, 모으다 wealth 부, 재산
21 fortune 재산 widow 미망인
22 refuse 거절하다, 거부하다 reward 보상, 사례
23 attain 달성하다, 얻다 satisfactory 만족스러운, 충분한 result 결과
24 considerable 상당한, 많은 amount 양
25 clear 청산하다, 없애다 debt 빚

DAY 24 P. 115

01 amount to (합계가) ~에 이르다 billion 십억
02 modest 겸손한, 적당한 achievement 성취, 업적
03 carry on ~을 계속하다 unfruitful 헛된, 효과 없는 experiment 실험
04 escape 탈출하다, 달아나다 (prison 감옥)
05 prosperous 번창하는, 번영하는 (business 사업), 장사
06 frustrate 좌절시키다 effort 노력
07 necessary 필요한, 필수의 qualification 자격, 자격증
08 proper 적절한 (name 이름, 명칭)
09 regard A as B A를 B로 여기다 military service 군 복무, 병역 must 꼭 해야 하는 것
10 enclose 봉합하다, 동봉하다 resume 이력서
11 submit 제출하다 assignment 과제, 임무
12 (sales 판매의) department 부서, 학과
13 register 등록하다 (member 회원, 구성원)
14 obtain 획득하다 information 정보
15 free of ~가 없는 charge 요금
16 participate 참여하다, 참가하다 (festival 축제)
17 further 더 이상의 (study 학습, 공부)
18 instruction 지시하다, 가르치다 trainee 훈련생
19 disturb 방해하다 (work 일, 업무)
20 whisper 속삭이다, 소곤거리다 (ear 귀)
21 persistent 끈질긴 effort 노력
22 (bad 나쁜) temper 성질, 기질
23 irresistible 저항할 수 없는 temptation 유혹
24 dictation 받아쓰기 (test 시험)
25 digest 소화하다, 소화시키다 (food 음식)

DAY 25 P. 119

01 despise 깔보다, 멸시하다 (poor 가난한)
02 complain 불평하다 constantly 끊임없이
03 arouse 불러일으키다 interest 관심, 흥미
04 be fed up with ~에 질리다 (study 공부)
05 shuffle 섞다 (paper 종이)

DAY 29 P. 137

DAY 30 P. 141

DAY 31 P. 145

DAY 32 P. 149

DAY 36 P. 167

DAY 37 P. 171

DAY 38 P. 175

DAY 39 P. 179

01 see off 배웅하다 (airport 공항)
02 show up 나타나다 (meeting 모임, 회의)
03 torture 고문 suspect 용의자
04 sob 흐느껴 울다 grief 슬픔, 비탄
05 settle down 정착하다 (village 마을)
06 wake up (잠에서) 깨다 dawn 새벽
07 occur 일어나다, 발생하다 frequently 자주 (accident 사건, 사고)
08 naive 순진한 (idea 생각)
09 give up 포기하다, 버리다 (hope 희망)
10 delight 기뻐하다, 기쁘게 하다 misfortune 불운, 불행
11 sorrow 슬픔, 비애 break up 헤어지다, 관계를 끊다
12 mating 짝짓기, 교미 (season 계절, 철)
13 provoke 화나게 하다 fierce 사나운, 험악한
14 arrogant 건방진 (look 표정)
15 take advantage of ~을 이용하다 (weak 약한)
16 secondhand 중고의 fridge 냉장고
17 reflect 반사하다 (light 빛)
18 get over 극복하다 crisis 위기
19 (succeed 성공하다) on one's own 자력으로, 혼자서
20 interfere 방해하다 (plan 계획)
21 be absorbed in ~에 잠기다(열중하다) meditation 명상, 묵상
22 sacred 성스러운 ritual 의식, 예식
23 awful 끔찍한 (accident사건, 사고) take place 일어나다
24 postpone 미루다, 연기하다 due to ~때문에
25 priest 신부, 사제 sermon 설교

DAY 40 P. 183

01 burst 터지다 laughter 웃음
02 Buddhist 불교의 temple 사원
03 spoiled 상한 (food 음식)
04 solemn 엄숙한 atmosphere 분위기
05 yawn 하품하다 drowsiness 졸림, 졸음
06 snore 코 골다 (sleep 잠, 수면)
07 (grandfather 할아버지) pass away 돌아가시다
08 farewell 작별 (party 파티)
09 arrange 정리하다, 배열하다 order 순서
10 fade 희미해지다, 바래다 (memory 기억)
11 suffer 고통 받다 disease 질병 incurable 치료할 수 없는
12 cherish 간직하다, 아끼다 (memory 기억, 추억)
13 precious 값비싼, 귀중한 gemstone 보석
14 motivation 동기, 자극 crime 범행, 범죄
15 agitate 선동하다 mob 군중, 폭도
16 roughly 대략, 거의 (hour 시간)
17 diagnose 진단하다 terminal 말기의, 불치의 lung 폐, 허파 cancer 암
18 starve 굶주리다 (children 아이들)
19 sore 아픈, 따가운 throat 목구멍
20 bang 쾅 하고 치다 fist 주먹
21 bone 뼈 flesh 살, 고기
22 transplant 이식하다 kidney 신장, 콩팥
23 grow 기르다 beard 턱수염
24 skeleton 뼈대, 해골 (monkey 원숭이)
25 get rid of ~을 제거하다 wrinkle 주름 forehead 이마

DAY 41 P. 187

01 straighten 똑바르게 하다, 곧게 펴다 curly 곱슬곱슬한
02 weary 지친, 피곤한 (training 훈련, 교육)
03 be content with ~에 만족하다 result 결과
04 chronic 만성의 fatigue 피로
05 take a nap 낮잠 자다 (lunch 점심 식사)
06 slender 가늘고 호리호리한 (model 모델)
07 gasp 숨을 헐떡거리다 (running 달리기)
08 idle 게으른 (farmer 농부)
09 restless 뒤척이는 (night 밤)
10 typhoon 태풍 alert 경계 signal 신호
11 stretch 늘이다, 당기다, 펴다 (body 몸)
12 choked 질식된, 숨 막히는 (smoke 연기)
13 bruised 멍든, 타박상 입은 (eye 눈)
14 nail 못을 박다 coffin 관
15 bury 묻다, 매장하다 cemetery 공동묘지
16 crippled 불구의 (body 몸)
17 endure 견디다, 참다 acute 심한 pain 고통
18 numb 감각이 없는, 둔한 (cold 추위)
19 sting 찌르다 (bee 벌)
20 swallow 삼키다 pill 알약
21 (take 약을 복용하다, 먹다) tablet 알약 at a time 한번에
22 commonplace 흔한 incident 사건, 사고
23 fragrant 향기로운 odor 냄새
24 gaze 바라보다, 응시하다 horizon 수평선, 지평선
25 add 더하다, 추가하다 flavor 풍미, 향미, 조미료

DAY 42 P. 191

01 (beautiful 아름다운) landscape 풍경
02 sightseeing 관광 (Rome 로마)
03 slam 쾅 닫다 closet 옷장
04 slap (손바닥으로 찰싹) 때리다, 치다 (cheek 뺨)
05 blow 불다 whistle 호루라기
06 flock 모이다, 떼지어 오다 (see 보다) masterpiece 명작, 걸작
07 herd 떼, 무리 sheep 양
08 hatch 부화하다 (egg 알)
09 (man 사람) beast 짐승, 야수
10 bat 박쥐 mammal 포유동물
11 paw (동물의) 발 hind 뒤의 (leg 다리)
12 tame 길들이다 wild 야생의
13 feed on ~을 먹고 살다 (worm 벌레)
14 buzz 윙윙거리다 (sound 소리)
15 soar 날아오르다 (air 공중, 대기)

16 swarm (한 방향으로 이동하는) 떼, 무리
grasshopper 메뚜기

17 graze 풀을 뜯다 meadow 목초지

18 trim 다듬다, 손질하다 lawn 잔디밭

19 tangled 뒤엉킨, 뒤얽힌 vine 포도나무, 덩굴

20 (tree 나무) blossom 꽃이 피다

21 vowel 모음 consonant 자음

22 elementary 기초적인, 초등의 (school 학교)

23 stem from ~에서 생겨나다(유래하다)
Latin 라틴어

24 pull out 뽑아내다, 떼어내다 root 뿌리 weed 잡초

25 moss 이끼 (rock 바위)

DAY 43 P. 197

01 ancestor 조상 mankind 인류

02 fellowship 동료의식, 유대감
workplace 직장, 일터

03 assure 보증하다, 보장하다 safety 안전

04 folks 사람들 (village 마을)

05 figure out 이해하다, 알아내다 concept 개념
democracy 민주주의

06 (stay (계속 같은 상태로) 있다, 남다)
bachelor 독신 남자

07 treat 대우하다, 대접하다 senior 선배

08 contain 포함하다 nitrogen 질소
compound 화합물

09 analyze 분석하다 merit 장점, 가치
defect 단점, 결점, 결함

10 courteous 예의 바른, 공손한 lad 청년, 사내

11 succeed to ~을 계승하다 throne 왕좌, 왕위

12 plow 쟁기질하다 peasant 농부, 소작농

13 government 정부 decree 포고령, 법령

14 grant 수여하다 degree 학위, 지위

15 patrol 순찰 (car 차)

16 whip 채찍질하다 (horse 말)

17 fine 벌금을 물리다 speeding 속도위반, 과속

18 strain 쭉 당기다 (rope 줄, 밧줄)

19 stab 찌르다 spear 창, 작살

20 fierce 격렬한, 치열한, 사나운 combat 전투

21 parade 행진 triumph 승리

22 divine 신의, 신성한 blessing 축복, 은혜, 은총

23 parking 주차 lot 부지, 용지

24 (college 대학) dormitory 기숙사

25 hide 숨다 basement 지하실

DAY 44 P. 201

01 kind-hearted 마음씨 좋은, 인정 많은
landlord 집주인, 임대인

02 enroll 명부에 올리다, 등록하다
intermediate 중급의, 중간의

03 lodge 묵다, 투숙하다 (London 런던)

04 break into 침입하다 chimney 굴뚝

05 constitute 구성하다 nearly 거의
whole 전체, 모든, 전부의 population 인구

06 (gas 가스, 기체) chamber 실, 방

07 congratulatory 축하의 address 연설

08 install 설치하다, 설비하다
air conditioner 에어컨, 공기조절 냉난방 장치

09 furnish 공급하다, 제공하다 electric 전기의

10 bare 벌거벗은 (feet 발: 복수)

11 rob 빼앗다, 털다 jewelry 보석(류)

12 ragged 너덜너덜한, 누더기가 된 patch 헝겊 (조각)

13 (T-shirts 티셔츠) stripe 줄무늬

14 preface 서문 (book 책)

15 strip off 벗겨내다 (paint 페인트)

16 decorate 장식하다, 꾸미다 (room 방)

17 (Christmas 크리스마스) ornament 장식

18 remove 제거하다 stain 얼룩

19 sweep 쓸다 dirt 먼지 broom 비, 빗자루

20 shave off 깎아버리다, 밀어버리다
mustache 콧수염

21 wipe 닦다 corridor 복도

22 language 언어 barrier 장벽, 장애물

23 purify 정화하다 contaminate 오염시키다

24 loaf 덩어리 (bread 빵)

25 dough 밀가루 반죽 flour 밀가루

DAY 45 P. 205

01 paste 붙이다 (wallpaper 벽지)

02 spill 흘리다, 쏟다 (water 물)

03 allow 허락하다 liquor 독주

04 peel 벗기다 bark 나무껍질

05 stop by ~에 들르다
cafeteria (셀프 서비스식) 간이 식당

06 suck 빨다 thumb 엄지손가락

07 dissolve 녹이다 boil 끓다

08 boycott 불매 운동하다 goods 상품

09 draft 설계도 (machine 기계)

10 butcher 잡다, 도살하다 hog 돼지

11 (sell 팔다) bargain 턱없이 싼

12 in token of ~의 표시로 gratitude 감사, 사의

13 athlete 운동선수 represent 대표하다

14 lose oneself in ~에 몰두하다, ~에 빠지다
gambling 도박

15 bet 돈을 걸다 (dollar 달러)

16 puzzling 헷갈리는, 헷갈리게 하는 riddle 수수께끼

17 spin 돌다, 돌리다 top 팽이

18 knit 짜다, 뜨다 muffler 목도리

19 sew 바느질하다, 꿰매다 (sock 양말 한 짝)

20 stitch 바늘로 꿰매다 forehead 이마

21 clumsy 어설픈, 서투른 (makeup 화장)

22 weave 짜다, 엮다 straw 짚, 지푸라기

23 amusing 재미있는 tale 이야기

24 weep 울다, 눈물을 흘리다 funeral 장례식

25 moan 신음하다 pain 고통

DAY 46 P. 209

01 mourn 애도하다, 슬퍼하다 (death 죽음)

02 sequence 연속, 연쇄 misfortune 불행

03 gorgeous 멋진 (sunglasses 선글라스, 색안경)

04 furious 성난, 격노한 (wave 파도, 물결)

05 growl 으르렁거리다 savagely 사납게

06 awesome 굉장한, 경이로운 spectacle 광경, 장관

07 dreadful 무시무시한, 끔찍한, 지독한 nightmare 악몽

08 seize 붙잡다, 움켜잡다 panic 공포

09 bold 과감한, 대담한, 용감한 investment 투자

10 be startled 놀라다 knock 두드리기, 노크

11 itchy 가려운 back 등

12 yearn 열망하다, 갈망하다 (success 성공)

13 (work 일하다) zeal 열의, 열성

14 wag 흔들다 tail 꼬리

15 earnest 성실한, 진지한 discussion 토론, 논의

16 witty 재치 있는 joke 농담, 우스개

17 remarkable 놀랄 만한, 주목할 만한 progress 진전

18 feel flattered 우쭐해지다, 으쓱해지다 compliment 칭찬

19 roar 으르렁거리다 lioness 암사자

20 illustrate 보여주다, 설명하다 procedure 과정

21 marriage 결혼 oath 서약, 맹세

22 grumble about ~에 대해 투덜거리다, ~에 대해 불평하다 wage 임금, 봉급

23 poetry 시 prose 산문

24 grade 성적 semester 학기

25 solve 풀다, 해결하다 arithmetic 산수, 계산

DAY 47 P. 213

01 (love 사랑하다) indeed 정말로, 실제로

02 scarce 희박한, 부족한 oxygen 산소

03 reap 거두다, 수확하다 (fruit 과일, 열매)

04 bowl 그릇 clay 찰흙

05 fix up 고치다, 수리하다 barn 헛간, 외양간

06 barren 척박한, 황량한 pasture 목초지, 초원

07 dairy 유제품의, 낙농의 product 제품, 상품

08 interest 이자 loan 대출, 융자

09 endow 기부하다 scholarship 장학금

10 renew 갱신하다 license 면허증, 허가증

11 social 사회적인, 사회의 function 기능 education 교육

12 sort out 골라내다, 선별하다 rotten 썩은

13 tackle 맞서 싸우다, 대처하다 (problem 문제)

14 (carry 나르다, 옮기다) baggage 짐, 수하물

15 pave 포장하다 crooked 구부러진, 비뚤어진

16 shovel 삽으로 푸다 pebble 자갈

17 grind 갈다 (teeth 이: 복수)

18 store 저장하다, 보관하다 grain 곡식

19 squeeze 짜다 (lemon 레몬)

20 chop 자르다, 썰다 log 통나무 in half 반으로

21 saw off ~을 톱으로 잘라내다 bough 가지

22 exact 정확한 meaning 의미, 뜻

23 decrease 감소, 하락 prices 물가

24 grip 쥐다, 움켜잡다 racket 라켓

25 seize 붙잡다 (arm 팔)

DAY 48 P. 217

01 snatch 잡아채다, 잡아 뺏다 (hand 손)

02 swing 휘두르다 bat 방망이

03 fasten 고정시키다, 채우다, 끼우다 (button 단추)

04 pinch 꼬집다 (cheek 볼, 뺨)

05 shiver (부르르) 떨다 (cold 추위)

06 sweat 땀 drip down 뚝뚝 흘러내리다

07 link 연결하다 site 현장, 장소, 자리

08 lock 잠그다 (door 문)

09 direct 직접적인 objective 목적어

10 unnecessary 불필요한 anxiety 걱정, 불안

11 hinder 방해하다 concentration 집중

12 prompt 즉각적인, 신속한 reaction 반응

13 keep up with ~따라잡다, ~에 뒤지지 않다 stride 큰 걸음

14 tumble down 굴러 떨어지다 (stairs 계단)

15 crawl 기다, 기어가다 tortoise 거북

16 hip 엉덩이(둔부의 위쪽), 골반 sway 흔들리다, 흔들다

17 whirling 돌아가는, 회전하는 (propeller 프로펠러, 추진기)

18 toss 던지다 beggar 거지 coin 동전

19 pat 두드리다, 토닥거리다, shoulder 어깨

20 rub 문지르다, 비비다 eraser 지우개

21 shift 이동하다, 바꾸다 position 위치, 자리

22 save 구하다 drowning 물에 빠진

23 fetch 데리고 오다 (police 경찰)

24 hold 열다, 주최하다 public 공공의, 대중의 hearing 공청회

25 medieval 중세의 era 시대

DAY 49 P. 221

01 take up (공간을) 차지하다 space 공간, 자리

02 mistake A for B A를 B로 잘못 알다

03 call for 요청하다 ban 금지

04 call on 방문하다 (sick 아픈)

05 put up with ~을 참다 rudeness 무례

06 put off 연기하다, 미루다 (meeting 모임, 회의)

07 turn over 건네주다 (police 경찰)

08 look after 돌보다 (kid 아이) all day long 하루 종일

09 give off 발산하다, 내뿜다 (smoke 연기)

10 give in 굴복하다 demand 요구

11 prolong 연장하다 life span 수명

12 internal 내부의 conflict 갈등, 충돌

13 interior 내부의, 실내의 illumination 조명

14 parallel 평행한 bar 막대기, 봉

15 marine 바다의, 해양의 resource 자원

16 tidal power 조력 plant 공장, 시설

17 foremost 으뜸가는, 제일가는 (in the world 세상에서)

18 steer 조종하다 (boat 배)

19 drift 떠다니다, 표류하다 current 흐름, 해류

20 shrug (어깨를) 으쓱하다 (shoulder 어깨)

21 spring 봄 breeze 산들바람, 미풍

22 blast 폭파하다 skyscraper 고층 건물
23 moist 촉촉한, 습기 있는 (skin 피부)
24 pile (쌓아 올린) 더미, 무더기 hay 건초
25 down-stuffed (새의) 솜털로 채워진 pillow 베개

01 fold 접다, 개다 blanket 담요, 이불
02 beat 때리다, 두드리다 rod 막대, 회초리, 몽둥이
03 red-brick 빨간 벽돌 flame 불길, 불꽃
04 create 창조하다 (new 새로운)
05 glow 빛나다 brilliantly 눈부시게, 찬란하게
06 (look ~하게 보이다) pale 창백한
07 gigantic 거대한 (company 회사)
08 infected 감염된 fatal 치명적인
09 lower 낮추다, 내리다 fever 열
10 mere 단순한 (accident 사고, 사건)
11 delicate 섬세한, 정교한
craftsmanship 손재주, 솜씨
12 subtle 미묘한 difference 차이
13 grow up 성장하다, 자라다 stern 엄격한
14 compact 소형의 (camera 카메라, 사진기)
15 keen 날카로운, 예리한 humor 유머, 익살
16 plain 평이한, 평범한 (English 영어)
17 (great 큰, 대단한) plain 평원, 평야
18 odd 홀수의 (number 숫자, 수)
19 odd 기이한, 이상한
(mystery 미스터리, 신비, 수수께끼)
20 queer 기묘한, 희한한, 이상한 (voice 목소리)
21 exotic 이국적인 atmosphere 분위기
22 unavoidable 불가피한, 피할 수 없는
doom 운명, 비운
23 rescue 구조하다, 구출하다 hostage 인질
24 flee 달아나다, 도망치다 abroad 해외로
25 prepare 준비하다 (dinner 저녁 식사, 정찬)

01 fairly 아주, 꽤, 상당히 diligent 부지런한, 근면한
02 (natural 타고난) instinct 본능
03 be accustomed 익숙하다 solitary 고독
04 fake 가짜의, 거짓의 certificate 자격증, 증명서
05 (hot 열띤, 치열한) debate 논쟁, 토론
06 biology 생물학 professor 교수
07 mix 섞다 proportion 비율
08 wireless 무선, 무선의
communication 통신, 연락
09 doubt 의심하다 intention 의도, 목적
10 similar 유사한, 비슷한 case 사건, 사례
11 intense 강렬한, 극심한 desire 욕망, 욕구
12 climb 오르다 ladder 사다리
13 threaten 협박하다, 위협하다 (kill 죽이다)
14 humanitarian 인도주의적인
point of view 관점, 견해
15 recycle 재활용하다, 재생하다 (paper 종이)
16 nod (고개를) 끄덕이다 (head 머리)

17 (break 깨다) appointment 약속
18 generally 일반적으로 (speaking 말하면)
19 raw 원래의, 가공 안 한 material 자료, 소재
20 appreciate 감사하다 (kindness 친절)
21 afford to ~할 여유가 있다 (buy 사다)
22 separated 분리된 (family 가족)
23 claim 주장하다 be based on ~에 근거하다
24 take part in ~에 참가하다 feast 연회, 잔치
25 recite 암송하다 poem 시

01 automatic 자동의 teller 금전 출납기
02 seal 봉하다, 밀봉하다 envelope 봉투
glue 풀, 접착제
03 persuasive 설득력 있는 speech 연설
04 coal 석탄 mining 채굴
05 offer 제공하다 equal 동등한 opportunity 기회
06 plant 심다 patriotism 애국심
07 immediate 즉각적인 action 조치, 행동
08 medium 매개체 exchange 교환
09 insert 넣다, 끼우다 slot 구멍, 홈
10 raise 키우다, 기르다 livestock 가축
11 spiritual 정신적인, 영적인 (leader 지도자)
12 acknowledge 인정하다 defeat 패배
13 devise 고안하다 method 방법
14 block 막다, 차단하다 enemy 적
15 discard 버리다, 폐기하다 faith 신념, 신앙, 믿음
16 empty 비우다 trash 쓰레기
17 means 수단, 방법 available 이용할 수 있는
18 effective 효과적인 range 범위, 유효 범위, 거리
cannon 대포
19 crew 승무원 passenger 승객
on board 탑승한, 승선한
20 impact 영향, 충격 industrial 산업의, 공업의
revolution 혁명, 변혁
21 triple 셋으로 된, 세 배의 (jump 뜀, 점프)
22 tip 끄트머리 iceberg 빙산
23 win 따다, 얻다, 획득하다 lottery 복권
24 gather 모으다 a great deal of 다량의, 많은
25 walk 산책시키다 puppy 강아지

01 distract 흐트러뜨리다 attention 주의, 주목, 관심
02 forgive 용서하다 generously 너그럽게
03 prescribe 처방을 내리다
dose (1회의) 복용량, 투여량 medicine 약, 약물
04 rush 급히 움직이다, 돌진하다
in haste 서둘러서, 급하게
05 majestic 웅장한, 장엄한 cathedral 성당, 대성당
06 combine 결합하다, 합병하다 company 회사
07 compel 억지로 ~하도록 만들다 agree 동의하다
08 bear 참다, 견디다 insult 모욕
09 aggressive 공격적인 strategy 전략, 계획
10 rest 나머지 (life 인생, 삶)

11 enter 들어가다 profession 직업, 직종
12 evaluate 평가하다 capacity 능력
13 spray 뿌리다, 분무하다 insecticide 살충제
14 relax 안심하다, 긴장을 풀다, 휴식하다 (mind 마음)
15 be sick of ~에 싫증나다 routine 일상
16 repent 뉘우치다, 회개하다 sin 죄
17 strengthen 강화하다, 증강시키다
   immunity 면역력
18 convert 바꾸다, 개종하다 (Islam 이슬람교)
19 vibrate 진동하다, 떨다 (voice 목소리)
20 ill 불길한 omen 징조, 조짐
21 devour 먹어 치우다 prey 먹이
22 suspend 유예하다, 보류하다 decision 결정, 판단
23 (Korean 한국의) strait 해협
24 stray 길 잃은 lamb 새끼 양
25 physical 육체의, 신체의 contact 접촉
   sort 종류, 유형

DAY 54 P. 243

01 enable ~할 수 있다
   (travel to the moon 달로의 여행)
02 damp 축축한 diaper 기저귀
03 owe 신세를 지다, 빚지다 (parents 부모)
04 (keep 보관하다) safe 금고
05 seek 찾다, 구하다 wisdom 지혜
06 enlighten 일깨우다, 계몽하다
   ignorant 무지한, 무식한
07 overly 너무, 지나치게, 몹시 optimistic 낙관적인
08 obtain 얻다, 구하다 nourishment 영양, 영양분
09 admire 존경하다, 찬양하다 bravery 용기, 용맹
10 own 소유하다 mansion 대저택
11 perishable 상하기 쉬운 (food 음식)
12 pay a visit 방문하다 Congress 의회, 국회
13 pioneer 개척하다 route 길, 경로
14 subscribe 구독하다 magazine 잡지
15 be dismayed 당황하다, 낭패하다
   consequence 결과
16 descendant 후손 warrior 전사
17 transmit 전염시키다 germ 세균, 미생물
18 abide by 따르다, 준수하다 regulation 규정, 규제
19 almighty 전능한 (god 신)
20 convey 나르다, 운반하다 thought 생각
21 murmur 중얼거리다, 속삭이다
   inaudible 들리지 않는
22 (cooking 요리) utensil 기구, 용구
23 bullet 총알 scar 흉터, 상처
24 spouse 배우자 consent 동의하다
   divorce 이혼
25 supervise 감독하다, 지휘하다
   construction 건설, 공사

DAY 55 P. 247

01 individual 개인의, 개인적인 taste 취향, 기호
02 laboratory 실험실 assistant 조수, 보조
03 chief 주된 ingredient 성분

04 noted 유명한, 저명한 (writer 작가, 필자)
05 nervous 긴장한 state 상태
06 false 틀린, 거짓의 statement 진술, 서술
07 instant 즉각적인 effect 효과
08 burglar 도둑 alarm 경보기, 경보 장치
09 brisk 빠른 pace 걸음, 속도
10 brief 짧은 (answer 대답)
11 be fond of ~을 좋아하다 (dog 개)
12 utilize 활용하다, 이용하다 tool 도구
13 universal 보편적인, 일반적인 truth 진리, 사실
14 divide 나누다 profit 이익
15 surround 둘러싸다, 감싸다 ten-story 10층의
16 (fly 비행하다) altitude 고도
17 remind 상기시키다 (childhood 어린 시절)
18 rotate 회전하다, 돌다 clockwise 시계 방향의
19 evaporation 증발 (water 물)
20 formal 공식적인 invitation 초대
21 religious 종교의, 종교적인 creed 신조, 신념
22 superficial 피상적인 (beauty 아름다움, 미)
23 foresee 예견하다 fate 운명
24 reasonable 합리적인, 타당한 (price 가격)
25 hereditary 유전적인 disease 질병

DAY 56 P. 251

01 (gas 가스, 기체) outlet 배출구
02 (look ~하게 보이다) alike 비슷한
03 diameter 지름 (circle 원)
04 hall 회관, 홀 fame 명성
05 roast 굽다 turkey 칠면조
06 cast 드리우다, 던지다 shadow 그림자
07 wretched 열악한, 누추한 condition 상태, 환경
08 gang 패거리 youth 젊은이, 청년
   roam 배회하다, 돌아다니다
09 distant 먼 rumble 우르릉 소리
10 bright 밝은 downtown 시내, 도심지
11 tug 끌다, 끌어당기다 sled 썰매
12 fight 싸우다 honor 명예
13 lead ~하게 살다, ~하게 지내다 normal 정상인
14 bow (고개를) 숙이다, 절하다 (head 머리)
15 manifest 나타내다 dissatisfaction 불만, 불평
16 step on ~을 밟다 brake 브레이크, 제동 장치
17 broaden 넓히다 (road 길, 도로)
18 rank 계급, 지위 general 대장
19 vow 맹세하다 repay 갚다 debt 빚, 부채
20 boundary 경계 (between ~ 사이에)
21 certain 어느 정도의, 약간의 extent 정도, 규모
22 preach 설교하다 (word 말씀)
23 (enjoy 누리다) privilege 특권
24 profit 이익 quarter 사분기(3개월)
25 despite ~에도 불구하고 shortcoming 단점

부록

한 단어가 하나의 뜻만을 나타낸다면 인간의 어휘 수는 끝이 없겠죠. 그래서 단어 한 개라도 효율적으로 쓰기 위해 다의어가 발달했습니다. 가령 '꽃에 물주다'라고 할 때는 '물'이란 뜻의 명사 water를 그냥 동사로 써서 I watered the flowers yesterday.라고 하면 됩니다. 만약 That smell makes my mouth water.하면 여기에서 water는 무슨 뜻일까요. '군침이 돌다'란 뜻입니다. book도 마찬가지입니다. book a seat 하면 '좌석을 예약하다'라는 의미죠. book의 이런 뜻을 모른다면 독해하는 데 지장이 많겠죠. 아래 소개하는 다의어 목록은 수능에서 가장 빈도가 높은 것들만 추린 것입니다.

부록1. mp3

account

① 설명하다(for)
account for his absence
그가 없는 이유를 설명하다

② 계좌
bank account 은행 계좌

address

① 주소
an e-mail address 이메일 주소

② 연설
a graduation address 졸업 연설

age

① 나이
② 시대
a new age 새로운 시대

appear

① 나타나다
suddenly appear 갑자기 나타나다

② ~하게 보이다
try to appear calm in an interview
면접에서 차분하게 보이려고 노력하다

appearance

① 등장
his first appearance on television
그의 TV 첫 출연

② 외모
an attractive appearance 매력적인 외모

apply

① 지원하다(for)
apply for a job 일자리에 지원하다

② 적용되다(to)
apply to all 모두에게 적용되다

appointment

① 임명
appointment as head of sales
영업부장으로의 임명

② 약속
cancel an appointment 약속을 취소하다

appreciate

① 감사하다
I appreciate it. 감사합니다.

② 감상하다
appreciate music 음악을 감상하다

arm

① 팔
② 무기(-s)
supply arms to the guerrillas
게릴라에게 무기를 공급하다

ask

① 묻다
② 요구(부탁)하다
Don't ask too much of him.
그에게 너무 많은 것을 요구하지 마라.

assume

① 떠맡다
② 추측하다
assume the suspects to be guilty
용의자들이 유죄라고 추측하다

band

① 악단
a rock band 록 밴드

② 띠
a rubber band 고무 밴드

bank

① 은행
② 둑, 제방
walk along a river bank
강둑을 따라 걷다

bark

① (개가) 짖다
The dog gave a loud bark.
개가 크게 짖었다.
② 나무껍질
bark of a tree

become

① 되다
② 어울리다
That color really becomes you.
그 색깔이 너랑 잘 어울린다.

bill

① 계산서
an electricity bill 전기요금 계산서
② 지폐
a five dollar bill 5달러짜리 지폐
③ 법안
pass a bill 법안을 통과시키다

book

① 책
② 예약하다
Our travel agent booked us on a flight to Paris.
여행사 직원이 우리에게 파리행 비행기표를 예약해주었다.

bother

① 괴롭히다
I'm sorry to bother you.
귀찮게 해서 미안합니다.
② 수고롭게 ~하다
Don't bother to fix lunch for me.
나를 위해 일부러 점심 준비를 할 것 없다.

bottom

① 바닥
the bottom of the sea 해저
② 엉덩이
fall on one's bottom 엉덩방아를 찧다

capital

① 수도
the capital of Korea 한국의 수도
② 대문자
a capital letter 대문자
③ 자본
venture capital 벤처 자본

casual

① 평상의
casual wear 평상복
② 우연한, 이따금의
a casual visitor 뜻밖의 방문객

cell

① 감방
a cell mate 감방 동료
② 세포
cell tissue 세포 조직

certain

① 확실한
I'm certain of it. 난 그것을 확신한다.
② 어떤
a certain person 어떤 사람

change

① 바꾸다
change clothes 옷을 갈아입다
② 잔돈
Keep the change. 잔돈은 가지세요.

charge

① 요금
free of charge 무료로
② 책임
take charge of a kid 아이를 책임지다
③ 채우다
charge batteries 건전지를 충전하다

check

① 검사하다
check over answers 답을 확인하다
② 수표
Could I pay by check, please?
수표로 지불해도 되겠습니까?

chest

① **가슴**
hairy chest 털 많은 가슴

② **상자**
a medicine chest 약 상자

class *classify 분류하다

① **학급**

② **계급**
the lower classes 하층 계급

complete

① **완료하다**
complete his unfinished work
못 다한 작업을 완료하다

② **완전한**
a complete sentence 완전한 문장

complex

① **강박관념, 콤플렉스**
have a complex about being bald
대머리인 것에 대해 콤플렉스가 있다

② **복잡한**
a complex theory 복잡한 이론

composition

① **작곡**
study piano and composition
피아노와 작곡을 공부하다

② **작문**
English composition 영어 작문

conduct

① **행동**
good conduct 바른 행실

② **지휘하다**
conduct a band 악단을 지휘하다

correct *correction 수정

① **올바른** *incorrect 틀린
correct answer 정답

② **고치다**
correct a bad habit 나쁜 버릇을 고치다

count

① **세다**
count up to three 셋까지 세다

② **중요하다**
Happiness counts more than money.
행복은 돈보다 중요하다.

critical

① **중요한**
a critical point 중요한 시점

② **비판적인**
critical remarks on my paper
내 논문에 대한 비판적 발언

current

① **현재**
current situation 현재 상황

② **흐름**
the current in the river 강물의 흐름

custom

① **관습**
follow the custom 관습에 따르다

② **세관, 관세(-s)**
pass the customs 세관을 통과하다

deal

① **거래**
drop the deal 거래를 취소하다

② **다루다**(with)
deal with a problem 문제를 다루다

decline

① **거절하다**
decline a request 요청을 거절하다

② **쇠퇴하다**
decline rapidly 급격히 쇠퇴하다

develop

① **발전하다**
developing countries 개발 도상국

② **현상하다**
develop film 필름을 현상하다

draw

① **그리다**
draw a picture 그림을 그리다

② **끌다, 당기다**
draw his attention 그의 주의를 끌다

③ **(돈을) 인출하다**
draw some money 돈을 좀 인출하다

dwell

① **생각하다**(on)
dwell on the problem
그 문제에 대해 생각하다
② **살다**(in)
dwell in a city 도시에 거주하다

even *evenly 공평하게

① **심지어**
② **짝수의**
even number 짝수
③ **동등한**
even score 동점

fair *fairly 꽤, 상당히

① **공정한**
a fair judgement 공정한 판정
② **박람회**
a book fair 도서 전시회

fast

① **빠른**
② **단식(하다)**
fast for a week 일주일간 단식하다
③ **고정된**
stand fast 움직이지 않고 서 있다

figure

① **숫자**
double figures 두 자리 숫자
② **인물**
a famous historical figure
유명한 역사적 인물
③ **그림**
a figure on page 63 63페이지의 그림
④ **생각하다**
I figure that... ~라고 생각하다

fine

① **벌금**
heavy fine 무거운 벌금
② **미세한, 가느다란**
fine thread 가느다란 실

firm

① **확고한**
a firm decision 확고한 결심
② **회사**
a law firm 법률 회사

fix

① **고치다**
fix a machine 기계를 수리하다
② **고정시키다**
a fixed price 고정된 가격
③ **음식을 차리다**(미)
Can I fix a drink for you?
마실 것 한 잔 줄까?

good

① **좋은**
② **상품**(-s)
leather goods 가죽 제품

grade

① **성적**
get good grades 좋은 성적을 받다
② **등급, 학년**
a sixth grader 6학년생

grave

① **심각한**
grave conditions 심각한 상태
② **무덤**
a grave stone 묘비

hard

① **열심히**
study hard 열심히 공부하다
② **어려운**
a hard problem 어려운 문제
③ **딱딱한**
a hard shell 딱딱한 조개껍데기

hold

① **잡다**
hold a hand 손을 잡다
② **열다, 개최하다**
hold a meeting 회의를 열다

issue

① **문제**
a global issue 전 세계적인 문제
② **발급(하다)**
passport issue 여권 발급

interest

① **이자**
interest rate 이자율

② 관심
have no interest in it 그것에 관심이 없다

just

① 정당한, 공정한
a just society 정의로운 사회

② 단지, 오직

③ 꼭, 정확히

lead   *발음 주의

① 이르다[(을)리-드](to)
lead to success 성공에 이르다

② 납[(을)레드]
melt lead 납을 녹이다

last

① 마지막

② 지난번
last Christmas 지난 크리스마스

③ 지속되다
last for years 수 년간 지속되다

lean

① 기대다

② 살이 찌지 않고 날씬한
Professional dancers are usually lean.
직업 무용수들은 대개 날씬하다.

leave

① 떠나다
leave for Busan 부산으로 떠나다

② 남겨주다
leave a message 메시지를 남기다

③ ~한 상태로 두다
leave him alone 그를 혼자 두다

④ 휴가
a sick leave 병가

light

① 빛

② 가벼운
a light burden 가벼운 짐

lose

① 잃다
lose a purse 지갑을 잃어버리다

② 지다
lose a game 경기에서 지다

lot

① 공터
a parking lot 주차장

② 운명
It was his lot to become priest.
목사가 되는 것이 그의 운명이었다

③ 추첨
draw lots 제비를 뽑다(추첨하다)

lower

① 더 낮은

② 낮추다
lower the price 가격을 내리다

major

① 주요한
a major cause 주된 원인

② 전공하다(in)
major in literature 문학을 전공하다

match

① 시합
a tennis match 테니스 시합

② 어울리다
Does this shirt match these trousers?
이 셔츠가 이 바지랑 어울리니?

③ 성냥
a box of matches 성냥 한 상자

miss

① 놓치다
miss breakfast
아침식사를 거르다

② 그리워하다
miss his girlfriend
여자친구를 그리워하다

mean

① 의도하다, 의미하다
a meaning of a word
단어의 의미

② 비열한
a mean-looking youth
비열하게 생긴 젊은이

③ 수단, 방법(-s)
use every means
모든 수단을 동원하다

mind

① 꺼리다

Would you mind opening the door?
문 좀 열어 주시겠어요?
(문 여는 것이 꺼려지나요?)

② 마음

minute *발음 주의

① 분(分) [미니트]

② 미세한 [마이뉴트]

minute difference 미세한 차이

move

① 움직이다

② 감동시키다

move the audience 관객을 감동시키다

nail

① 손톱

bite one's nail 손톱을 물어뜯다

② 못

hammer a nail into the wall
망치로 벽에 못을 박다

natural

① 자연적인

natural food 자연 식품

② 당연한

It's natural that you should feel upset.
네가 화나는 것은 당연하다.

object

① 반대하다(to)

object to the death penalty
사형 제도에 반대하다

② 물체

Unidentified Flying Objects
미확인 비행 물체(UFO)

objective

① 목적

main objective 주된 목적

② 객관적인 *subjective 주관적인

objective facts 객관적 사실

observe

① 관찰하다

observe a star 별을 관찰하다

② (규정을) 지키다

observe a rule 규칙을 준수하다

operate

① 수술하다

an operating table 수술대

② 작동시키다

operate a machine 기계를 작동시키다

order

① 주문하다

order a special dish
특별 요리를 주문하다

② 명령하다

order him to fight out
그에게 끝까지 싸우라고 명령하다

③ 순서

line up in order of height
키 순서대로 서다

own

① 소유하다

own a building 건물을 소유하다

② 자기 자신의

my own house 내 집

pain

① 고통

ease the pain 고통을 완화시키다

② 수고(주로 복수형으로)

take great pains 많은 수고를 하다

palm

① 야자수

② 손바닥

palm-reading 손금 보기

patient

① 환자

treat a patient 환자를 치료하다

② 인내심 있는

Be patient with me.
나를 이해해줘.(참아줘.)

peer

① 동료

peers at work 직장 동료들

② 응시하다

peer out the window 창 밖을 응시하다

plain

① 쉬운
plain cooking 손쉬운 요리

② 평야
drive over a plain
평야를 가로질러 차를 몰다

③ 예쁘지 않은
a plain face 예쁘지 않은 얼굴

plant

① 식물
plant-eating animals 초식 동물

② 심다
plant a tree 나무를 심다

③ 공장
a power plant 발전소

post

① 기둥
a concrete post 콘크리트 기둥

② 직위
a high post 높은 자리

③ 우편(영)
a post office 우체국

practice

① 연습
basketball practice 농구 연습

② 관습, 관례(-s)
religious practices 종교적 관례

present *강세 유의

① 출석한 [프레즌트]
those who were present at the scene
of the accident
사고 현장에 있었던 사람들

② 제시하다, 수여하다 [프리젠트]
present medals 메달을 수여하다

principal

① 주요한
a principal role 주된 역할

② 우두머리, 회장, 교장
a retired principal
은퇴한 교장 선생님

promote

① 승진시키다
promote her to supervisor
그녀를 감독관으로 승진시키다

② 증진시키다
promote an understanding
이해를 증진시키다

raise

① 올리다
raise a hand 손을 들다

② 기르다
raise a kid 아이를 키우다

rear

① 키우다
rear cattle 소를 키우다

② 뒤쪽의
a rear entrance of the building
건물의 후문

recognize

① 알아보다
recognize an old friend in a crowd
군중 속에서 옛 친구를 알아보다

② 인정하다, 인식하다
recognize the seriousness of the
problems
문제의 심각성을 인정하다

relative

① 상대적인
relative advantages 상대적 이점

② 친척
distant relatives 먼 친척

resort

① 휴양지
a ski resort 스키 리조트

② 의존하다(to)
resort to violence
폭력에 의존하다

rest

① 휴식(하다)
rest for a while 잠시 쉬다

② 나머지
the rest of my life 남은 인생(여생)

right

① 옳은
a right choice 옳은 선택

② 오른쪽에(으로)
turn right 우회전하다

③ 권리
a human right 인권

row

① (배를) 젓다
row a boat 배를 젓다

② 열, 줄
watch from the first row
첫째 줄에서 관람하다

ruler

① 통치자
a notorious ruler 악명 높은 통치자

② 자
a triangle ruler 삼각자

run

① 경영하다
run a restaurant 음식점을 운영하다

② 출마하다(for)

safe

① 안전한
a safe driving 안전 운전

② 금고
crack the safe 금고를 부수다

save

① 구하다
save one's life 목숨을 구하다

② 저축하다, 절약하다
save energy/money
에너지/돈을 절약하다

scale

① 저울
a kitchen scale 주방용 저울

② 척도, 크기
on a large scale 대규모로

③ 물고기 비늘
scrape off the scales 비늘을 긁어내다

settle

① 해결하다
settle a problem 문제를 해결하다

② 정착하다
settle in a village 마을에 정착하다

sort

① 종류
all sorts of animals 모든 종류의 동물

② 골라내다(out)
sort out old clothes 낡은 옷을 골라내다

seal

① 물개

② 봉합하다, 밀폐하다
seal jars well 단지를 잘 밀봉하다

seat

① 앉히다
Please, be seated. 자리에 앉아주십시오.

② 좌석
a window seat 창가 좌석

sentence

① 문장
write a sentence 문장을 쓰다

② (형을) 선고하다
sentence him to death
그에게 사형을 선고하다

sound

① 깊은
a sound sleep 깊은 잠

② 건전한
a sound mind 건전한 정신

③ 음파를 이용해 깊이를 재다
sound the depth of the ocean
바다의 깊이를 재다

space

① 우주
a spaceship 우주선

② 공간
time and space 시간과 공간

spell

① 철자를 쓰다
a correct spelling 올바른 철자

② 주문
cast a spell over him
그에게 주문을 걸다

spring

① 봄

② 튀어나오다
spring out of bed 침대에서 뛰쳐나오다

③ 샘물
bottled spring water 병에 담은 샘물

state

① 상태
the state of her health 그녀의 건강 상태

② 국가
the central African states
중앙아프리카 국가들

③ 주(州)
Rhode Island is the smallest state in
the U.S.
로드 아일랜드는 미국에서 가장 작은 주다.

④ (공식적으로) 말하다
The law states that you cannot smoke
on short airline flights. 법에 따르면 단
거리 비행에서 흡연할 수 없다.

step

① 발걸음

② 단계
the next step 다음 단계

③ 조치(-s)
take urgent steps 응급조치를 취하다

stick

① 막대기
break a stick 막대를 부러뜨리다

② 붙이다(to)
stick photographs in an album
앨범에 사진을 붙이다

③ 돌출하다, 내밀다(out)
a handkerchief sticking out of his
pocket 주머니에서 삐져 나온 손수건

still

① 가만히
stand still 가만히 서 있다

② 여전히
still young 여전히 젊은

store

① 가게

② 저장하다
store data on a hard disk
데이터를 하드디스크에 저장하다

story

① 이야기

② 층
two-story house 이층집

strike

① 치다
strike him on the head
그의 머리를 치다

② 파업
a nationwide strike 전국적 파업

succeed

① 성공하다(in)
succeed in business 사업에 성공하다

② 계승하다(to)
succeed to the throne 왕위를 계승하다

③ 물려받다
succeeding generations 다음 세대

suit

① 알맞다
suit well 잘 맞다

② 소송(=a lawsuit)
a suit against a phone company
전화 회사를 상대로 한 소송

③ 정장
wear her best suit 가장 좋은 정장을 입다

swallow

① 삼키다
swallow a pill 알약을 삼키다

② 제비
a swallow soaring the sky
하늘을 솟구쳐 나는 제비

swear

① 다짐하다, 맹세하다
swear to god 신에게 맹세하다

② 욕하다
He swears when he is angry.
그는 화나면 욕을 한다.

tear *발음 주의

① 눈물 [티어]
break into tears 눈물을 터뜨리다

② 찢다 [테어]
tear a letter 편지를 찢다

term

① 학기, 기간

② (전문) 용어
law terms 법률 용어

③ 조건
terms of payment 지불 조건

tip

① 사례금
give the porter a tip 짐꾼에게 팁을 주다

② 끄트머리
stand on the tips of my toes
발끝으로 서다

③ 정보
give a useful tip about diet
다이어트에 관한 유용한 정보를 주다

toll

① 종이 울리다
Church bells were tolled across the land.
교회 종소리가 온 땅에 울려 퍼졌다.

② 사망자 수
the civilian death toll 민간인 사망자 수

tongue

① 혀
bite my tongue 혀를 깨물다

② 언어
mother tongue 모국어

trunk

① 코끼리 코
Elephants can use their trunks for lifting things.
코끼리는 물건을 집어 드는 데에 코를 이용한다.

② 가방
put books in a trunk 트렁크에 책을 넣다

③ 나무 몸통
a tree trunk

utter

① 말하다
leave without uttering a word
한마디도 하지 않고 떠나다

② 완전한
an utter nonsense
완전히 말도 안 되는 소리

vice

① 부(副)
the vice-president 부통령

② 악, 부도덕 *vicious 악한
a vicious intention 악한 의도

waste

① 낭비하다
waste money 돈을 낭비하다

② 쓰레기
waste recycling 쓰레기 재활용

work

① 효과가 있다
a medicine that works 효과 있는 약

② 작품
an artistic work 예술 작품

yield

① 산출하다, 산출(량)
yield results 결과를 내다
crop yield 곡물 수확량

② 양보하다
yield to his demands
그의 요구에 굴복하다

숙어는 하나의 단어처럼 생각하고 암기해야 합니다. 하지만 기본적으로 각 단어의 의미가 어우러져 전체 뜻이 만들어지기 때문에, 왜 이런 뜻이 될까 한번쯤 생각하면 쉽게 외울 수 있습니다. 가령 '시중들다'라는 뜻을 가진 wait on은 wait의 '기다리다', '대기하다'의 의미에서 크게 벗어나지 않습니다. 자, 그럼 수능 시험에서 실제로 출제되었던 아래 숙어들을 살펴볼까요?

부록2.mp3

above -ing　결코 ~ 하지 않을

My elder brother is above telling a lie. 우리 형은 결코 거짓말할 사람이 아니다.
She is far from being interested in sports. 그녀는 스포츠에는 전혀 관심이 없다.
➜ far from ~ing 전혀 ~ 아닌

as far as I know　내가 아는 한

As far as I know, he is the last man to tell a lie. 내가 아는 한 그는 결코 거짓말을 할 사람이 아니다.
So far as my knowledge goes, he is not an honest man. 내가 아는 한 그는 정직한 사람이 아니다.
➜ so far as my knowledge goes 내가 알기로

as for me　나로서는

As for me, I am for the plan. 나로서는 그 계획에 찬성한다.
As far as I am concerned, I am against the war. 내 입장을 말하면, 나는 그 전쟁에 반대한다.
➜ as for me = as far as I am concerned = so far as I'm concerned = for my part

at first hand　직접적으로(= directly)

I have heard the news at first hand from him. 그 사람한테서 직접 소식을 들었다.
➜ at second hand 간접적으로(= indirectly)

be about to　막 ~을 하려 하다

I was about to leave when Mark arrived. 막 떠나려고 하는데 마크가 도착했다.

be bound　~할 것 같은

He's bound to fail the exam if he doesn't study harder.
더 열심히 공부하지 않으면 그는 시험에서 떨어지게 되어 있어.
He was on a train bound for Berlin. 그는 베를린 행 열차를 타고 있었다.
➜ be bound to 반드시 ~하게 되어 있다　be bound for ~행(行)이다

be engaged　~하기로 약속된

They're engaged to be married in June. 그들은 6월에 결혼하기로 약속한 상태다.
In his spare time, he engages in voluntary work. 시간이 나면 그는 봉사 활동을 한다.
➜ be engaged to ~와 약혼하다　be engaged in ~에 종사하다

be on the verge of -ing　곧 (좋지 않은) 상태가 되는

The country is on the verge of civil war. 그 나라는 금방이라도 내전이 일어날 상태다.
➜ be on the verge of -ing = be on the point/brink of -ing

be likely to　~할 가능성이 높은

Do remind me because I'm likely to forget. 쉽게 잊어버리니까 나한테 좀 일러줘.
This old roof is apt to leak when it rains. 이 낡은 지붕은 비 오면 잘 샌다.
Departure times are subject to alteration. 출발 시각은 변경될 수도 있습니다.
➜ be apt to ~하기 쉬운　be subject to + 명사 ~의 영향을 받기 쉬운

be tied up 바쁘다(= be busy)

We'll be tied up this weekend painting our house. 주말에 집 페인트칠 하느라고 바쁠 거야.

→ tied up은 '굉장히 바쁘고 스케줄이 꽉 차서 다른 일을 할 여유가 없다'는 뜻

by all means 반드시

By all means I'll persuade him to accept my proposal.
반드시 그를 설득해서 내 제안을 받아들이게 할 것이다.

He is by no means poor; in fact, he's rich. 그 사람은 전혀 가난하지 않다. 사실은 부자다.

→ by all means는 직역하면 '모든 수단을 동원해서' → '반드시(definitely, absolutely)'
by no means는 '어떤 수단에 의해서도 아닌' → '결코 ~이 아닌(certainly not)'

by and large 대체로, 전체적으로 보면

By and large my job is very enjoyable. 대체적으로 보면 내가 하는 일은 재미있게 할 만해.

→ by and large = as a rule = on the whole = in general

come 오다, ~하게 되다

I feel like I'm coming down with a cold. 감기에 걸린 것 같아.

She sat by the child's bedside until he came to.
그녀는 아이가 의식을 찾을 때까지 침대 곁을 지켰다.

He came across some old love letters. 그는 옛날 러브레터들을 우연히 발견했다.

Come by my office when you have time to talk. 시간 나면 내 사무실에 들러서 얘기 좀 하자.

How did you come by that new car? 그 새 차 어디서 났어?

→ come down with (~때문에) 몸이 아프게 되다 come to 제정신으로 돌아오다
come across 우연히 발견하다 come by 잠깐 들르다, 얻다

figure out 이해하다(= understand)

I can't figure out why he did it. 걔가 왜 그랬는지 이해가 안 간다.

for nothing 무료로(= free of charge), 헛되이(= in vain)

I got the picture for nothing from a friend. 친구한테 그 그림을 거저 얻었다.

He spent much money for nothing. 그는 쓸데없이 많은 돈을 썼다.

hand down ~를 전하다, 후대에 물려주다

This custom has been handed down since the 18th century.
이 관습은 18세기부터 전해 내려왔다.

have something to do with ~과 관련이 있다

She has something to do with that scandal. 그 여자는 그 스캔들과 관련이 있다.

He never reads books which have nothing to do with his work.
그는 일과 관계없는 책은 절대 읽지 않는다.

→ have nothing to do with ~과 관련이 없다

How come 어떻게

How come you know so much about me? 어떻게 나에 대해 그렇게 많은 것을 알고 있죠?

How come you said that? 왜 그렇게 말씀하신 거죠?

→ How come은 분명히 의문사인데 왜 위 문장에서는 '주어+동사' 어순이 될까? 그것이 바로 How come 용법의
특징이다. How come 다음에는 평서문의 어순이 그대로 간직되므로 유의해야 한다. How come은 why의 의미
로도 잘 쓰인다.

How come you didn't show up? 왜 나오지 않으셨죠?

irrespective of ~에 상관없이(= regardless of)

Everyone should be treated equally, irrespective of skin color.
모든 사람들은 피부색에 관계없이 평등하게 대우받아야 한다.
She'll make a decision regardless of what we think.
그녀는 우리가 어떻게 생각하든 상관없이 결정을 내릴 것이다.

keep A from B   A가 B 상태로 되지 않게 하다

Put the milk in the fridge to keep it from spoiling. 우유가 상하지 않게 냉장고에 넣어둬라.
Lifeguards stop children from going into the water.
안전요원들이 아이들이 물에 못 들어가게 막았다.
His disability prevents him from walking. 그는 장애 때문에 걸을 수가 없다.

→ stop A from B = prevent A from B A가 B하는 것을 막다

leave no stone unturned   모든 수단을 동원하다

He left no stone unturned to persuade her. But it was in vain.
그는 그녀를 설득하려고 갖은 방법을 동원해봤지만 허사였다.

→ 보물찾기 놀이 따위를 하면 숨겨진 지도를 찾으려고 산 속에 있는 돌을 다 뒤집어본다. 거기서 유래한 표현이라고
할 수 있다. '뒤집어보지 않은 돌은 하나도 없다'니까 '모든 노력과 수단을 다 동원했다'란 뜻이 된다. 위 문장은 다
음과 같이 쓸 수도 있다.
He used every means to persuade her. = He tried by all means to persuade her.

let ~하게 두다

John would never even read a newspaper, let alone a book.
존은 책은 고사하고 신문도 읽지 않는다.
When I was sent to prison, I really felt I had let my parents down.
내가 감옥에 들어갔을 때 부모님을 실망시켜드렸다는 생각이 너무나 컸다.
Let go of my hand. You're hurting me! 손 놔. 아파 죽겠다.

→ let alone ~은 말할 것도 없고, ~은 제쳐두고 let down 실망시키다 let go of ~을 놓다

make ~하게 만들다

Recycling is about making use of waste material to make new product.
재활용이란 새로운 제품을 만들기 위해 폐기물을 이용하는 것이다.
He has to make a final decision within a week. 그는 일주일 내에 최종 결정을 내려야 한다.

→ make use of 이용하다(= use) make a decision 결정을 내리다(= decide)
→ 동사를 명사로 전환해서 make, have 등의 동사와 어울려 쓰면 기본적인 의미는 같지만 다소 격식을 갖춘 표현이
된다. use와 decide는 make use of, make a decision처럼 쓰고, tendency는 have를 쓴다. visit은 독특하
게 pay를 쓰니 유의하자.

make both ends meet   수지를 맞추다

With a limited income and large expenses it is difficult to make both ends meet.
수입은 제한되어 있고 비용은 늘어서 수지 타산 맞추기가 쉽지 않다.

→ 적자, 흑자 두 막대그래프의 끝(end)을 맞춘다는 의미에서 '수입과 지출을 맞추다'라는 뜻이다.

make it a rule to 규칙적으로 ~하다

I make it a rule to read newspapers to keep up with current affairs.
나는 시사에 뒤떨어지지 않기 위해 규칙적으로 신문을 읽고 있다.

manage to (특히 어려운 일을) 가까스로 해내다

The pilot manage to land the plane safely. 조종사는 가까스로 비행기를 착륙시켰다.

not to mention ~은 말할 것도 없고

He speaks French, not to mention English. 영어는 말할 것도 없고 프랑스어도 할 줄 안다.
It takes too much time, not to speak of money. 그건 돈은 말할 것도 없이 시간도 많이 걸린다.
He doesn't even drink beer, to say nothing of whisky.
그 사람은 위스키는 고사하고 맥주도 못 마신다.

➔ not to mention = not to speak of = to say nothing of = let alone

oneself 스스로

Help yourself to the dishes. 마음껏 드세요.
I want to make it for myself. 나는 혼자 힘으로 그것을 해내고 싶다.
I went there by myself. 나는 혼자 그곳에 갔다.
She was beside herself with rage. 그녀는 화가 나서 제정신이 아니었다.
The candle went out of itself. 촛불이 저절로 꺼졌다.
Nothing is evil in itself. 어떤 것도 그 자체로 악한 것은 없다.
He was very tired and in spite of himself fell into sleep.
너무 피곤해서 자기도 모르게 잠이 들었다.

➔ help oneself to 마음껏 먹다 for oneself 스스로(= without another's help) by oneself 혼자서(= alone)
   beside oneself 제정신이 아닌 of oneself 저절로 in itself 그 자체로 in spite of oneself 자기도 모르게

save one's face 체면을 세우다

They are looking for excuse to save their faces. 그들은 자기들 체면 세울 구실을 찾고 있다.

➔ lose one's face 체면을 잃다

say hello to ~에게 안부를 전하다

Please say hello to John. 존에게 안부 전해주세요.
Say hello for me. 제 대신 안부 전해주세요.
Tell him I said hello. 그에게 안부 전해주세요.
Please remember me to your family. 가족들에게 제 안부 전해주십시오.
Please give my best regards to your father. 아버님께 안부 전해주십시오.

➔ say hello to = remember me to = give my regards to = give my best wishes to
➔ '~에게 안부를 전해주세요'라고 말할 때 일상회화에서는 say hello to나 say hi to를 많이 사용한다. give one's
   regards to는 다소 격식을 갖춘 표현이다.

second to none 최고의(= next to none)

In golf he is second to none. 골프에서는 그보다 더 잘하는 사람은 없다.

speak ill of 험담하다(↔ speak well of)

Never speak ill of others behind their back. 다른 사람 등 뒤에서 험담하지 마라.

time 시간을 맞추다

One at a time, please! I can't serve you all together.
제발, 한꺼번에 해! 난 너희들 모두를 건사할 수 없어.
You should stay in bed for the time being. 당분간 누워 계셔야 합니다.
We got there just in time for lunch. 우리는 점심 시간에 맞춰 거기에 도착했다.
The trains are never on time. 그 기차는 정각에 오는 법이 없다.
I've told you time and time again. 내가 너한테 누차 얘기했잖아.
By the time we get home, this pizza will be cold.
우리가 집에 도착할 때까지는 피자가 식을 거야.

We met each other at times. 우리는 가끔 서로 만난다.

→ at a time 한번에 for the time being 당분간 just in time 때마침 on time 정각에
   time and time again 누차, 거듭 by the time ~할 때까지는 at times 때때로, 가끔

up to ~에 적임인, ~을 감당할 만한, ~에 이르기까지, (시점, 단계, 정도)까지, ~에 달려 있는

He is not up to the task. 그 사람은 그 일에 적임자가 아니다.

We can teach dancers up to intermediate level here. 여기서는 중급까지 무용수들을 가르칩니다.

Up to yesterday, we had no idea where the child was.
어제까지도 우리는 아이가 어디 있는지 알 수 없었다.

Our destiny is up to you. 우리 운명은 너한테 달려 있어.

wait on 보살피다(= attend to)

While I was pregnant, my husband waited on me hand and foot.
임신했을 때 남편이 손발이 되어 내 시중을 들어줬다.

Paul, could you attend to the customers, please? 폴, 손님 좀 봐주겠니?

when it comes to~ ~에 대해 말하자면

When it comes to skiing, nobody can top me. 스키라면 아무도 날 못 따라옵니다.

~ 때문에

Thanks to the public fund, we've been able to build two new schools in the area.
공공자금 덕분에 우리는 이 지역에 새로운 학교를 두 개나 세울 수 있었다.

Owing to a lack of funds, the project will not continue next year.
기금이 부족하기 때문에 그 계획은 내년에는 계속되지 않을 것이다.

The accident was largely due to human error.
그 사고는 주로 사람들의 실수 때문이었다.

All the flights have been delayed because of fog.
안개 때문에 모든 비행편이 지연되었다.

She's angry on account of what you said about her husband.
그 여자는 네가 자기 남편에 대해 말한 것 때문에 화가 나있다.

→ thanks to 어떤 좋은 것이 일어난 이유나 방법을 나타낸다.
   owing to 좋은 일뿐 아니라 원인이나 이유를 나타내는 모든 경우에 쓸 수 있다. 일반적으로 잘 쓰지는 않는다.
   due to owing to와 같지만 due to는 문장 앞에 잘 쓰지 않으며 문장 중간이나 be동사 뒤에 주로 쓴다.
   because of '때문에'라는 의미로 쓰는 가장 일반적인 말. 특히 구어체에서는 주로 because of를 쓴다.
   on account of because of와 유사한 뜻

독해 지문을 읽다보면 스펠링이 비슷해 단어의 뜻을 오인하는 경우가 있습니다. 가령 He was a bold mountain climber.에서 bold를 bald로 착각해 '그는 대머리 등산가였다'라고 해석하면 큰일 나겠죠? 다음은 오랫동안 학생을 지도하면서 학생들이 가장 많이 혼동하는 단어들을 모은 것입니다.

부록3.mp3

---

addiction 중독
addition 더하기, 추가

adopt 채택하다, 입양하다
adapt 적응하다

affect 영향을 미치다
effect 효과, 영향

altar (제사를 올리는) 제단
alter 변경하다
altitude (비행기의)고도
alternative 대안, 다른 선택

appliance 가전 제품
application 신청, 응용

arouse ~을 일으키다
arise 사건이 일어나다, 발생하다

astronomer 천문학자
astronaut 우주 비행사
astrologer 점성술사

astronomy 천문학
astrology 점성술

award 상
reward 보상

a number of 많은(= many)
the number of ~만큼의 숫자

bald 대머리인
bold 대담한

beat 두들겨 패다
bit 약간 *bite의 과거형이기도 함.
bite 물다

bow [바우] (허리를 굽혀) 인사하다
bow [보우] 활
vow [ˇ바우] 맹세(하다)

borrow 빌리다
lend 빌려주다
rent 임대하다

beard 턱수염
mustache 콧수염

bride 신부 *bridegroom 신랑
bribe 뇌물

capital 수도, 대문자, 자본
Capitol (미국의) 국회 의사당

career 경력, 진로
carrier 짐 나르는 사람

carry out 수행하다
carry on 계속하다

cloth 천
clothes 옷

considerate 사려 깊은
considerable 상당한, 꽤 많은

council 위원회
counselor 상담자
consultant (회사의)고문, 조언자
corps [코-] 군단, 군대 *복수일 때는 [코-즈]
corpse [코-프스] 시체

celebrity 유명 인사, 명성
celebration 축하 행사

collect 수집하다, 모으다
correct 수정하다, 올바른

complement 보충
compliment 칭찬

conscious 의식이 있는
conscience 양심
conspicuous 눈에 확 띄는

convey 전달하다, 나르다
convoy 호위하다

clown 광대
crown 왕관

crew 승무원
crow 까마귀

daze ~을 멍하게 만들다
dazzle ~을 눈부시게 하다

dairy 낙농의
daily 매일의
diary 일기

destiny 운명
destination 목적지

deprive ~을 박탈하다, 빼앗다
derive ~을 이끌어내다

despise 멸시하다
despite ~에도 불구하고

desert 사막
dessert 디저트

deceased 사망한
disease 질병

diploma 학위
diplomat 외교관
diplomatic 외교적인

drought 가뭄
draught 설계도(= draft)

drawn draw의 과거분사
drown 익사하다

elect 선출하다
erect 세우다, 건립하다

emergence 나타남, 출현
emergency 응급 상황

ethic 윤리적인
ethnic 인종의

expand (범위를) 확장하다, 넓히다
extend (기간 따위를) 연장하다

earnest 진지한, 열의 있는
honest 정직한

embassy 대사관
ambassador 대사

evolution 진화
revolution 혁명, 회전

fair 공정한
fare 요금

feminine 여성적인
famine 기아, 굶주림

follow 따르다
fellow 놈, 녀석

flesh 살(덩어리)
flash 순간적인 빛, 섬광

favor 호의, 호감
flavor 맛, 풍미

foul 나쁜, 더러운
fault 잘못
false 틀린, 잘못된

forecast (일기)예보하다
broadcast 방송하다

further 정도가 더한, 심화된
farther 더 먼

file (서류) 파일
pile (쌓아 놓은) 더미

found 설립하다(- founded - founded)
find 발견하다(- found - found)

general 육군 장성, 장군
admiral 해군 장성, 제독

geography 지리학
geology 지질학

glove 장갑
globe 지구

grind 갈다, 빻다(- ground - ground)
ground 운동장

gasp 숨을 헐떡거리다
grasp 붙잡다

gulf 바다의 만(滿)
gulp 꿀꺽 삼키다

healthy 건강한
healthful 건강에 좋은

idle 게으른
idol 우상

industrial 산업의
industrious 근면한

inhabit ~에 살다, 거주하다
inherit 물려받다, 상속하다

jealous 질투하는
zealous 열정적인

later 나중에
latter 후반부의, 뒤의

lesson 수업, 과
lessen 줄이다

lay 눕히다(- laid - laid)
lie 눕다(- lay - lain)
lie 거짓말하다(- lied - lied)

loan 돈을 대출하다
lawn 잔디

loose [(을)루-쓰] 느슨한
lose [(을)루-즈] 잃다

major 주된
mayor 시장(市長)

marvel 놀라움, 경이
marble 대리석

mean 의미하다
means 수단

mess 어질러 놓은 상태
mass 덩어리, 대량

miner 광부
minor 사소한, 소수의

moral 도덕적인
morale 사기

noble 고귀한, 귀족의
novel 소설

numb 감각이 없는
dumb 멍청한

pat (어깨 따위를)토닥거리다
pet 애완동물

poverty 가난
property 재산

prey 먹이
pray 기도하다

principal 주요한
principle 원칙

phase 국면
phrase 어구

physics 물리학
physical 육체적인

physician 내과 의사
physicist 물리학자

principal 주요한
principle 원칙

pork 돼지고기
fork 포크

profit (금전적) 이윤, 이익
benefit 이로움, 이점

raw 날것인
row (배를) 젓다

rob 강탈하다
rub 문지르다

ragged (옷이) 너덜너덜한
rugged (표면이) 울퉁불퉁한

region 지역
religion 종교

refuse 거절하다, 거부하다
refugee 피난, 망명자

rip 뜯어내다
reap 수확하다
ripe 익은

route 길
root 뿌리

resource 자원
source 근원
sauce 소스(양념)

royal 왕의, 왕실의
loyal 충성하는

scar 상처
scare 놀라게 하다

sensible 센스 있는
sensitive 민감한

saw 톱질하다(- sawed - sawed)
see 보다(- saw - seen)

sew 옷을 깁다, 꿰매다
sow 씨를 뿌리다

sore (눈, 목 등이) 쓰라린, 아픈
soar 높이 솟구치다

statue 동상
status 지위

sequence 연속
consequence 결과

signature (계약서 따위의) 서명
autograph (유명 인사들의) 사인

tiny 작은
tidy 정돈된

terrific 끝내주는, 멋진
terrible 끔찍한

through ~을 관통해서
thorough 철저한, 완전한

thrifty 검소한
thirsty 목마른
thirty 삼십(30)

tense (줄이) 팽팽한, 긴장된
intense 강렬한

trait 특징
traitor 배반자

trust 믿다
thrust 밀어내다

tuition 수업, 지도
intuition 직관

vary 다양하게 변하다
very 매우

visit 방문하다
invite 초대하다

worship 숭배하다
warship 전함

wake 잠을 깨다
awake 깨우다

wind (태엽 따위를) 감다
(- wound - wound)
wound 부상을 입히다
(- wounded - wounded)

weather 날씨
whether ~인지 아닌지

기본적인 의미는 같지만 다른 뉘앙스를 가지고 있는 단어들을 유의어라고 합니다. 한국어에서도 '중요한', '중대한'이라는 유의어가 존재하듯이, 영어로도 각각 important, crucial이라는 유의어 쌍이 존재합니다. 정확한 독해를 위해서 유의어 부분은 꼭 정복하시기 바랍니다.

부록4.mp3

가능성 있는

probable 가능성이 높은(= likely to happen)
the most probable cause of death 가장 유력한 사인
possible 가능성이 반반인(= uncertain)
one possible solution to the problem 그 문제에 대한 한 가지 가능한 해결책
→ probably와 possibly의 의미 차이도 위와 비슷함.

가슴

breast 새, 여성의 가슴(유방)
bosom 여성의 가슴, 흉금(격식체 표현)
chest 심장, 폐를 포함한 가슴

고집 센

obstinate 완고한, 뜻을 굽히지 않는
an obstinate three-year-old boy 고집부리는 세 살짜리 꼬마
stubborn (부정적인 의미로) 융통성 없이 고집불통인
Why are you always so stubborn? 너는 왜 늘 그렇게 고집불통이니?

공포

dread 어떤 일이 일어나지 않길 바라는 마음에서의 걱정 섞인 두려움
Mom is dreading her driving test — she's sure she's going to fail.
엄마는 운전면허 시험을 두려워하신다. 떨어질 것이라고 확신하신다.
fear 무서운 대상에 대한 두려움, 공포
Trembling with fear, she handed over the money to the gunman.
두려움에 떨며, 그녀는 총을 든 남자에게 돈을 넘겨주었다.
horror 끔찍한 장면을 보았을 때 느끼는 무서움, 공포
The crowd cried out in horror as the car burst into flames.
군중은 차가 폭발해 화염으로 변하자 공포에 질려 울부짖었다.
terror 육체적 상해에 대한 두려움
She was screaming in terror as the flames got closer.
불길이 가까워지자 그녀는 공포에 질려 비명을 질러댔다.
fright 갑작스럽고 순간적인 공포, 두려움
A tree fell on the house and gave him a fright.
나무 한 그루가 집 위에 쓰러져 그를 놀라게 했다.

과정

process 어떤 일의 개시에서 종료까지 각 단계가 연속해서 진행되는 전 과정
the process of digestion 소화 과정
procedure 어떤 일을 하기 위한 방법, 절차
a complicated procedure for setting up the printer 복잡한 프린터 설치 과정

관중

audience 시청자, 관객
the audience at the rock concert 록 콘서트 관중
spectator 스포츠의 관중
The stadium is full of excited spectators. 경기장은 흥분한 관중으로 가득 차 있다.

광고지

catalog 주로 상품 판매를 위한 두꺼운 책자
buy some new clothes through a mail-order catalog 통신 판매로 새 옷을 좀 사다
brochure 일반적으로 얇은 두께의 안내 책자
travel brochure 여행 안내 책자
leaflet 1~2장 짜리 전단
pamphlet 10페이지 내외의 소책자
campaign pamphlet 선거용 홍보 책자
booklet 보통 pamphlet보다 두껍고 책보다 좀 작은 크기의 책자

거북

turtle 육지에 사는 거북
tortoise 일반적인 거북을 통칭

거의 ~않는

hardly 거의 ~않는(= scarcely)
There's hardly any food left in the fridge. 냉장고에 거의 음식이 남아 있지 않다.
rarely 거의 ~않는(= seldom)
I rarely see her these days. 요즘 그 여자를 거의 보지 못했다.
seldom (빈도로 따져서) 좀처럼 ~하지 않다
I seldom go out in the evenings. 난 저녁에 거의 나가지 않는다.
barely 겨우 ~하다
He was barely alive when they found him.
그들이 발견했을 때, 그는 (거의 죽은 거나 다름없을 정도로) 겨우 살아 있었다.

기르다

bring up 아이들에게 도덕적, 정신적 영향을 주면서 기르다(동·식물에는 쓸 수 없음)
Tony was brought up strictly. 토니는 엄하게 컸다.
raise 어른이 될 때까지 양육하다(= rear)
Her parents died when she was a baby and she was raised by her grandparents.
그녀의 부모님은 그녀가 아기였을 때 돌아가셔서 그녀는 조부모님이 키워주셨다.
foster (주로 일정 기간 동안) 다른 사람의 자식을 돌보아 기르다
Would you consider fostering children if you couldn't have children of your own?
만약 당신이 아이를 가질 수 없다면, 아이를 기르는 것을 고려해보시겠어요?
breed 종족 번식을 시키기 위해 동·식물을 기르다, 사육하다
breed chickens 닭을 치다
nurture 키운다기보다 보호하고 돌보는 개념. 자질이나 능력을 키우는 것(take care of의 뜻에 가까우며 사람, 동물, 식물 모두에 사용 가능)
As a record company director, his job is to nurture young talents.
음반 회사의 이사로서 그의 일은 어린 인재들을 육성하는 것이다.

나눠주다

distribute 종종 수량에 제한이 있는 것을 일정한 계획에 따라 할당해서 분배하다(남에게 모두 주고 자신은 받지 않음)
distribute his possession among his children 재산을 자식들에게 나누어주다
dispense 권위 있는 기관 따위에서 주의 깊게 계산해서 분배하다
dispense food to the victims of a fire 화재의 희생자들에게 음식을 나누어주다
divide 어떤 전체를 부분으로 나누다
divide profits among business partners 이익을 동업자끼리 나누다

냄새

scent 향기
fragrance 의미상 scent와 거의 같음
smell '냄새'를 나타내는 일반적인 단어
odor 주로 나쁜 냄새

flower scent 꽃 향기
perfume fragrance 향수 향기
good/bad smell 좋은/나쁜 냄새
body odor 체취 trash odor 쓰레기 냄새

논쟁

dispute 공식적인, 공적인 성격의 분쟁, 논쟁
The workers are in dispute with management over pay.
노동자들은 임금 문제로 경영진과 분쟁 중이다.
debate 여러 의견을 내놓아 여러 사람이 함께 토론하다(discuss보다 진지하고 공식적인 성격을 가짐)
discuss (의견을 듣고 공유하기 위해) 토의하다
discuss everything with parents 모든 것을 부모와 논의하다
argue (친구, 가족간 의견 차이에 의해) 언쟁하다
They spent a long time arguing over which film to go and see.
그들은 어떤 영화를 보러 갈 것인지를 두고 오랫동안 언쟁을 벌였다.

능력

capacity 수용할 수 있는, 감당할 수 있는 능력
This theater has a seating capacity of 10,000. 이 극장은 만 명을 수용할 수 있다.
capability 잠재된 능력(= potential)
He has the capability to win this race. 그는 이 경주에서 이길 능력이 있다.
ability 밖으로 드러나는 능력
I respect his abilities. 나는 그의 능력을 존경한다.

도구

tool (주로 손으로 다루는) 연장
a carpenter's tool 목수 연장
instrument 특정한 용도로 쓰는 기구
medical instruments 의료 기기
gauge (주로 측정할 때 쓰는) 측량 기기
a rain gauge 강우량 측정 기기
utensil (주로 부엌에서 쓰는) 칼, 국자, 냄비 등의 기구
cooking utensil 조리 기구
appliance (toaster처럼 전기를 사용하는) 가전 기기
kitchen appliance 주방 기기

독성의

toxic 특히 화학 물질, 박테리아 따위에 의해 병을 유발하는 독성의
toxic waste/chemicals 유독성 폐기물 / 유해 화학 물질
poisonous 치명적인 독성의
poisonous gas 살인 가스

돌다

revolve (축을 중심으로) 원을 그리며 돌다, 회전하다
The Earth revolves around the sun. 지구는 태양 주위를 공전한다.
rotate (그 자체를) 돌리다
Rotate the handle by 180° to open the door. 문을 열려면 손잡이를 180도 돌리시오.
spin (빠르게 스스로) 돌다
a spinning top 빠르게 도는 팽이

동기

motive 마음속에 품은 의도, 동기
His motive to study Chinese was to meet a girl.
그가 중국어를 공부하는 동기는 여자를 만나기 위한 것이었다.
motivation 어떤 행동을 하도록 자극하는 동기
His motivation to study Chinese was prompted when he met the pretty Chinese
teacher. 그가 중국어를 공부하려는 동기는 예쁜 중국어 선생님을 만났을 때 촉발되었다.

동료

companion 동무, 벗
a traveling companion 길동무
colleague 직장 동료, 과 동기
colleagues in the office 직장 동료들
peer 같은 또래 친구들, 집단으로 어울리는 친구들
Teenage boys are more self-confident than their female peers.
십대 소년들은 또래 소녀들보다 더 자신감을 가지고 있다.

모이다

gather 자연 발생적으로 모이다
gather to hear him speak 그의 이야기를 듣기 위해 모이다
assemble 공식적으로, 목적을 가지고 모이다
They assembled in the meeting room after lunch.
그들은 점심 식사 후에 회의실에 모였다.

모험

venture 비난받거나 위험한 결과를 무릅쓰는 모험
venture to the edge of the cliff 벼랑 끝으로 가다
adventure 재미와 흥분을 동반한 모험
enjoy thrills and adventure 스릴과 모험을 즐기다

미끄러지다

glide 곡선을 그리며 물 흐르듯 미끄러지다(slide보다 매끄럽고 우아하게 미끄러짐)
Skaters glided across the ice. 스케이트 선수들이 얼음 위를 미끄러지듯 나아갔다.

slide 직선 방향으로 미끄러지다(glide보다 좀 서투르게 미끄러짐)
slide on the polished floor 윤이 나는 바닥을 미끄러지듯 가다

slip 부주의, 사고로 휙 넘어지다
slip on a banana skin 바나나 껍질을 밟고 미끄러지다

보다

glance at 의도적으로 흘긋 보다(다시 고개를 돌리는 행위가 뒤따름)
catch a glimpse of (의지와 상관없이) 어떤 사람이나 물체를 스치듯 보다
When Minsu turned his head to glance at the clock, we caught a glimpse of the girl who was with him.
민수가 시계를 보려고 고개를 돌렸을 때, 우리는 그와 함께 있는 소녀를 흘끗 보았다.

stare (눈을 동그랗게 뜨고 관심과 집중력을 가지고) 쳐다보다
She was staring at a handsome guy and bumped into the revolving door.
그녀는 잘생긴 남자를 쳐다보다가 회전문에 부딪혔다.

gaze (무심한 상태로 멍하니) 바라보다
She was gazing out of the window. 그녀는 창밖을 가만히 바라보고 있었다.

peer (문구멍이나 안경 너머로 초점을 맞춰) 응시하다
peer through the window 창문을 통해 응시하다

보존하다

conserve 남용하지 않기 위해 비축하는 의미에서 보존하다
conserve energy 에너지를 절약하다

preserve 상하거나 파괴되는 것을 막기 위해 보존하다
preserve tradition 전통을 보존하다

복수

revenge 당한 사람이 직접 복수하다
We revenged ourselves on the US team by winning the final.
우리는 결승전에 승리하여 미국에 대해 설욕했다.

avenge 피해자를 대신해서 복수하다
He avenged his father's death. 그는 아버지의 원수를 갚았다.

비어 있는

vacant 사용할 수 있는 데 비어 있는
The hospital has no vacant beds. 그 병원에는 빈 침상이 없다

empty 안에 아무 것도 없이 비어 있는
empty bottles 빈 병

빛나다

glow 열을 동반해서 계속 빛나다
the warm glow of a fire in the fireplace 벽난로 안의 따뜻한 불빛
glare 눈부실 정도로 빛나다
the sun's glare on the car's windshield 자동차 앞 유리에 비치는 햇빛
glitter 금 따위가 표면에 반사되어 빛나다
Her jewels glittered. 그녀의 보석들이 반짝였다.

성격

character 사람, 사물의 특징적인 성격, 개성
It's not in his character to be jealous. 질투하는 건 그 사람답지 않다.
personality 사람의 인성
She has a cheerful personality. 그녀는 성격이 쾌활하다.

성취하다

accomplish (성공적으로) 완결짓다
accomplish the task/project 과업/프로젝트를 완수하다
achieve (많은 노력 끝에 목표한 것을) 성취하다
achieve his dream/ambition 꿈/야망을 이루다

손님

client (주로 business와 관련된) 고객
a lawyer with a lot of famous clients 유명 고객이 많은 변호사
customer (상점, 식당 등 접객 업소에서의) 손님
We try to give all our customers good service.
우리는 모든 손님들께 좋은 서비스를 제공하기 위해 노력합니다.

수많은

numerous 많은(= many)
Numerous people attended the concert. 수많은 사람들이 콘서트에 왔다.
innumerable (헤아릴 수 없을 정도로) 많은
I sent her innumerable love letters. 나는 그녀에게 셀 수 없을 정도로 러브레터를 보냈다.

슬퍼하다

mourn 누구의 죽음에 애도를 표하다
The family mourned the death of their grandfather. 가족은 할아버지의 죽음을 애도했다.
lament 탄식하다, 한탄하다
lament over his misfortune 그의 신세를 한탄하다
wail 큰 소리로 울부짖다
"My finger hurts," wailed the child. "손가락이 아파" 아이가 울부짖으며 말했다.
grieve 특히 누가 죽어서 슬퍼하다(= mourn)

승리

victory 게임에서의 승리
gain a easy victory 쉽게 이기다
triumph 뜻 깊은 승리, 승리의 기쁨
He has a feeling of triumph from winning. 그는 승리감에 도취되어 있다.

쓰레기

garbage 집안 쓰레기(= trash)
household garbage 집안 쓰레기
litter 길거리, 야외 여기 저기 떨어진 쓰레기
waste 폐품, 폐기물, 폐수
industrial waste 산업 폐기물

신음하다

moan 고통에 신음하다
"Ahhh" he moaned in pain. "아아" 그는 고통에 신음했다.
groan moan보다 강하게 신음하다
He fell to the floor and groaned in pain. 그는 바닥에 쓰러져 고통에 신음했다.

악어

alligator 주로 미국 등지에 살며 입 둘레가 U자 모양인 악어
crocodile 주로 열대 지방에 살며 입 둘레가 V자 모양인 악어

얻다

acquire 어떤 수단, 노력을 동원해서 얻다
acquire an original painting by Van Gogh 반 고흐의 원화를 손에 넣다
obtain gain보다 격식적인 말. 힘들이지 않고 얻는 것도 포함
obtain permission 허가를 얻다
gain 시간이 경과하면서 주로 유익한 것을 얻다
gain independence 독립을 얻다

여행

tour 뭔가 배우는 여행
We went on a guided tour of the museum/factory.
우리는 그 박물관/공장 가이드 투어를 갔다.
travel '여행'을 뜻하는 포괄적 개념(불가산 명사이므로 부정관사와 같이 쓸 수 없음)
an exciting travel (×)
trip 일정이나 거리가 짧은 여행
The trip from Seoul to Busan takes about four hours by train.
서울 부산간 이동에는 기차로 4시간쯤 걸린다.
journey 비행기, 기차 등을 타고 이동하는 것
It's a four-hour train journey from Seoul to Busan.
(그것은) 서울—부산간 네 시간 기차 여행입니다.
voyage 특히 배를 타고 떠나는 긴 여행
his first sea voyage 그의 첫 항해

expedition 특별한 목적을 가진 이동, 탐사
an expedition to the Antarctic 남극 탐험
excursion 단체로 떠나는 짧은 여행, 관광
go on an excursion 관광 가다

영양

nourishment 성장에 필요한 영양분
A young baby gets its nourishment from its mother's milk.
어린 아기는 모유에서 영양을 섭취한다.
nutrition 몸에서 섭취하는 화학적 영양소
The body requires proper nutrition in order to maintain itself.
신체를 유지하기 위해서는 적절한 영양소가 필요하다.

영원한

permanent 오랫동안 지속되는
permanent damage to the brain 영구적인 뇌 손상
perpetual 변하지 않고 영원한
perpetual love 영원한 사랑

영원히

for good (어떤 상태로) 완전히
leave for good 완전히 떠나버리다
forever (시간적으로) 영원히
Our love will last forever. 우리 사랑은 영원할 거야.

운명

fate 주로 최종적이고 부정적인 결과를 암시하는 운명
My fate is now in the hands of the judge. 내 운명은 이제 판사의 손에 달려 있다.
destiny 미래에 일어날 일을 뜻하는 운명
The destiny of our nation depends on the result of this vote!
우리나라의 운명은 이 투표의 결과에 달려 있습니다!
doom 특히 죽음을 암시하는, 피할 수 없는 일 (= a terrible fate)
change his doom (×)
lot '운명'보다는 '과거부터 현재의 삶'의 뜻이 더 강함
I'm happy with my lot. 저는 제 삶에 만족합니다.

의심하다

doubt 확신 또는 분명한 증거가 없기 때문에 '~이 아니다'라고 의심하다
I doubt if he is a detective. 그가 형사인지 의심스럽다.
suspect 의심할 만한 점이 있기 때문에 '~인 것 같다'는 의심을 갖다
No one knows who killed her, but the police suspect her husband.
누가 그녀를 죽였는지 아무도 모르지만, 경찰은 그녀의 남편을 의심하고 있다.

인정하다

admit (나의 잘못, 실수를) 인정하다
I admit my mistake. 제 실수를 인정합니다.

acknowledge (사실로서) 인정하다
I acknowledge what you say but I don't accept it.
네 얘기를 인정하지만 난 받아들일 수 없다.

accept 수락하다, 받아들이다
I offered him an apology but he wouldn't accept it.
내가 그에게 사과했지만 그는 받아들이지 않으려 했다.

일

job 특정하고 구체적인 일거리, 또는 일자리(= a piece of work)
I will have this job done by lunchtime. 나는 이 일을 점심 때까지 끝낼 거야.

work 일반적인 일
outdoor/office work 야외 작업 / 내근

재능

gift 한 분야의 특출한 재능
His gift is singing. 그의 재능은 노래하는 것이다.

talent 타고난 재능

젖은

wet 표면이나 주위에 물기가 만져지는, 젖은
wet hair 젖은 머리카락

damp 잘 보이진 않아도 만지면 축축한(= a little wet)
Don't sit on the grass — it's damp! 잔디에 앉지 마. 축축해.

moist 푸석푸석하지 않고 적당히 습기가 있는, 촉촉한(= slightly wet)
Keep the soil in the vase moist, but not too wet.
꽃병 안의 흙을 촉촉하지만 너무 습하지는 않게 유지하세요.
moist bread 촉촉한 빵

humid 주로 공기가 습한
It was so humid that my clothes were sticking to me. 너무 습해서 옷이 몸에 들러붙었다.

조사하다

inspect '면밀히 검사하다'의 뜻에 가까움
inspect a car regularly 정기적으로 차를 점검하다

investigate 진실을 밝히기 위해 조사하다
investigate a crime 범죄를 조사하다

중요한

grave 심각한(= serious)
a grave situation 심각한 사태

crucial 중대한(= very important)
a crucial decision 중대한 결정

critical (특히 어떤 시점이나 순간이) 중요한
a critical stage 중요한 단계

지하

cellar 포도주 등을 보관하는 지하 창고
wine cellar 와인 저장소
basement 사람이 살 수 있는 지하
live in a basement 지하에 살다

직업

occupation 다소 격식적인 의미의 직업(공문서 따위의 '직업' 항목에 해당하는 용어)
He listed his occupation on the form as "teacher." 그는 서류에 직업을 '교사'라고 적었다.
profession 어떤 한 분야에 전문적이고 높은 수준의 지식을 필요로 하는 직업
the medical/teaching profession 의료업 / 교직
vocation 자기에게 맞다고 생각해서 몰두하는 천직

통로

corridor 복도
aisle 교회나 극장의 통로 *발음 유의 [아일]

특별한

special 특별한
a special person 특별한 인물
unique 유일한(의미상 special에 가까움)
Each person's genetic code is unique. 각 개인의 유전자 코드는 고유하다.
particular 특이한
a particular person 까다로운 사람(구어적 표현으로는 a picky person)
peculiar 의미상 particular에 가까움
a peculiar hobby (남들과 다른) 독특한 취미
    → special, unique는 peculiar, particular에 비해 상대적으로 긍정적인 의미를 내포한다.

특징

feature 도시, 자연, 사람 등의 외관상의 특징
The town's main feature is its ancient marketplace. 그 도시의 주요 특징은 옛날 장터다.
characteristic 다른 것과 비교해서 두드러진 특징
Does she have any physical characteristics? 그녀는 어떤 신체적 특징이 있나요?
trait 사람의 인격적, 성격적 특징(사물에는 쓰지 않음)
Patience is one of his best traits. 인내심은 그의 가장 좋은 자질 중 하나다.

해고하다

fire (직원의 실수, 잘못이 원인이 되어) 해고하다
The boss fired two workers. 사장이 직원 두 명을 해고했다.
lay off (회사 구조 조정으로) 정리 해고하다
lay off several hundred employees 몇 백명의 직원을 해고하다
dismiss (직원 과실이나 회사 사정으로) 해임시키다(fire, lay off보다 격식체)
She was unfairly dismissed because she was pregnant.
그녀는 임신했다고 부당하게 해고되었다.

허락하다

allow 허락하다
Do you think Mom will allow you to go to the party?
엄마가 너 파티 가는 거 허락하실 거 같니?

permit 허가하다, 허용하다(allow보다 공식적이고 격식을 갖춘 표현)
Smoking is not permitted in any part of this building.
이 건물 내 전역에서 금연입니다.

환경

environment (사람, 동식물 등의) 생태적 환경
a pleasant working environment 쾌적한 작업 환경

circumstance 상황(= situation)
poor economic circumstances 열악한 경제 상황

surroundings (건물 등을 둘러싼) 배경, 환경
It's important that buildings should fit in with their surroundings.
건물이 주변 환경과 조화를 이루는 것이 중요하다.

효과적인

effective (약 따위가) 효과적인, 효과가 있는
a very effective cure for a headache 두통에 매우 효과적인 치료법

efficient (기계 따위가) 효율적인, 경제적인
an efficient transport system 효율적인 운송 시스템

힘센

almighty (주로 신이) 전지전능한
an almighty God 전능하신 하느님

mighty (사람, 기계, 폭탄 따위가) 위력적인
mighty missiles 강력한 미사일

부록5.mp3

동물의 소리

buzz 벌이 윙윙거리다
crow (닭이) 울다
growl (개가) 으르렁대다
grunt (돼지가) 꿀꿀거리다, 투덜거리다
howl (개, 늑대가) 길게 짖다
roar (사자 따위가 우렁차게) 포효하다

동물의 동작

flutter (나비 따위가) 날개를 파닥거리다
trot (말이) 사뿐 사뿐 뛰다
gallop (trot보다 빠르게) 뛰다

사람의 동작

bite 물다
blink 눈을 깜박이다
chew 씹다
grin 히죽 웃다
grumble 투덜거리다
lick 핥다
mumble 중얼거리다
murmur 낮은 목소리로 중얼대다
mutter 중얼대다
scold 꾸짖다
scratch 긁다
scream 비명을 지르다
shiver (추워서) 떨다
shout 소리치다
shriek 날카로운 비명소리
shudder (공포, 혐오로) 떨다
smash (팔을) 휘둘러 때리다
sniff 코를 킁킁대며 냄새 맡다
stammer 더듬거리며 말하다
stutter 말 더듬다
suck 빨다
tremble 떨다
whisper 속삭이다
whistle 휘파람 불다
yell 고함지르다

사물의 소리

bang 총 따위를 '빵'하고 쏘다
bump 꽝 하고 부딪히다
chop 나무를 베다
clang 종이 땡땡 울리다
clatter 달가닥(덜거덕, 쨍그렁) 소리를 내다
crack 부서지다
crash 충돌하다
drip 물방울이 똑똑 떨어지다
hiss (증기나 뱀이) 쉬익 소리를 내다
honk 자동차를 빵빵거리다
plunge 물에 첨벙 빠지다
pour 물을 붓다
rattle (기차 등이) 덜컹덜컹 소리 내다
rumble (천둥·지진 등) 우르릉 소리가 나다
shake 통을 흔들다
shower 소나기처럼 쏟아지다, 퍼붓다
slam 문을 꽝 닫다
slap 뺨을 때리다
spank 볼기짝을 때리다
squeeze (눌러) 짜다
stir 국 따위를 젓다
whip 채찍으로 치다
whirl (프로펠러 따위가) 돌아가다

사물의 모습

crooked (길이) 굽은
flicker (불이) 깜빡거리다, 깜빡거림

생리 현상

burp 트림하다, 트림
cough 기침하다, 기침
fart 방귀를 뀌다, 방귀
hiccough 딸꾹질하다, 딸꾹질(= hiccup)
sigh 한숨 쉬다, 한숨
sneeze 재채기하다, 재채기
snore 코를 드르렁 골다, 코골이
spit 침을 뱉다, 침
yawn 하품하다, 하품

부록6 — 미국 영어 vs. 영국 영어

미국 영어와 영국 영어의 어휘 차이는 문화 교류가 빈번해지면서 그 경계가 허물어지는 추세지만, 여전히 별개로 쓰이는 것들이 남아 있습니다. 또한 같은 단어라도 달리 쓰이기도 합니다. 예를 들어 bill은 미국 사람들은 지폐로 생각하지만, 영국에서는 계산서로 더 많이 쓰죠. purse는 미국에서는 handbag에 가까운 뜻인데, 영국에서는 접는 지갑, 즉 wallet으로 이해합니다. 또 1층을 미국에서는 the first floor라고 하지만, 영국에서는 2층으로 알아듣지요. 이런 기본적인 차이점을 표로 정리했습니다.

미국 영어	한국어	영국 영어
baggage	짐, 수하물	luggage
eraser	지우개	rubber
truck	트럭	lorry
sidewalk	보도	pavement
vacation	휴일	holiday
cab	택시	taxi
elevator	승강기	lift
apartment	아파트	flat
closet	옷장	wardrobe
faucet	수도꼭지	tap
cookie	쿠키	biscuit
candy	사탕	sweets
diaper	기저귀	nappy
drapes	커튼	curtains
garbage	쓰레기	rubbish
fall	가을	autumn
mailman, mail carrier	우편 집배원	postman
package	소포	parcel
around the corner	~를 돌아	round the corner
bill	지폐	note
semester	학기	term

여기에 나타낸 번호는 페이지가 아니라 해당 단어가 포함된 표현 번호입니다.

U

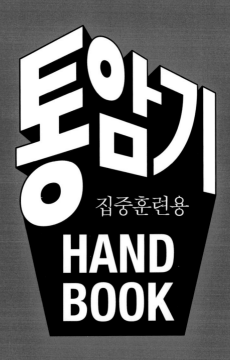

통암기

집중훈련용

HAND
BOOK

DARAKWON

통암기 핸드북 사용법

〈통암기 수능 영단어〉에 나오는 표현을 하루하루 외우다보면 기억에 남지 않는 것들이 있죠? 그래도 일단은 1400번까지 가는 것이 중요합니다. 나머지 빈 부분은 〈통암기 수능 영단어〉 별책부록 "통암기 핸드북"으로 해결하세요. 1400개 표현을 제대로 외웠는지 확인할 수 있게 구성했습니다. 틀린 표현은 꼭 표시하세요. 자주 틀리는 표현은 중점 관리 대상으로 삼아 여러 번 반복하세요.

스마트폰으로 QR코드를 찍으세요!

녹음 파일을 실시간 재생하거나 내려받아
들으실 수 있습니다. darakwon.co.kr에 접속해서
"통암기 수능 영단어"를 검색해도 OK!

0001	**will power**	☐	의지력
0002	**respect minority opinion**	☐	소수 의견을 존중하다
0003	**life insurance**	☐	생명 보험
0004	**a negative outlook**	☐	부정적인 전망
0005	**a positive response**	☐	긍정적인 반응
0006	**maintain a harmonious relationship**	☐	조화로운 관계를 유지하다
0007	**regardless of gender**	☐	성별에 관계없이
0008	**guarantee the right**	☐	권리를 보장하다
0009	**lean against the wall**	☐	벽에 기대다
0010	**a revenge attack**	☐	보복 공격
0011	**scent of perfume**	☐	향수 냄새
0012	**taste sour**	☐	신맛이 나다
0013	**tell right from wrong**	☐	옳은 것과 그른 것을 구분하다
0014	**publish a novel**	☐	소설을 출판하다
0015	**an up-to-date edition**	☐	최신판
0016	**translate Korean into English**	☐	한국어를 영어로 번역하다
0017	**a well-known fable**	☐	잘 알려진 우화
0018	**quote a sentence**	☐	문장을 인용하다
0019	**read a passage**	☐	지문을 읽다
0020	**contemporary literature**	☐	현대 문학
0021	**carve a statue of a goddess**	☐	여신상을 조각하다
0022	**correct pronunciation**	☐	정확한 발음
0023	**articles in the newspaper**	☐	신문에 난 기사
0024	**increase vocabulary**	☐	어휘력을 늘리다
0025	**clutch at a rope**	☐	밧줄을 붙잡다

0026	**realize his fault**	☐	잘못을 깨닫다
0027	**realize her dream**	☐	꿈을 실현하다
0028	**an ugly face**	☐	못생긴 얼굴
0029	**abstract art**	☐	추상 미술
0030	**shake his head**	☐	고개를 흔들다
0031	**an impulsive purchase**	☐	충동구매
0032	**ordinary people**	☐	평범한 사람들
0033	**the unemployment rate**	☐	실업률
0034	**cut down on expenses**	☐	비용을 삭감하다
0035	**scorch a blouse while ironing it**	☐	다림질하다가 블라우스를 태우다
0036	**make a compromise with terrorists**	☐	테러범과 협상하다
0037	**earn a lot of money**	☐	많은 돈을 벌다
0038	**announce a concrete plan**	☐	구체적인 계획을 발표하다
0039	**carry out a welfare program**	☐	복지 프로그램을 실행하다
0040	**a social reform**	☐	사회 개혁
0041	**lead to bankruptcy**	☐	파산에 이르다
0042	**a thorough review**	☐	철저한 재검토
0043	**a government policy**	☐	정부 정책
0044	**an inevitable choice**	☐	불가피한 선택
0045	**juvenile crime**	☐	청소년 범죄
0046	**a vacant seat**	☐	빈 자리
0047	**population density**	☐	인구 밀도
0048	**a drastic decline of the Roman Empire**	☐	로마제국의 급격한 쇠퇴
0049	**decline steadily**	☐	꾸준히 감소하다
0050	**supply necessary items**	☐	필수품을 보급하다

0051	**a remote village**	☐	외딴 마을
0052	**operate a machine**	☐	기계를 작동시키다
0053	**enter without permission**	☐	허락 없이 들어가다
0054	**exposure to radiation**	☐	방사능에 대한 노출
0055	**emphasize its importance**	☐	그 중요성을 강조하다
0056	**develop his potential**	☐	잠재력을 계발하다
0057	**plenty of benefits**	☐	많은 이점들
0058	**overlook the problem**	☐	문제를 간과하다
0059	**lessen traffic congestion**	☐	교통 체증을 감소시키다
0060	**cultivate the land**	☐	땅을 경작하다
0061	**run a grocery store**	☐	식료품 가게를 운영하다
0062	**establish a cornerstone**	☐	초석을 세우다
0063	**a research institution**	☐	연구 기관
0064	**a prominent politician**	☐	유명한 정치인
0065	**a teacher's recommendation**	☐	교사의 추천
0066	**take a legal action**	☐	법적인 조치를 취하다
0067	**compensate for the loss**	☐	손실을 보상하다
0068	**take care of injured children**	☐	다친 어린이를 돌보다
0069	**die of an epidemic**	☐	전염병으로 죽다
0070	**bite her arm**	☐	팔을 물다
0071	**absolute power**	☐	절대적인 권력
0072	**a disgusting smell**	☐	역겨운 냄새
0073	**hug each other**	☐	서로 껴안다
0074	**a stiff neck**	☐	뻣뻣한 목
0075	**a natural remedy**	☐	자연적 치료법

0076	**have a breakthrough in negotiations**	☐	협상의 돌파구를 마련하다
0077	**bring about a striking change**	☐	놀라운 변화를 가져오다
0078	**apply for a job**	☐	일자리에 지원하다
0079	**apply the rules**	☐	규칙을 적용하다
0080	**forbid human cloning**	☐	인간 복제를 금지하다
0081	**classify as top secret**	☐	일급비밀로 분류하다
0082	**the theory of evolution**	☐	진화론
0083	**a rich imagination**	☐	풍부한 상상력
0084	**a historic discovery**	☐	역사적 발견
0085	**boast about his skill**	☐	기술을 뽐내다
0086	**oppose a plan**	☐	계획에 반대하다
0087	**spank her naughty son**	☐	심술궂은 아들의 볼기짝을 때려주다
0088	**an initial symptom**	☐	초기 증상
0089	**a complex structure**	☐	복잡한 구조
0090	**conduct a poll**	☐	여론 조사를 실시하다
0091	**be absent from school**	☐	학교에 결석하다
0092	**stand pressure**	☐	압박을 견디다
0093	**probability of a failure**	☐	실패할 가능성
0094	**a genuine antique**	☐	진짜 골동품
0095	**include tax**	☐	세금이 포함되다
0096	**take pride in the glorious history**	☐	영광스러운 역사에 자긍심을 느끼다
0097	**chilly weather**	☐	쌀쌀한 날씨
0098	**a pocket full of change**	☐	잔돈으로 가득한 주머니
0099	**deliver a parcel to a client's house**	☐	고객의 집까지 소포를 배달하다
0100	**a slight injury**	☐	가벼운 부상

0101	**an extra charge**	☐	추가 요금
0102	**a conspicuous trait**	☐	눈에 띄는 특징
0103	**treat him like an idiot**	☐	바보처럼 취급하다
0104	**split wood with an axe**	☐	도끼로 나무를 쪼개다
0105	**run into an old friend**	☐	옛 친구와 마주치다
0106	**short of cash**	☐	현금이 부족한
0107	**withdraw some money**	☐	돈을 인출하다
0108	**deposit money**	☐	돈을 예금하다
0109	**a bank account**	☐	은행 계좌
0110	**give a detailed account**	☐	상세한 설명을 해주다
0111	**issue a traffic ticket**	☐	교통(위반)딱지를 발급하다
0112	**a harsh punishment**	☐	가혹한 처벌
0113	**break his promise**	☐	약속을 깨다
0114	**an old proverb**	☐	옛날 속담
0115	**The end justifies the means.**	☐	목적이 수단을 정당화한다.
0116	**have somebody to turn to**	☐	의지할 사람이 있다
0117	**cast a vote**	☐	표를 던지다
0118	**confess frankly**	☐	솔직히 고백하다
0119	**a national consensus**	☐	국민적 합의
0120	**host the World Cup**	☐	월드컵을 개최하다
0121	**somewhat difficult**	☐	다소 어려운
0122	**make out what she said**	☐	그녀가 말한 것을 이해하다
0123	**make a wise decision**	☐	현명한 결정을 내리다
0124	**rely on international aid**	☐	국제적 원조에 의존하다
0125	**a logical explanation**	☐	논리적 설명

DAY 06

0126	**come up with a solution**	☐	해결책을 생각해내다
0127	**put what he learned into practice**	☐	배운 것을 실천에 옮기다
0128	**an objective viewpoint**	☐	객관적인 시각
0129	**an inferior quality**	☐	떨어지는 품질
0130	**a former President**	☐	전직 대통령
0131	**the latter part of the movie**	☐	영화의 뒷부분
0132	**food that is apt to go bad**	☐	상하기 쉬운 음식
0133	**make mischief on April Fool's Day**	☐	만우절에 짓궂은 장난을 치다
0134	**complete the mission**	☐	임무를 완수하다
0135	**a constant endeavor**	☐	끊임없는 노력
0136	**fall into chaos**	☐	혼돈에 빠지다
0137	**lack of background knowledge**	☐	배경지식의 부족
0138	**possess enormous wealth**	☐	엄청난 부를 소유하다
0139	**overcome obstacles**	☐	장애물들을 극복하다
0140	**support her family**	☐	가족을 부양하다
0141	**a sentiment of pity**	☐	연민의 정
0142	**prohibit them from selling gun**	☐	그들에게 총기 판매를 금지시키다
0143	**delay the departure**	☐	출발을 지연시키다
0144	**a minor accident**	☐	사소한 사고
0145	**plunge into the ocean**	☐	바다에 첨벙 빠지다
0146	**look into the cause**	☐	원인을 조사하다
0147	**analyze the statistics**	☐	통계 자료를 분석하다
0148	**a bomb-making expert**	☐	폭탄 제조 전문가
0149	**on behalf of all the staff**	☐	모든 직원들을 대표해서
0150	**feel sympathy for him**	☐	그에게 동정심을 느끼다

0151	**a victim of war**	☐	전쟁의 희생자
0152	**blame him for failure**	☐	실패를 그의 탓으로 돌리다
0153	**inspect the murder scene**	☐	살인 현장을 조사하다
0154	**an amazing story**	☐	놀라운 이야기
0155	**turn off the faucet**	☐	수도꼭지를 잠그다
0156	**yell in rage**	☐	화가 나서 소리치다
0157	**tighten her seatbelt**	☐	좌석 벨트를 매다
0158	**open the lid**	☐	뚜껑을 열다
0159	**substitute his role**	☐	그의 역할을 대신하다
0160	**a transparent liquid**	☐	투명한 액체
0161	**stick to formality**	☐	형식에 집착하다
0162	**needle and thread**	☐	실과 바늘
0163	**dye hair**	☐	머리를 염색하다
0164	**shrunken clothes**	☐	(빨아서) 줄어든 옷
0165	**a bald eagle's claws**	☐	대머리 독수리의 발톱
0166	**leather strap**	☐	가죽 끈
0167	**stir the stew**	☐	국을 젓다
0168	**share household chores**	☐	가사를 분담하다
0169	**scold a child**	☐	아이를 꾸짖다
0170	**shatter into fragments**	☐	조각나서 흩어지다
0171	**make a mess**	☐	난장판을 만들다
0172	**resemble her father**	☐	아버지를 닮다
0173	**stroll along the sea shore**	☐	해변을 따라 거닐다
0174	**shade under the tree**	☐	나무 밑 그늘
0175	**faint from shock**	☐	충격으로 기절하다

0176	everybody except for him	☐	그를 제외하고 모두
0177	a daring operation	☐	모험적인 수술
0178	inherit his property	☐	재산을 상속하다
0179	sign the contract	☐	계약서에 서명하다
0180	invest in stocks	☐	주식에 투자하다
0181	sue her ex-husband	☐	전남편을 고소하다
0182	manufacture household appliances	☐	가전제품을 제조하다
0183	undo his shoelaces	☐	신발끈을 풀다
0184	abandon hope	☐	희망을 버리다
0185	cling to a traditional value	☐	전통적인 가치에 매달리다
0186	unprecedented financial crisis	☐	유례없는 금융 위기
0187	protect domestic industry	☐	국내 산업을 보호하다
0188	a strict law enforcement	☐	엄격한 법 집행
0189	undertake the responsibility	☐	책임을 떠맡다
0190	compete for survival	☐	생존을 위해 경쟁하다
0191	be willing to take a risk	☐	기꺼이 위험을 감수하다
0192	a desperate wish	☐	간절한 소망
0193	omit a period	☐	마침표를 빼먹다
0194	abolish slavery	☐	노예 제도를 폐지하다
0195	hide in shelter	☐	피난처에 숨다
0196	significant progress	☐	의미 있는 진전
0197	a prospective job	☐	전도유망한 직업
0198	a crucial phase	☐	중대한 국면
0199	change destiny	☐	운명을 바꾸다
0200	alter some of the plans	☐	일부 계획을 변경하다

0201	**abuse drugs**	☐	약물을 남용하다
0202	**child abuse**	☐	아동 학대
0203	**a radical revolution**	☐	급진적인 혁명
0204	**cut into the conversation**	☐	대화에 끼어들다
0205	**ignore the warning**	☐	경고를 무시하다
0206	**skip a chapter**	☐	한 단원을 건너뛰다
0207	**bully classmates**	☐	반 친구를 괴롭히다
0208	**cheat on an exam**	☐	시험에서 부정행위를 하다
0209	**be hostile to American people**	☐	미국인에게 적대적이다
0210	**be jealous of her success**	☐	그녀의 성공을 질투하다
0211	**an elegant lady**	☐	우아한 숙녀
0212	**bother me with absurd questions**	☐	터무니없는 질문으로 날 성가시게 하다
0213	**a frowning face**	☐	찡그린 얼굴
0214	**sip on soda**	☐	탄산음료를 홀짝홀짝 마시다
0215	**meet the deadline**	☐	마감 시한을 맞추다
0216	**summarize the book's content**	☐	책 내용을 요약하다
0217	**a stingy miser**	☐	인색한 구두쇠
0218	**a valid date**	☐	유효한 날짜
0219	**foretell precisely**	☐	정확하게 예언하다
0220	**learn a formula by heart**	☐	공식을 암기하다
0221	**calculate the volume approximately**	☐	부피를 대략적으로 계산하다
0222	**multiply the length by the width**	☐	길이와 너비를 곱하다
0223	**a wall with cracks**	☐	금이 간 벽
0224	**an isolated region**	☐	고립된 지역
0225	**a stubborn attitude**	☐	완고한 태도

0226	**disposal of toxic waste**	☐	유독성 폐기물 처리
0227	**hand in a report**	☐	보고서를 제출하다
0228	**give an assignment to students**	☐	학생들에게 과제를 내주다
0229	**send via e-mail**	☐	이메일로 보내다
0230	**a collapsed ceiling**	☐	무너진 천장
0231	**flunk math**	☐	수학을 망치다(낙제하다)
0232	**an obscure theme**	☐	모호한 주제
0233	**answer concisely**	☐	간결하게 대답하다
0234	**deal with important issues**	☐	중요한 문제를 다루다
0235	**complicated problems**	☐	복잡한 문제
0236	**look over the report**	☐	보고서를 검토하다
0237	**barely visible to naked eye**	☐	육안으로 겨우 보이는
0238	**hand over a passport**	☐	여권을 건네주다
0239	**a solid muscle**	☐	단단한 근육
0240	**a vast universe**	☐	광활한 우주
0241	**consist of hydrogen and oxygen**	☐	수소와 산소로 이루어지다
0242	**an English composition**	☐	영어 작문
0243	**compose music**	☐	음악을 작곡하다
0244	**a rare substance**	☐	희귀한 물질
0245	**an average temperature**	☐	평균 기온
0246	**adjust the focus of a camera**	☐	카메라 초점을 맞추다
0247	**retreat from the front**	☐	전선에서 후퇴하다
0248	**prefer watching TV to reading**	☐	독서보다 티비 보는 것을 좋아하다
0249	**acquire practical skills**	☐	실용적인 기술을 습득하다
0250	**see through a microscope**	☐	현미경을 통해 보다

DAY 11

0251	**a medical instrument**	☐	의료 기구
0252	**a measuring gauge**	☐	측정 기기
0253	**minute particles**	☐	미세 입자
0254	**an invisible existence**	☐	보이지 않는 존재
0255	**a quest for the truth**	☐	진리 탐구
0256	**feel contempt for him**	☐	그에게 경멸을 느끼다
0257	**honk horns**	☐	(자동차) 경적을 울리다
0258	**repeat stupid mistakes**	☐	어리석은 실수를 되풀이하다
0259	**recover her consciousness**	☐	의식을 회복하다
0260	**rip up a piece of paper**	☐	종이 한 장을 뜯어내다
0261	**put on the gloves inside out**	☐	장갑을 뒤집어 끼다
0262	**a shallow stream**	☐	얕은 실개천
0263	**dazzling sunlight**	☐	눈부신 햇빛
0264	**adequate capital for a business**	☐	사업을 위한 충분한 자금
0265	**get drunk and stumble**	☐	취해서 비틀거리다
0266	**twist his ankle**	☐	발목을 삐다
0267	**a scary movie**	☐	무서운 영화
0268	**show off her shape**	☐	몸매를 과시하다
0269	**envy her slim waist**	☐	그녀의 가는 허리를 부러워하다
0270	**fall in love at first sight**	☐	첫눈에 사랑에 빠지다
0271	**turn down my request**	☐	요청을 거절하다
0272	**meet by chance**	☐	우연히 만나다
0273	**bring up orphans**	☐	고아들을 키우다
0274	**a mild climate**	☐	온화한 기후
0275	**demand a refund**	☐	환불을 요구하다

0276	**judge him by his appearance**	☐	외모로 그 사람을 판단하다
0277	**an exclamation mark**	☐	느낌표
0278	**health counts**	☐	건강이 중요하다
0279	**count on her whenever necessary**	☐	필요할 땐 언제나 그녀에게 의지하다
0280	**succeed in the end**	☐	마침내 성공하다
0281	**sweat-absorbing clothes**	☐	땀을 흡수하는 옷
0282	**a boring lecture**	☐	지루한 강의
0283	**lose his patience**	☐	인내심을 잃다
0284	**examine the patient**	☐	환자를 진찰하다
0285	**grab her wrist**	☐	손목을 잡다
0286	**swear by the stars in the sky**	☐	하늘의 별에 맹세하다
0287	**admit his fault**	☐	잘못을 인정하다
0288	**be on good terms with neighbors**	☐	이웃들과 사이좋게 지내다
0289	**sniff socks**	☐	양말에 코를 대고 킁킁거리다
0290	**stand still like a dummy**	☐	마네킹처럼 우두커니 서 있다
0291	**move back and forth**	☐	앞뒤로 움직이다
0292	**call him a coward**	☐	그를 겁쟁이라고 부르다
0293	**dig a ditch**	☐	도랑을 파다
0294	**a passive attitude**	☐	수동적인 자세
0295	**believe in superstitions**	☐	미신을 믿다
0296	**convincing proof**	☐	확신할 만한 증거
0297	**irrational behavior**	☐	비이성적인 행동
0298	**tremble with fear**	☐	두려움에 떨다
0299	**take a flu injection**	☐	독감 (예방)주사를 맞다
0300	**fire lazy workers**	☐	게으른 노동자들을 해고하다

DAY 13

0301	**neglect his duty**	☐	의무를 소홀히 하다
0302	**vomit what she has eaten**	☐	먹은 것을 토해내다
0303	**run out of gas**	☐	휘발유가 떨어지다
0304	**stack the load**	☐	짐을 쌓아올리다
0305	**load his gun**	☐	총을 장전하다
0306	**recall her childhood**	☐	어린 시절을 회상하다
0307	**dispatch troops**	☐	군대를 파견하다
0308	**a drain in the bathtub**	☐	욕조의 배수구
0309	**in case of emergency**	☐	비상시에
0310	**an FBI agent**	☐	FBI 요원
0311	**pull over the car**	☐	차를 한쪽에 세우다
0312	**a rusty sword**	☐	녹슨 검
0313	**obstruct the road**	☐	길을 가로막다
0314	**scratch his face**	☐	얼굴을 할퀴다
0315	**a new breed of cattle**	☐	신품종의 소
0316	**hurt my feeling**	☐	내 기분을 상하게 하다
0317	**make up with her after quarreling**	☐	싸우고 난 뒤 그녀와 화해하다
0318	**take marriage for granted**	☐	결혼을 당연하게 받아들이다
0319	**disappear for good**	☐	영원히 사라지다
0320	**betray his friend**	☐	친구를 배신하다
0321	**a casual meeting**	☐	우연한 만남
0322	**even score**	☐	동점
0323	**an even number**	☐	짝수
0324	**conceal her intention**	☐	의도를 감추다
0325	**a moral principle**	☐	도덕적 원칙

DAY 14

0326	**dwell in a castle**	☐	성에 거주하다
0327	**dwell on the topic**	☐	주제에 대해 생각하다
0328	**a punctual person**	☐	시간을 잘 지키는 사람
0329	**conduct an orchestra**	☐	관현악단을 지휘하다
0330	**zero gravity**	☐	무중력 (상태)
0331	**a grave problem**	☐	중대한 문제
0332	**expand Roman territory**	☐	로마의 영토를 확장하다
0333	**an infinite potential**	☐	무한한 잠재력
0334	**a groundless assumption**	☐	근거 없는 추측
0335	**an astronomer's prediction**	☐	천문학자의 예측
0336	**an astronaut's return**	☐	우주 비행사의 귀환
0337	**spontaneous volunteering**	☐	자발적인 봉사 활동
0338	**a big applause**	☐	큰 박수갈채
0339	**set up a fund**	☐	기금을 조성하다
0340	**preserve endangered animals**	☐	멸종 위기에 처한 동물을 보존하다
0341	**dents on the surface**	☐	표면의 흠집들
0342	**polish shoes**	☐	구두를 광내다
0343	**cars stuck in a crowd**	☐	군중 속에서 꼼짝 못하는 차량들
0344	**take a shortcut**	☐	지름길을 택하다
0345	**arrive in time**	☐	정시에 도착하다
0346	**a flat screen**	☐	평평한 화면
0347	**run over a pedestrian**	☐	보행자를 치다
0348	**come close to dying**	☐	죽을 뻔하다
0349	**contend that he is honest**	☐	그가 정직하다고 주장하다
0350	**contend for the championship**	☐	챔피언 자리를 위해 경합하다

0351	**primitive tribes**	☐	원시 부족들
0352	**organize a labor union**	☐	노동조합을 결성하다
0353	**a fragile woman**	☐	연약한 여자
0354	**the origin of species**	☐	종의 기원
0355	**be on the verge of extinction**	☐	멸종 위기에 처해 있다
0356	**extinguish a mountain fire**	☐	산불을 진화하다
0357	**a severe drought**	☐	극심한 가뭄
0358	**harvest crops**	☐	곡물을 수확하다
0359	**The pot calls the kettle black.**	☐	냄비가 주전자더러 검다고 한다.
0360	**mechanical equipment**	☐	기계 장비
0361	**revive the tropical rain forest**	☐	열대 우림을 되살리다
0362	**weigh himself on the scale**	☐	저울에 몸무게를 달다
0363	**live up to her parents' expectation**	☐	부모의 기대에 부응하다
0364	**a massive rock**	☐	육중한 바위
0365	**a paralyzed body**	☐	마비된 몸
0366	**convenient public transportation**	☐	편리한 대중교통
0367	**islands around the equator**	☐	적도 부근의 섬
0368	**the northern hemisphere**	☐	북반구
0369	**a global issue**	☐	전 세계적인 문제
0370	**a luxurious fur coat**	☐	사치스러운 모피 코트
0371	**catch animals with a trap**	☐	덫으로 동물들을 잡다
0372	**a cruel scene**	☐	잔인한 장면
0373	**the principal reason**	☐	주된 이유
0374	**wildlife conservation**	☐	야생 동물 보존
0375	**refine petroleum**	☐	석유를 정제하다

DAY 16

0376	**curse god**	☐	신을 저주하다
0377	**warn about the danger of floods**	☐	홍수의 위험을 경고하다
0378	**abundant mineral resources**	☐	풍부한 광물 자원
0379	**fossil fuels**	☐	화석 연료
0380	**present a diploma**	☐	졸업장을 수여하다
0381	**AI stands for artificial intelligence.**	☐	AI는 인공 지능을 의미한다
0382	**fertile soil**	☐	비옥한 토양
0383	**indispensable nutrition**	☐	필수 영양소
0384	**indoor humidity**	☐	실내 습도
0385	**ease tension on the Korean peninsula**	☐	한반도의 긴장을 완화시키다
0386	**acid rain**	☐	산성비
0387	**a partial judgment**	☐	편파적인 판정
0388	**emit carbon dioxide**	☐	이산화탄소를 배출하다
0389	**destroy the ecosystem**	☐	생태계를 파괴하다
0390	**ozone layer**	☐	오존층
0391	**affect the personality**	☐	성격에 영향을 미치다
0392	**air pollution**	☐	공기 오염
0393	**launch a spacecraft**	☐	우주선을 발사하다
0394	**a satellite in Earth orbit**	☐	지구 궤도에 있는 인공위성
0395	**melt ice**	☐	얼음을 녹이다
0396	**a village devastated by disaster**	☐	재해로 황폐해진 마을
0397	**a monotonous rhythm**	☐	단조로운 리듬
0398	**bandage a sprained ankle**	☐	삔 발목을 (붕대로) 감다
0399	**a mountain slope**	☐	산비탈
0400	**call off the game**	☐	경기를 취소하다

0401	**accelerate growth**	☐	성장을 촉진시키다
0402	**identical twins**	☐	일란성 쌍둥이
0403	**identity confusion**	☐	정체성 혼란
0404	**an attractive woman**	☐	매력적인 여자
0405	**urban culture**	☐	도시적 문화
0406	**a thrilling voyage to ancient sites**	☐	고대 유적지로의 스릴 넘치는 여행
0407	**an insufficient income**	☐	불충분한 수입
0408	**distinctive characteristics**	☐	구분되는 특징
0409	**an eruption of a volcano**	☐	화산의 분출
0410	**an irregular interval**	☐	불규칙적인 간격
0411	**the Panama Canal**	☐	파나마 운하
0412	**an unstable Internet connection**	☐	불안정한 인터넷 연결
0413	**a geographical feature**	☐	지리적인 특징
0414	**eliminate famine**	☐	기근을 뿌리 뽑다
0415	**prevent the plague from spreading**	☐	전염병이 번지는 것을 예방하다
0416	**insomnia accompanied by stress**	☐	스트레스로 인해 수반되는 불면증
0417	**make vain efforts**	☐	헛수고를 하다
0418	**the residents of an apartment**	☐	아파트 주민들
0419	**imitate his voice exactly**	☐	그의 목소리를 똑같이 흉내내다
0420	**excel in every respect**	☐	모든 면에서 뛰어나다
0421	**receive a bunch of flowers**	☐	꽃 한 다발을 받다
0422	**a transformed structure**	☐	변형된 구조
0423	**thrive in swamps**	☐	늪지대에 번성하다
0424	**room for improvement**	☐	개선의 여지
0425	**a key component**	☐	중요한 요소

DAY 18

0426	**a holy duty**	☐	신성한 의무
0427	**chemical weapons**	☐	화학 무기
0428	**fix the hook firmly**	☐	고리를 단단히 고정하다
0429	**oriental medicine**	☐	동양 의학
0430	**attribute the cause to his carelessness**	☐	원인을 그의 부주의 탓으로 돌리다
0431	**depend on parents**	☐	부모에게 의존하다
0432	**catch up to the other horses**	☐	다른 말들을 따라잡다
0433	**fall behind the latest trends**	☐	최신 유행에 뒤처지다
0434	**keep pace with advancing technology**	☐	앞서가는 기술에 보조를 맞추다
0435	**an interaction between A and B**	☐	A와 B 사이의 상호 작용
0436	**an oyster shell**	☐	굴 껍데기
0437	**overflow the banks**	☐	둑을 범람하다
0438	**a technology innovation**	☐	기술 혁신
0439	**space navigation**	☐	우주 항법
0440	**consumer price**	☐	소비자 가격
0441	**an advertising agency**	☐	광고 대행사
0442	**aim at the target**	☐	목표물을 조준하다
0443	**obvious evidence**	☐	명백한 증거
0444	**assemble parts**	☐	부품을 조립하다
0445	**replace her position**	☐	그녀의 자리를 대신하다
0446	**energy efficiency**	☐	에너지 효율
0447	**manual arts**	☐	수공예
0448	**a task manual**	☐	업무 교본
0449	**virtual monopoly**	☐	사실상의 독점
0450	**commercial law**	☐	상법

0451	import restrictions on agricultural products	☐	농산물에 대한 수입 제한
0452	advocate birth control	☐	산아 제한을 옹호하다
0453	a private enterprise	☐	사기업
0454	a ridiculous clown costume	☐	우스꽝스러운 광대 의상
0455	Nothing ventured, nothing gained.	☐	모험 없이는 얻는 것도 없다.
0456	the previous year	☐	전년도
0457	total sum of profits	☐	이익의 총합
0458	transfer to line number 4	☐	4호선으로 갈아타다
0459	apparent cheating	☐	명백한 사기 행위
0460	lighten the burden	☐	짐을 가볍게 하다
0461	surpass his rival	☐	경쟁자를 능가하다
0462	estimate the loss	☐	손실액을 추정하다
0463	pretend to work hard	☐	열심히 일하는 척하다
0464	an enthusiastic cheer	☐	열렬한 응원
0465	be promoted to manager	☐	지배인으로 승진하다
0466	sales promotion	☐	판매 촉진
0467	a shameful history	☐	부끄러운 역사
0468	get along with her colleagues	☐	동료들과 잘 지내다
0469	peer into a cave	☐	동굴 안을 응시하다
0470	lay off part-timers	☐	시간제 근로자들을 해고하다
0471	a temporary phenomenon	☐	일시적 현상
0472	an economic recession	☐	경기 후퇴
0473	be concerned about his health	☐	건강에 대해 염려하는
0474	stick out her tongue	☐	혓바닥을 내밀다
0475	confront the challenge	☐	도전에 직면하다

0476	**repair the broken raft**	☐	부서진 뗏목을 수리하다
0477	**strive for perfection**	☐	완벽해지려고 노력하다
0478	**the current educational system**	☐	현행 교육 제도
0479	**reach a conclusion**	☐	결론에 도달하다
0480	**an urgent situation**	☐	절박한 상황
0481	**reduce the trade deficit**	☐	무역 적자를 줄이다
0482	**distribute leaflets**	☐	전단을 배포하다
0483	**select at random**	☐	무작위로 고르다
0484	**fill in the blanks**	☐	빈칸을 채우다
0485	**20% discount**	☐	20퍼센트 할인
0486	**rent a tour bus**	☐	관광버스를 빌리다
0487	**various options**	☐	다양한 선택 사양
0488	**generation gap**	☐	세대 차이
0489	**the liberation of slaves**	☐	노예 해방
0490	**confirm the reservation**	☐	예약을 확인하다
0491	**notify in advance**	☐	사전에 공지하다
0492	**prior to departure time**	☐	출발 시각 이전에
0493	**attach a memo on the door**	☐	문에 메모를 붙이다
0494	**luggage labels**	☐	수하물 표
0495	**hazardous chemicals**	☐	유해 화학 물질
0496	**a dim light**	☐	희미한 불빛
0497	**accommodations at a resort**	☐	휴양지의 숙박 시설
0498	**cancel the performance**	☐	공연을 취소하다
0499	**interrupt a conversation**	☐	대화에 끼어들다
0500	**an astonishing outcome**	☐	놀라운 결과

DAY 21

0501	**an incredible victory**	☐	믿기지 않는 승리
0502	**have a big appetite**	☐	식욕이 왕성하다
0503	**settle his curiosity**	☐	호기심을 해결하다
0504	**rear her children**	☐	애들을 키우다
0505	**exit through a rear door**	☐	뒷문을 통해 빠져나가다
0506	**catch a glimpse of the woman**	☐	여자를 흘끗 쳐다보다
0507	**get autographs from celebrities**	☐	유명 인사들한테 사인을 받다
0508	**encounter an objection**	☐	반대에 부딪히다
0509	**as I mentioned before**	☐	전에 말한 바와 같이
0510	**feel dizzy**	☐	어지러움을 느끼다
0511	**modify the entire sentence**	☐	전체 문장을 수정하다
0512	**take a day off**	☐	하루 쉬다
0513	**marvelous magic**	☐	놀라운 마술
0514	**drink an alcohol beverage**	☐	알콜 음료를 마시다
0515	**a pregnant woman**	☐	임신한 여자
0516	**the infant death rate**	☐	영아 사망률
0517	**a vital factor**	☐	필수적인 요소
0518	**moderate exercise**	☐	적절한 운동
0519	**stimulate sensory nerves**	☐	감각 신경을 자극하다
0520	**refrain from smoking**	☐	흡연을 삼가다
0521	**a nasty voice**	☐	징그러운 목소리
0522	**undergo cosmetic surgery**	☐	성형 수술을 받다
0523	**take turns doing the dishes**	☐	설거지를 번갈아 하다
0524	**excessive consumption**	☐	과도한 소비
0525	**present a hypothesis**	☐	가설을 제기하다

DAY 22

0526	an immortal god	☐	불멸의 신
0527	take appropriate measures	☐	적절한 조치를 취하다
0528	the Minister of Foreign Affairs	☐	외무 장관
0529	resign his position as head coach	☐	감독직을 사임하다
0530	an obligatory education	☐	의무 교육
0531	bow and arrow	☐	활과 화살
0532	fulfill his ambition	☐	야망을 이루다
0533	encourage the players	☐	선수들을 격려하다
0534	dreams come true	☐	꿈이 이루어지다
0535	drop out of school	☐	학교를 중퇴하다
0536	major in philosophy	☐	철학을 전공하다
0537	raise tuition	☐	수업료를 인상하다
0538	numbers with four digits	☐	네 자리 숫자
0539	a graduation ceremony	☐	졸업식
0540	take over his father's business	☐	아버지의 사업을 이어받다
0541	a rigid discipline	☐	엄격한 규율
0542	a military vehicle	☐	군용 차량
0543	win at all costs	☐	어떻게 해서든 이기다
0544	determine her career	☐	진로를 결정하다
0545	a future-oriented perspective	☐	미래 지향적인 시각
0546	an essential element	☐	필수적인 요소
0547	conform to the custom	☐	관습에 순순히 따르다
0548	endless toil	☐	끝없는 노역
0549	fit into a frame	☐	액자에 들어맞다
0550	an obstinate attitude	☐	완고한 태도

0551	**unconditional surrender**	☐	무조건적 항복
0552	**take after his father**	☐	아버지를 닮다
0553	**ripe fruit**	☐	익은 과일
0554	**yield a seat**	☐	자리를 양보하다
0555	**conquer the highest peak**	☐	최고봉을 정복하다
0556	**code of conduct brochure**	☐	행동지침을 담은 소책자
0557	**demonstrate her talent**	☐	재능을 보여주다
0558	**a faithful dog**	☐	충성스런 개
0559	**move the audience**	☐	관객을 감동시키다
0560	**try on a graceful wedding dress**	☐	우아한 웨딩드레스를 입어보다
0561	**spectators of a show**	☐	쇼의 관람들
0562	**a prestigious award**	☐	권위 있는 상
0563	**durable architecture**	☐	오래가는 건축물
0564	**accomplish his dream**	☐	꿈을 성취하다
0565	**a flickering flashlight**	☐	깜박이는 전등빛
0566	**deserve praise**	☐	칭찬을 받을 만하다
0567	**a first impression**	☐	첫인상
0568	**an eloquence contest**	☐	웅변대회
0569	**humble clothes**	☐	남루한 옷
0570	**accumulate wealth**	☐	부를 축적하다
0571	**leave his fortune to his widow**	☐	미망인에게 재산을 남기다
0572	**refuse the reward**	☐	사례를 거절하다
0573	**attain a satisfactory result**	☐	만족스러운 결과를 얻다
0574	**a considerable amount**	☐	상당한 양
0575	**clear her debts**	☐	빚을 청산하다

0576	**amount to one billion won**	☐	십억 원에 이르다
0577	**modest about his achievements**	☐	그의 성취에 대해 겸손한
0578	**carry on the unfruitful experiment**	☐	성과 없는 실험을 계속하다
0579	**escape from prison**	☐	감옥에서 탈출하다
0580	**prosperous business**	☐	번창하는 사업
0581	**frustrate her efforts**	☐	노력을 좌절시키다
0582	**necessary qualifications**	☐	필요한 자격
0583	**a proper name**	☐	적절한 명칭
0584	**regard military service as a must**	☐	군복무를 의무로 여기다
0585	**enclose a resume**	☐	이력서를 동봉하다
0586	**submit assignments**	☐	과제물을 제출하다
0587	**sales department**	☐	영업부
0588	**register as a member**	☐	회원으로 등록하다
0589	**obtain information**	☐	정보를 얻다
0590	**free of charge**	☐	무료인
0591	**participate in the movie festival**	☐	영화제에 참가하다
0592	**further study**	☐	심화 학습
0593	**give instructions to the trainees**	☐	훈련생들에게 가르침을 주다
0594	**disturb his work**	☐	일을 방해하다
0595	**whisper in her ear**	☐	귀에 대고 속삭이다
0596	**persistent effort**	☐	끈질긴 노력
0597	**a bad temper**	☐	나쁜 성질
0598	**irresistible temptation**	☐	저항할 수 없는 유혹
0599	**a dictation test**	☐	받아쓰기 시험
0600	**digest food**	☐	음식을 소화하다

0601	**despise the poor**	☐	가난한 사람을 무시하다
0602	**complain constantly**	☐	끊임없이 불평하다
0603	**arouse interest**	☐	관심을 불러일으키다
0604	**be fed up with studying**	☐	공부에 질리다
0605	**shuffle the papers**	☐	종이를 뒤섞다
0606	**resolve to quit smoking**	☐	담배 끊기로 결심하다
0607	**suggest a new idea**	☐	새로운 아이디어를 제안하다
0608	**a swollen face**	☐	부은 얼굴
0609	**a fundamental change**	☐	근본적인 변화
0610	**trade surplus**	☐	무역 흑자
0611	**loyalty to our country**	☐	국가에 대한 충성
0612	**a suburban area**	☐	교외 지역
0613	**rake dead leaves**	☐	낙엽을 (갈퀴로) 긁어모으다
0614	**pursue his ideals**	☐	이상을 추구하다
0615	**retirement pension**	☐	퇴직 연금
0616	**devote his life to the care of homeless people**	☐	노숙자를 돌보는 데 평생을 바치다
0617	**for the sake of our children**	☐	우리 아이들을 위해
0618	**cooperation among countries**	☐	국가간의 협조
0619	**collect stamps**	☐	우표를 수집하다
0620	**donate his organs**	☐	장기를 기증하다
0621	**name a planet after an astronomer**	☐	천문학자 이름을 따서 행성을 이름짓다
0622	**an international charity**	☐	국제적 자선 단체
0623	**an ingenious physicist**	☐	천재적인 물리학자
0624	**write her autobiography**	☐	자서전을 쓰다
0625	**refer to a dictionary**	☐	사전을 참조하다

DAY 26

0626	**run for mayor**	☐	시장직에 출마하다
0627	**lie down on her belly**	☐	배를 대고 눕다
0628	**a disappointing result**	☐	실망스러운 결과
0629	**compare the candidates for election**	☐	선거 입후보자들을 비교하다
0630	**a thrifty housewife**	☐	검소한 주부
0631	**student council**	☐	학생 자치회
0632	**an extravagant habit**	☐	사치스러운 습관
0633	**rule out the possibility**	☐	가능성을 배제하다
0634	**leave out unimportant parts**	☐	중요하지 않은 부분을 빼다
0635	**some accurate data**	☐	정확한 자료들
0636	**tend to be talkative**	☐	말을 많이 하는 경향이 있다
0637	**associate red with the devil**	☐	붉은 색을 악마와 연관시키다
0638	**shed a hypocritical tear**	☐	위선적인 눈물을 흘리다
0639	**a primary concern**	☐	주된 관심사
0640	**enhance public service**	☐	공공 서비스를 강화하다
0641	**exploit solar energy**	☐	태양 에너지를 이용하다
0642	**exert himself to succeed**	☐	성공하기 위해 노력하다
0643	**a dominant influence**	☐	지배적인 영향력
0644	**a conservative party**	☐	보수 정당
0645	**a diminishing birth rate**	☐	감소하는 출산율
0646	**avoid commenting**	☐	언급을 회피하다
0647	**Federal Bureau of Investigation**	☐	미 연방수사국(FBI)
0648	**a Blue House spokesman**	☐	청와대 대변인
0649	**guitar strings**	☐	기타 줄
0650	**give money in return**	☐	답례로 돈을 주다

0651	**an entertainer's manager**	☐	연예인 매니저
0652	**an entertainment facility**	☐	오락 시설
0653	**worn-out clothes**	☐	낡은 옷
0654	**company executive**	☐	회사 중역
0655	**leaking water**	☐	새는 물
0656	**display confidence**	☐	자신감을 보이다
0657	**deny flatly**	☐	단호하게 부인하다
0658	**a logical contradiction**	☐	논리적 모순
0659	**sacrifice her life**	☐	삶을 희생하다
0660	**retain his post**	☐	직책을 유지하다
0661	**destroy human dignity**	☐	인간의 존엄성을 파괴하다
0662	**reconcile with North Korea**	☐	북한과 화해하다
0663	**commit a murder**	☐	살인을 저지르다
0664	**suicide bombing attack**	☐	자살 폭탄 공격
0665	**a poisonous gas**	☐	독가스
0666	**a vague definition**	☐	모호한 정의
0667	**suppose that nuclear war breaks out**	☐	핵전쟁이 일어난다고 가정하다
0668	**a lingering memory**	☐	남아 있는 기억
0669	**thrust a chair forward**	☐	의자를 앞으로 밀치다
0670	**accept bribes**	☐	뇌물을 받다
0671	**a person in charge of the project**	☐	프로젝트를 책임지고 있는 사람
0672	**dismiss the vice president**	☐	부통령을 해임하다
0673	**a corrupted politician**	☐	부패한 정치인
0674	**politicians involved in the scandal**	☐	스캔들에 연루된 정치인들
0675	**scheme to overthrow the government**	☐	정부를 전복시키려는 계획

DAY 28

0676	**trail her skirt**	☐	치마를 질질 끌다
0677	**trial and error**	☐	시행착오
0678	**attend the trial**	☐	재판에 출석하다
0679	**transactions between companies**	☐	기업간의 거래
0680	**a decayed tooth**	☐	썩은 이빨
0681	**testimony of a witness**	☐	목격자의 증언
0682	**arrest a thief on the spot**	☐	현장에서 도둑을 체포하다
0683	**detect numerous flaws**	☐	수많은 결함을 찾아내다
0684	**follow his conscience**	☐	양심을 따르다
0685	**a haunting memory**	☐	지워지지 않는 기억
0686	**a vivid description**	☐	생생한 묘사
0687	**speak without hesitation**	☐	주저 없이 말하다
0688	**intrude on her privacy**	☐	사생활을 침해하다
0689	**revise his manuscripts**	☐	원고를 수정하다
0690	**the author of the book**	☐	그 책의 저자
0691	**find fault with others**	☐	다른 사람의 흠을 잡다
0692	**a lump of fat**	☐	지방 덩어리
0693	**constructive criticism**	☐	건설적인 비판
0694	**drug addiction**	☐	약물 중독
0695	**reveal the secret**	☐	비밀을 드러내다
0696	**restore her reputation**	☐	명성을 되찾다
0697	**ruin the plan**	☐	계획을 망치다
0698	**suppress the freedom of the press**	☐	언론의 자유를 억압하다
0699	**consider every aspect**	☐	모든 측면을 고려하다
0700	**tolerate his rudeness**	☐	무례를 참다

0701	**engage in war**	☐	전쟁에 개입하다
0702	**an engagement ring**	☐	약혼 반지
0703	**a notorious Roman emperor**	☐	악명 높은 로마 황제
0704	**rebel against the government**	☐	정부에 대항해 반란을 일으키다
0705	**achieve the ultimate goal**	☐	최종 목표를 달성하다
0706	**capture the tiger alive**	☐	호랑이를 산 채로 잡다
0707	**confine an insane person**	☐	미친 사람을 가두다
0708	**put down the riot**	☐	폭동을 진압하다
0709	**move swiftly**	☐	신속하게 움직이다
0710	**capital letters**	☐	대문자
0711	**resort to drug-taking**	☐	약물에 의존하다
0712	**violate rules**	☐	규칙을 위반하다
0713	**violent behavior**	☐	폭력적인 행위
0714	**adopt a couple of kids**	☐	두 아이를 입양하다
0715	**adopt a new resolution**	☐	새 결의안을 채택하다
0716	**flexible body**	☐	유연한 몸
0717	**strategies and tactics**	☐	전략과 전술
0718	**occupy too much space**	☐	너무 많은 공간을 차지하다
0719	**occupational training**	☐	직업 훈련
0720	**a withering flower**	☐	시드는 꽃
0721	**hold out to the end**	☐	끝까지 버티다
0722	**advantageous circumstances**	☐	유리한 환경
0723	**reverse a tape**	☐	테이프를 되감다
0724	**deprive him of the gold medal**	☐	그에게서 금메달을 박탈하다
0725	**the tyrant Nero**	☐	폭군 네로

0726	**obey the command**	☐	명령에 복종하다
0727	**collapse of a regime**	☐	정권의 붕괴
0728	**a train bound for Busan**	☐	부산행 열차
0729	**He is bound to fail.**	☐	그는 반드시 실패하게 되어 있다.
0730	**condemn the US bombing attack**	☐	미국의 폭격을 비난하다
0731	**condemn him to life in prison**	☐	그에게 무기징역을 선고하다
0732	**invade a neighboring country**	☐	이웃 나라를 침략하다
0733	**a long-lasting companionship**	☐	오래 가는 우정
0734	**the independence of a colony**	☐	식민지의 독립
0735	**the Declaration of Independence**	☐	독립 선언문
0736	**a flourishing tourist industry**	☐	번창하는 관광 산업
0737	**an immense comet**	☐	거대한 혜성
0738	**erect a monument**	☐	기념비를 세우다
0739	**the noble class**	☐	귀족 계급
0740	**appeal to the emotions**	☐	감정에 호소하다
0741	**sing the national anthem**	☐	국가를 부르다
0742	**kneel down on the floor**	☐	마룻바닥에 무릎을 꿇다
0743	**a sincere prayer**	☐	진심어린 기도
0744	**the souls of the deceased**	☐	죽은 자의 영혼
0745	**Supreme Court**	☐	대법원
0746	**locate the destination on a map**	☐	지도에서 목적지를 찾아내다
0747	**ban abortion**	☐	낙태를 금지하다
0748	**protest against wage cuts**	☐	임금 삭감에 항의하다
0749	**armed bodyguards**	☐	무장한 경호원들
0750	**a bitter experience of life**	☐	인생의 쓴 경험

0751	**a controversy over genetic research**	☐	유전자 연구에 대한 논쟁
0752	**cope with stress**	☐	스트레스에 대처하다
0753	**bind the bundle with a cord**	☐	끈으로 꾸러미를 묶다
0754	**resume the summit talks**	☐	정상 회담을 재개하다
0755	**broadcast a documentary**	☐	다큐멘터리를 방영하다
0756	**answer simultaneously**	☐	동시에 대답하다
0757	**light a torch**	☐	횃불을 밝히다
0758	**appoint him ambassador**	☐	그를 대사로 임명하다
0759	**a mutual interest**	☐	서로의 관심사
0760	**foster self-confidence**	☐	자신감을 기르다
0761	**grasp the meaning within context**	☐	문맥으로 뜻을 이해하다
0762	**built-up dust**	☐	쌓인 먼지
0763	**a permanent peace treaty**	☐	항구적인 평화 협정
0764	**fall into illusion**	☐	착각에 빠지다
0765	**elevate the status of teachers**	☐	교사의 지위를 향상시키다
0766	**smash a ball**	☐	공을 강하게 때리다
0767	**struggle against prejudice**	☐	편견에 맞서 투쟁하다
0768	**racial discrimination**	☐	인종 차별
0769	**oppress the intellectuals**	☐	지식인들을 탄압하다
0770	**poverty-stricken people**	☐	가난에 찌든 사람들
0771	**do away with the death penalty**	☐	사형 제도를 폐지하다
0772	**illegal immigration**	☐	불법 이민
0773	**a mental disorder**	☐	정신 이상
0774	**amend the constitution**	☐	헌법을 개정하다
0775	**reject the proposal**	☐	제안을 거절하다

DAY 32

0776	**diverse races**	☐	다양한 인종
0777	**long for eternal youth**	☐	영원한 젊음을 갈망하다
0778	**a refugee camp**	☐	난민 수용소
0779	**according to the survey**	☐	조사에 따르면
0780	**indifferent to politics**	☐	정치에 무관심한
0781	**national security**	☐	국가 안보
0782	**hire a baby-sitter**	☐	아기 봐주는 사람을 고용하다
0783	**extend the expiration date**	☐	만기일자를 연장하다
0784	**an unceasing argument**	☐	끊임없는 논쟁
0785	**an annoying pest**	☐	성가신 해충
0786	**leap over a fence**	☐	담을 뛰어 넘다
0787	**impose tariffs**	☐	관세를 부과하다
0788	**trade sanction**	☐	무역 제재
0789	**diplomatic friction**	☐	외교적 마찰
0790	**meet him halfway regarding the matter**	☐	그 문제에 관해 그와 타협하다
0791	**continue the dispute**	☐	논쟁을 계속하다
0792	**set priorities**	☐	우선순위를 정하다
0793	**increase the defense budget gradually**	☐	국방 예산을 점진적으로 늘리다
0794	**approve her plan**	☐	그녀의 계획에 찬성하다
0795	**administrate the law**	☐	법률을 시행하다
0796	**alternative energy like wind power**	☐	풍력 같은 대체 에너지
0797	**annual revenue**	☐	연간 수입
0798	**overwhelm the opponent**	☐	상대를 압도하다
0799	**a nationwide strike**	☐	전국적 파업
0800	**legislate new laws**	☐	새로운 법을 제정하다

0801	**find a clue to the murder**	☐	살인 사건의 단서를 찾아내다
0802	**kill animals brutally**	☐	잔인하게 동물을 죽이다
0803	**search for a missing child**	☐	실종된 아이를 수색하다
0804	**distinguish reality from dreams**	☐	꿈과 현실을 구분하다
0805	**virtue and vice**	☐	선과 악
0806	**dip the index finger into water**	☐	검지를 물에 살짝 담그다
0807	**correspond regularly with a friend**	☐	친구와 정기적으로 연락하다
0808	**correspond to what he said**	☐	그가 말한 것과 일치하다
0809	**a psychological analysis**	☐	심리학적 분석
0810	**accuse her of cheating**	☐	그녀를 사기죄로 고발하다
0811	**kidnap a five-year-old boy**	☐	다섯 살 난 소년을 유괴하다
0812	**a millionaire's heir**	☐	백만장자의 상속자
0813	**feel guilty about an accident**	☐	사고에 대해 죄책감을 느끼다
0814	**plead for release of hostages**	☐	인질 석방을 간청하다
0815	**perceive his mistake**	☐	실수를 깨닫다
0816	**a reckless attempt**	☐	무모한 시도
0817	**a weird voice**	☐	기이한 목소리
0818	**wander in the wilderness**	☐	황야를 떠돌다
0819	**be aware of the danger**	☐	위험을 의식하다
0820	**stare blankly**	☐	멍하니 쳐다보다
0821	**a narrow aisle**	☐	좁은 복도
0822	**scream sharply**	☐	날카롭게 비명을 지르다
0823	**shudder in horror**	☐	공포에 떨다
0824	**inform her of the good news**	☐	그녀에게 좋은 소식을 알려주다
0825	**breathe a sigh of relief**	☐	안도의 한숨을 쉬다

DAY 34

0826	**penetrate his chest**	☐	그의 가슴을 관통하다
0827	**a critical condition**	☐	위중한 상태
0828	**deliberately delay the game**	☐	고의적으로 경기를 지연시키다
0829	**an uncertain future**	☐	불확실한 미래
0830	**a heap of ashes**	☐	잿더미
0831	**a sudden death**	☐	갑작스러운 죽음
0832	**an explosion of anger**	☐	분노의 폭발
0833	**put out the fire**	☐	불을 끄다
0834	**free verse**	☐	자유시
0835	**heal a wound**	☐	상처를 치유하다
0836	**a cargo vessel**	☐	화물 선박
0837	**a blood vessel**	☐	혈관
0838	**sink to the sea bottom**	☐	바다 밑에 가라앉다
0839	**leave no trace**	☐	자취를 남기지 않다
0840	**Mediterranean climate**	☐	지중해성 기후
0841	**expedition to the Antarctic**	☐	남극 탐험
0842	**a tragic ending**	☐	비극적 결말
0843	**an outdoor sculpture exhibition**	☐	야외 조각 전시회
0844	**chew tough, hard food**	☐	질기고 딱딱한 음식을 씹다
0845	**self insight**	☐	자아 성찰
0846	**ancient civilization**	☐	고대 문명
0847	**sow seeds**	☐	씨를 뿌리다
0848	**mount pictures on the wall**	☐	벽에 그림을 걸다
0849	**draw a portrait**	☐	초상화를 그리다
0850	**a magnificent palace**	☐	웅장한 궁전

0851	date back to the Stone Age	☐	석기 시대로 거슬러 올라가다
0852	speed limit	☐	속도 제한
0853	get an inspiration	☐	영감을 얻다
0854	have a splendid holiday	☐	멋진 휴일을 보내다
0855	explore the moon	☐	달을 탐험하다
0856	bury the treasure	☐	보물을 묻다
0857	insist on going alone	☐	혼자 갈 것을 고집하다
0858	a panting runner	☐	헐떡거리는 주자
0859	sell at an auction	☐	경매에서 팔다
0860	indicate a temperature	☐	온도를 나타내다
0861	a legendary hero	☐	전설적인 영웅
0862	Greek myths	☐	그리스 신화
0863	speak fluently like a native	☐	원어민처럼 유창하게 말하다
0864	the dialect in Gyeongsang Province	☐	경상도 사투리
0865	several years later	☐	몇 년 후에
0866	worship Greek gods	☐	그리스 신들을 섬기다
0867	a prevalent rumor	☐	자자한 소문
0868	introduction to anthropology	☐	인류학 입문
0869	a revolving door	☐	회전문
0870	a wicked witch	☐	사악한 마녀
0871	a wizard's spell	☐	마법사의 주문
0872	a terrific present	☐	멋진 선물
0873	descend steep stairs	☐	가파른 계단을 내려가다
0874	proceed along a path	☐	길을 따라 나아가다
0875	cross the border	☐	국경을 넘다

DAY 36

0876	**inaccessible area**	☐	접근이 어려운 지역
0877	**an ape-like face**	☐	원숭이처럼 생긴 얼굴
0878	**soothe a frightened kid**	☐	겁에 질린 아이를 달래다
0879	**emergence of dinosaurs**	☐	공룡의 출현
0880	**an alien from another galaxy**	☐	다른 은하에서 온 외계인
0881	**vanish like a ghost**	☐	귀신처럼 사라지다
0882	**celebrate a wedding anniversary**	☐	결혼기념일을 축하하다
0883	**cell tissue**	☐	세포 조직
0884	**stand out in the crowd**	☐	군중 속에서 돋보이다
0885	**a peculiar hobby**	☐	특이한 취미
0886	**a touching movie**	☐	감동적인 영화
0887	**receive warm hospitality**	☐	따뜻한 대접을 받다
0888	**shabby, stinking clothes**	☐	남루하고 냄새나는 옷
0889	**clothes suitable for the occasion**	☐	경우에 알맞은 옷차림
0890	**intimate relationships**	☐	친밀한 관계
0891	**get acquainted with the work**	☐	일에 대해 잘 알게 되다
0892	**crudely made products**	☐	조잡하게 만들어진 제품
0893	**comprehend the profound meaning**	☐	심오한 뜻을 이해하다
0894	**words implying his death**	☐	그의 죽음을 암시하는 말
0895	**an embarrassing situation**	☐	당황스런 상황
0896	**tease the little girl**	☐	여자애를 못살게 굴다
0897	**ambiguous reply**	☐	애매모호한 대답
0898	**irritate the sensitive skin**	☐	민감한 피부를 자극하다
0899	**a timid mind**	☐	소심한 마음
0900	**blushed cheeks**	☐	발그레한 볼

0901	**look down on the disabled**	☐	장애인을 무시하다
0902	**appreciate the rural scenery**	☐	시골 풍경을 감상하다
0903	**a miserable defeat**	☐	참담한 패배
0904	**disguise as a woman**	☐	여자로 변장하다
0905	**recognize his handwriting at a glance**	☐	필체를 한눈에 알아보다
0906	**recognize her authority**	☐	권위를 인정하다
0907	**lose his belongings**	☐	소지품을 분실하다
0908	**belong to an elite club**	☐	엘리트 클럽에 소속되다
0909	**extreme affection**	☐	지나친 애정
0910	**adapt to new surroundings**	☐	새 환경에 적응하다
0911	**an utter liar**	☐	순 거짓말쟁이
0912	**utterly exhausted**	☐	완전히 지친
0913	**That book is worth reading.**	☐	그 책은 읽을 가치가 있다.
0914	**derive lessons from the story**	☐	이야기에서 교훈을 얻어내다
0915	**observe the heavenly bodies**	☐	천체를 관찰하다
0916	**observe traffic regulations**	☐	교통 법규를 지키다
0917	**a mature appearance**	☐	성숙한 외모
0918	**spare some time**	☐	시간을 좀 내다
0919	**greet politely**	☐	정중하게 인사하다
0920	**a single fare**	☐	편도 요금
0921	**pay attention to the lecture**	☐	강의에 주의를 기울이다
0922	**approach cautiously**	☐	조심스럽게 접근하다
0923	**color contrast effect**	☐	색 대비 효과
0924	**an awkward pause**	☐	어색한 침묵
0925	**drag the mouse**	☐	마우스를 드래그하다

0926	a comfortable armchair	☐	편한 팔걸이 의자
0927	interpret a phrase	☐	어구를 해석하다
0928	creep up the wall	☐	벽을 기어오르다
0929	a sound mind in a sound body	☐	건강한 육체에 건전한 정신
0930	sound asleep	☐	깊이 잠든
0931	set off on a journey	☐	여행을 시작하다
0932	embrace her passionately	☐	그녀를 열정적으로 포옹하다
0933	offensive remark	☐	모욕적인 발언
0934	gather in the square	☐	광장에 모이다
0935	calm the screaming baby	☐	우는 아이를 진정시키다
0936	a literal meaning	☐	문자 그대로의 의미
0937	exaggerate his career	☐	경력을 과장하다
0938	feel inclined to marry her	☐	그녀와 결혼하는 쪽으로 마음이 기울다
0939	apologize reluctantly	☐	마지못해 사과하다
0940	a depressed mood	☐	우울한 기분
0941	pet a barking dog	☐	짖는 개를 쓰다듬다
0942	tear up a letter	☐	편지를 찢어버리다
0943	throw away the garbage	☐	쓰레기를 버리다
0944	deceive the people around him	☐	주변 사람을 속이다
0945	a trustworthy merchant	☐	믿을 만한 상인
0946	regret her past	☐	과거를 후회하다
0947	a complete waste of time	☐	완전한 시간 낭비
0948	look back on his adolescence	☐	청소년기를 되돌아보다
0949	get upset over trivial things	☐	사소한 일 때문에 화를 내다
0950	get used to spicy food	☐	매운 음식에 익숙해지다

0951	**see him off at the airport**	☐	공항에서 그를 배웅하다
0952	**show up at a meeting**	☐	모임에 나타나다
0953	**torture a suspect**	☐	용의자를 고문하다
0954	**sob with grief**	☐	슬픔으로 흐느껴 울다
0955	**settle down in a village**	☐	한 마을에 정착하다
0956	**wake up at dawn**	☐	새벽에 깨어나다
0957	**frequently occurring accidents**	☐	자주 일어나는 사고
0958	**a naive idea**	☐	순진한 생각
0959	**give up hope**	☐	희망을 버리다
0960	**delight in the misfortunes of others**	☐	다른 사람의 불행을 기뻐하다
0961	**sorrow of breaking up**	☐	헤어짐의 슬픔
0962	**mating season for birds**	☐	새들의 짝짓기 계절
0963	**provoke a fierce dog**	☐	사나운 개를 화나게 하다
0964	**an arrogant look**	☐	건방진 표정
0965	**take advantage of his weak point**	☐	약점을 이용하다
0966	**a secondhand fridge**	☐	중고 냉장고
0967	**reflect the light from the sun**	☐	태양 광선을 반사하다
0968	**get over the crisis**	☐	위기를 극복하다
0969	**succeed on her own**	☐	자력으로 성공하다
0970	**interfere with his plan**	☐	계획을 방해하다
0971	**be absorbed in meditation**	☐	명상에 잠기다
0972	**a sacred ritual**	☐	성스러운 의식
0973	**awful accidents taking place on the road**	☐	도로에서 일어나는 끔찍한 사고
0974	**postpone the game due to rain**	☐	비 때문에 게임을 연기하다
0975	**a priest's sermon**	☐	신부의 설교

DAY 40

0976	**burst into laughter**	☐	웃음을 터뜨리다
0977	**a Buddhist temple**	☐	불교 사원
0978	**spoiled food**	☐	상한 음식
0979	**solemn atmosphere**	☐	엄숙한 분위기
0980	**yawn from drowsiness**	☐	졸려서 하품하다
0981	**snore during sleeping**	☐	자는 동안 코를 골다
0982	**My grandfather passed away years ago.**	☐	할아버지는 몇 년 전에 돌아가셨다.
0983	**a farewell party**	☐	송별 파티
0984	**arrange books in order**	☐	순서대로 책을 정리하다
0985	**a fading memory**	☐	희미해지는 기억
0986	**suffer from an incurable disease**	☐	불치병으로 고통받다
0987	**cherish the memory**	☐	추억을 간직하다
0988	**a precious gemstone**	☐	귀한 보석
0989	**motivation for a crime**	☐	범행 동기
0990	**agitate the mob**	☐	폭도를 선동하다
0991	**take roughly three hours**	☐	대략 세 시간 걸리다
0992	**patients diagnosed with terminal lung cancer**	☐	말기 폐암으로 진단받은 환자들
0993	**starving children in Africa**	☐	아프리카의 굶주리는 아이들
0994	**a sore throat**	☐	쓰라린 목구멍
0995	**bang his fist on the table**	☐	주먹으로 탁자를 꽝 치다
0996	**bone and flesh**	☐	뼈와 살
0997	**transplant a kidney**	☐	신장을 이식하다
0998	**grow a beard**	☐	턱수염을 기르다
0999	**a skeleton of a monkey**	☐	원숭이 뼈
1000	**get rid of wrinkles in the forehead**	☐	이마의 주름을 제거하다

1001	**straighten curly hair**	☐	곱슬머리를 펴다
1002	**weary of hard training**	☐	힘든 훈련에 지친
1003	**be content with the results**	☐	결과에 만족하다
1004	**chronic fatigue**	☐	만성 피로
1005	**take a nap after lunch**	☐	점심 먹고 낮잠을 자다
1006	**a slender model**	☐	날씬한 모델
1007	**gasp after running**	☐	뛰고 나서 헐떡거리다
1008	**an idle farmer**	☐	빈둥거리는 농부
1009	**a restless night**	☐	뒤척이는 밤
1010	**a typhoon alert signal**	☐	태풍 경계경보
1011	**stretch the body**	☐	몸을 쭉 펴다
1012	**choked by smoke**	☐	연기에 질식된
1013	**a bruised eye**	☐	멍든 눈
1014	**nail the coffin**	☐	관에 못을 박다
1015	**bury him at the cemetery**	☐	그를 공동묘지에 묻다
1016	**crippled body**	☐	불구가 된 몸
1017	**endure acute pain**	☐	극심한 통증을 견디다
1018	**My hands are numb from the cold.**	☐	추워서 손에 감각이 없다.
1019	**arm stung by a bee**	☐	벌에 쏘인 팔
1020	**swallow pills**	☐	알약을 삼키다
1021	**take one tablet at a time**	☐	한번에 한 알씩 복용하다
1022	**a commonplace incident**	☐	흔한 사고
1023	**a fragrant odor**	☐	향기로운 냄새
1024	**gaze at the horizon**	☐	수평선을 바라보다
1025	**add some flavor**	☐	조미료를 첨가하다

DAY 42

1026	**a beautiful landscape**	☐	아름다운 풍경
1027	**go sightseeing in Rome**	☐	로마 관광을 가다
1028	**slam the closet door**	☐	옷장 문을 쾅 닫다
1029	**slap his cheek**	☐	뺨을 때리다
1030	**blow a whistle**	☐	호루라기를 불다
1031	**flock to see Picasso's masterpieces**	☐	피카소의 명작들을 보기 위해 몰려들다
1032	**a herd of sheep**	☐	양 떼
1033	**hatch eggs**	☐	알을 부화시키다
1034	**a man worse than a beast**	☐	짐승만도 못한 인간
1035	**Bats and dolphins are both mammals.**	☐	박쥐와 돌고래 모두 포유동물이다.
1036	**front paws and hind legs**	☐	(짐승의) 앞발과 뒷다리
1037	**tame a wild horse**	☐	야생마를 길들이다
1038	**feed on worms**	☐	벌레를 먹고 살다
1039	**buzzing sound**	☐	(벌이) 윙윙거리는 소리
1040	**soar through the air**	☐	공중으로 날아오르다
1041	**swarm of grasshoppers**	☐	메뚜기 떼
1042	**cows grazing in a meadow**	☐	초원에서 풀을 뜯어먹는 소들
1043	**trim the lawn**	☐	잔디를 다듬다
1044	**tangled grape vine**	☐	뒤엉킨 포도 덩굴
1045	**a tree beginning to blossom**	☐	꽃 피기 시작하는 나무
1046	**vowels and consonants**	☐	모음과 자음
1047	**an elementary school**	☐	초등학교
1048	**English words stemming from Latin**	☐	라틴어에서 유래한 영어 단어들
1049	**pull out the roots of the weeds**	☐	잡초 뿌리를 뽑아내다
1050	**moss-covered rocks**	☐	이끼로 뒤덮인 바위

1051	**an ancestor of mankind**	☐	인류의 조상
1052	**fellowship at the workplace**	☐	직장에서의 동료의식
1053	**assure food safety**	☐	식품의 안전을 보증하다
1054	**folks in a village**	☐	마을의 주민들
1055	**figure out the concept of democracy**	☐	민주주의의 개념을 이해하다
1056	**stay a bachelor all his life**	☐	평생 독신으로 남다
1057	**treat her as a senior**	☐	그녀를 선배로 대접하다
1058	**contain nitrogen compounds**	☐	질소 화합물을 포함하다
1059	**analyze merits and defects**	☐	장점과 단점을 분석하다
1060	**a courteous lad**	☐	예의 바른 청년
1061	**succeed to the throne**	☐	왕위를 계승하다
1062	**a plowing peasant**	☐	쟁기질하는 농부
1063	**government decree**	☐	정부의 포고령
1064	**grant a doctor's degree**	☐	박사 학위를 수여하다
1065	**a patrol car**	☐	순찰차
1066	**whip the horse**	☐	말을 채찍질하다
1067	**fine him 30 dollars for speeding**	☐	과속으로 그에게 30달러 벌금을 매기다
1068	**strain at the rope**	☐	줄을 잡아당기다
1069	**stab with a spear**	☐	창으로 찌르다
1070	**fierce combat**	☐	치열한 전투
1071	**a parade of triumph**	☐	승리의 행진
1072	**a divine blessing**	☐	신의 은총
1073	**a parking lot**	☐	주차장
1074	**college dormitory**	☐	대학교 기숙사
1075	**hide in basement**	☐	지하실에 숨다

1076	**a kind-hearted landlord**	☐	마음씨 좋은 집주인
1077	**enroll in an intermediate course**	☐	중급 과정에 등록하다
1078	**lodge in London for a week**	☐	일주일간 런던에 머무르다
1079	**break into the house through the chimney**	☐	굴뚝을 통해 집안으로 침입하다
1080	**constitute nearly 25% of the whole population**	☐	전체 인구의 거의 25퍼센트를 차지하다
1081	**a gas chamber**	☐	가스실
1082	**a congratulatory address**	☐	축하 연설
1083	**install an air conditioner**	☐	에어컨을 설치하다
1084	**furnish electric power**	☐	전력을 공급하다
1085	**bare feet**	☐	맨발
1086	**rob a jewelry store**	☐	보석 가게를 털다
1087	**ragged patch**	☐	너덜너덜한 헝겊
1088	**T-shirts with stripes**	☐	줄무늬 티셔츠
1089	**preface to a book**	☐	책의 서문
1090	**strip off the paint**	☐	페인트칠을 벗겨내다
1091	**decorate the room**	☐	방을 꾸미다
1092	**Christmas tree ornaments**	☐	크리스마스 트리 장식
1093	**remove a stain on her clothes**	☐	옷에 묻은 얼룩을 제거하다
1094	**sweep dirt with broom**	☐	먼지를 빗자루로 쓸어내다
1095	**shave off his mustache**	☐	콧수염을 깎아버리다
1096	**wipe the corridor windows**	☐	복도 창문을 닦다
1097	**a language barrier**	☐	언어 장벽
1098	**purify contaminated water**	☐	오염된 물을 정화하다
1099	**a loaf of bread**	☐	빵 한 덩어리
1100	**make dough with flour**	☐	밀가루로 반죽하다

1101	**paste the wallpaper**	☐	벽지를 풀로 붙이다
1102	**spill the water**	☐	물을 흘리다
1103	**allow him to drink liquor**	☐	그가 술 마시는 것을 허락하다
1104	**peel the bark of a tree**	☐	나무껍질을 벗기다
1105	**stop by the school cafeteria**	☐	학교 매점에 들르다
1106	**suck her thumb**	☐	엄지손가락을 빨다
1107	**dissolve sugar in boiling water**	☐	설탕을 끓는 물에 녹이다
1108	**boycott foreign goods**	☐	외제 상품을 불매 운동하다
1109	**a draft for a new machine**	☐	새 기계의 설계도
1110	**butcher a hog**	☐	돼지를 도살하다
1111	**sell at a bargain price**	☐	헐값에 팔다
1112	**give a present in token of gratitude**	☐	감사의 표시로 선물을 하다
1113	**500 athletes representing Korea**	☐	한국을 대표하는 500명의 선수들
1114	**lose himself in gambling**	☐	도박에 빠지다
1115	**bet 100 dollars**	☐	100달러를 걸다
1116	**a puzzling riddle**	☐	헷갈리는 수수께끼
1117	**spin a top**	☐	팽이를 돌리다
1118	**knit a muffler**	☐	목도리를 짜다
1119	**sew socks**	☐	양말을 꿰매다
1120	**stitch a deep cut in his forehead**	☐	이마의 찢어진 부위를 꿰매다
1121	**a clumsy makeup**	☐	어설픈 화장
1122	**weave a straw mat**	☐	돗자리를 짜다
1123	**amusing tales**	☐	재미있는 이야기들
1124	**weep at the funeral**	☐	장례식에서 울다
1125	**moan with pain**	☐	고통으로 신음하다

DAY 46

1126	**mourn his death**	☐	죽음을 애도하다
1127	**a sequence of misfortunes**	☐	불행의 연속
1128	**gorgeous sunglasses**	☐	멋진 선글라스
1129	**furious waves**	☐	성난 파도
1130	**growl savagely**	☐	사납게 으르렁거리다
1131	**an awesome spectacle**	☐	경이로운 장관
1132	**a dreadful nightmare**	☐	무시무시한 악몽
1133	**a boy seized with panic**	☐	공포에 사로잡힌 소년
1134	**a bold investment**	☐	과감한 투자
1135	**be startled by a knock on the door**	☐	문 두드리는 소리에 놀라다
1136	**an itchy back**	☐	가려운 등
1137	**yearn for success**	☐	성공을 열망하다
1138	**work with zeal**	☐	열의를 가지고 일하다
1139	**wag the tail**	☐	꼬리를 흔들다
1140	**an earnest discussion**	☐	진지한 토론
1141	**a witty joke**	☐	재치 있는 농담
1142	**remarkable progress**	☐	상당한 진전
1143	**feel flattered by compliments**	☐	칭찬을 듣고 우쭐해지다
1144	**a roaring lioness**	☐	으르렁대는 암사자
1145	**illustrate the procedure**	☐	과정을 보여주다
1146	**a marriage oath**	☐	결혼 서약
1147	**grumble about her wage**	☐	봉급에 대해 불평하다
1148	**poetry and prose**	☐	시와 산문
1149	**get a better grade this semester**	☐	이번 학기에 더 좋은 성적을 거두다
1150	**solve arithmetic problems**	☐	산수 문제를 풀다

1151	love you indeed	☐	당신을 정말로 사랑하다
1152	scarce oxygen	☐	희박한 산소
1153	reap fruit	☐	열매를 거둬들이다
1154	make a bowl from clay	☐	찰흙으로 그릇을 만든다
1155	fix up a barn	☐	외양간을 고치다
1156	a barren pasture	☐	황량한 목초지
1157	dairy products	☐	유제품
1158	a low interest loan	☐	저금리 대출
1159	endow a scholarship	☐	장학금을 기증하다
1160	renew a driving license	☐	운전면허증을 갱신하다
1161	the social function of education	☐	교육의 사회적 기능
1162	sort out rotten apples	☐	썩은 사과들을 골라내다
1163	tackle the drug problem	☐	마약 문제에 대처하다
1164	carry his baggage	☐	짐을 나르다
1165	pave the crooked road	☐	도로를 포장하다
1166	shovel the sand and pebble	☐	모래와 자갈을 푸다
1167	grind her teeth	☐	이를 갈다
1168	store grain	☐	곡식을 저장하다
1169	squeeze a lemon	☐	레몬을 짜다
1170	chop the log in half	☐	통나무를 반으로 자르다
1171	saw off a bough	☐	나뭇가지를 (톱으로) 잘라내다
1172	an exact meaning	☐	정확한 뜻
1173	a decrease in prices	☐	물가 하락
1174	grip a racket	☐	라켓을 쥐다
1175	seize his arm	☐	팔을 붙잡다

1176	**snatch his hand**	☐	손을 잡아채다
1177	**swing a bat**	☐	방망이를 휘두르다
1178	**fasten the buttons**	☐	단추를 끼우다
1179	**pinch her cheek**	☐	볼을 꼬집다
1180	**shiver with cold**	☐	추위서 부르르 떨다
1181	**sweat dripping down his nose**	☐	코에서 떨어지는 땀방울
1182	**link web sites**	☐	웹사이트로 연결하다
1183	**lock the door**	☐	문을 잠그다
1184	**a direct objective**	☐	직접 목적어
1185	**unnecessary anxiety**	☐	쓸데없는 걱정
1186	**hinder concentration**	☐	집중을 방해하다
1187	**prompt reaction**	☐	즉각적인 반응
1188	**keep up with his father's stride**	☐	아버지의 걸음을 따라잡다
1189	**tumble down the stairs**	☐	계단 아래로 굴러 떨어지다
1190	**crawl like a tortoise**	☐	거북이처럼 기어가다
1191	**walk with her hips swaying**	☐	엉덩이를 흔들며 걸어가다
1192	**a whirling propeller**	☐	돌아가는 프로펠러
1193	**toss the beggar a coin**	☐	거지에게 동전을 던져주다
1194	**pat his shoulder**	☐	어깨를 두드리다
1195	**rub with an eraser**	☐	지우개로 문지르다
1196	**shift the position**	☐	위치를 변경하다
1197	**save a drowning man**	☐	물에 빠진 사람을 구하다
1198	**fetch the police**	☐	경찰을 데려오다
1199	**hold a public hearing**	☐	공청회를 열다
1200	**medieval era**	☐	중세 시대

1201	**take up too much space**	☐	너무 많은 공간을 차지하다
1202	**mistake a woman for my girlfriend**	☐	어떤 여자를 여자친구로 착각하다
1203	**call for a ban on guns**	☐	총기 금지를 요청하다
1204	**call on a sick friend**	☐	아픈 친구를 방문하다
1205	**put up with his rudeness**	☐	무례함을 참다
1206	**put off the meeting**	☐	모임을 연기하다
1207	**turn the videos over to the police**	☐	비디오테이프를 경찰에 넘겨주다
1208	**look after kids all day long**	☐	애들을 하루 종일 돌보다
1209	**give off a lot of smoke**	☐	많은 연기를 내뿜다
1210	**give in to terrorists' demands**	☐	테러범들의 요구에 굴복하다
1211	**prolong the life span**	☐	수명을 연장하다
1212	**internal conflict**	☐	내부 갈등
1213	**interior illumination**	☐	실내조명
1214	**parallel bars**	☐	평행봉
1215	**marine resources**	☐	해양 자원
1216	**tidal power plant**	☐	조력 발전소
1217	**become the foremost scientist in the world**	☐	세계에서 제일가는 과학자가 되다
1218	**steer a boat**	☐	배를 조종하다
1219	**drift with the current**	☐	물결 따라 떠다니다
1220	**shrug her shoulders**	☐	어깨를 으쓱하다
1221	**spring breeze**	☐	봄바람
1222	**blast a skyscraper**	☐	고층 건물을 폭파하다
1223	**moist skin**	☐	촉촉한 피부
1224	**a pile of hay**	☐	건초 더미
1225	**a down-stuffed pillow**	☐	오리털로 채워진 베개

1226	**fold the blanket**	☐	이불을 개다
1227	**beat with a rod**	☐	몽둥이로 두들겨 패다
1228	**a red-brick house in flames**	☐	화염에 싸인 빨간 벽돌집
1229	**create a new world**	☐	새로운 세상을 창조하다
1230	**glow brilliantly**	☐	눈부시게 빛나다
1231	**look pale**	☐	창백해 보이다
1232	**a gigantic company**	☐	거대 회사
1233	**get infected with a fatal virus**	☐	치명적인 바이러스에 감염되다
1234	**lower a fever**	☐	열을 내리다
1235	**a mere accident**	☐	단순한 사고
1236	**delicate craftsmanship**	☐	섬세한 공예 솜씨
1237	**a subtle difference**	☐	미묘한 차이
1238	**grow up in a stern family**	☐	엄한 가정에서 자라다
1239	**a compact camera**	☐	소형 카메라
1240	**a keen sense of humor**	☐	날카로운 유머 감각
1241	**plain English**	☐	평이한 영어
1242	**the Great Plains**	☐	(미국의) 대평원
1243	**odd numbers**	☐	홀수
1244	**an odd mystery**	☐	기이한 미스터리
1245	**a queer voice**	☐	희한한 목소리
1246	**an exotic atmosphere**	☐	이국적 분위기
1247	**unavoidable doom**	☐	피할 수 없는 운명
1248	**rescue hostages**	☐	인질을 구출하다
1249	**flee abroad**	☐	외국으로 달아나다
1250	**prepare the dinner**	☐	저녁을 준비하다

1251	**a fairly diligent worker**	☐	아주 부지런한 일꾼
1252	**natural instinct**	☐	타고난 본능
1253	**be accustomed to a solitary life**	☐	고독한 생활에 익숙하다
1254	**a fake certificate**	☐	위조 자격증
1255	**a hot debate**	☐	열띤 토론
1256	**a biology professor**	☐	생물학 교수
1257	**mix in a one-to-three proportion**	☐	1:3의 비율로 섞다
1258	**wireless communication**	☐	무선 통신
1259	**doubt his intention**	☐	의도를 의심하다
1260	**a similar case**	☐	유사한 사건
1261	**an intense desire**	☐	강렬한 욕망
1262	**climb the ladder**	☐	사다리를 오르다
1263	**threaten to kill her**	☐	그녀를 죽이겠다고 협박하다
1264	**from a humanitarian point of view**	☐	인도주의적 관점에서
1265	**recycle paper**	☐	종이를 재활용하다
1266	**nod his head**	☐	고개를 끄덕이다
1267	**break an appointment**	☐	약속을 깨다
1268	**generally speaking**	☐	일반적으로 말하자면
1269	**raw materials**	☐	원료(원자재)
1270	**appreciate her kindness**	☐	친절에 감사하다
1271	**afford to buy a new car**	☐	새 차를 살 여유가 되다
1272	**a separated family**	☐	이산가족
1273	**claims based on facts**	☐	사실에 근거한 주장
1274	**take part in a feast**	☐	연회에 참석하다
1275	**recite poems**	☐	시를 암송하다

1276	**an automatic teller**	☐	(현금) 자동 입출금기
1277	**seal the envelope with glue**	☐	봉투를 풀로 봉합하다
1278	**a persuasive speech**	☐	설득력 있는 연설
1279	**coal mining**	☐	석탄 채굴
1280	**offer an equal opportunity**	☐	동등한 기회를 제공하다
1281	**plant patriotism**	☐	애국심을 심다
1282	**take immediate action**	☐	즉각적인 조치를 취하다
1283	**a medium of exchange**	☐	교환의 매개 수단
1284	**insert a coin into the slot**	☐	동전을 투입구에 집어넣다
1285	**raise livestock**	☐	가축을 키우다
1286	**a spiritual leader**	☐	정신적인 지도자
1287	**acknowledge defeat**	☐	패배를 인정하다
1288	**devise a new method**	☐	새로운 방법을 고안하다
1289	**block an enemy's attack**	☐	적의 공격을 막다
1290	**discard his faith**	☐	신념을 버리다
1291	**empty a trash can**	☐	쓰레기통을 비우다
1292	**every means available**	☐	동원할 수 있는 모든 수단
1293	**the effective range of a canon**	☐	대포의 유효 사정거리
1294	**crew and passengers on board**	☐	탑승 중인 승무원과 승객
1295	**impact of the Industrial Revolution**	☐	산업 혁명의 영향
1296	**a triple jump**	☐	삼단 뛰기
1297	**tip of the iceberg**	☐	빙산의 일각
1298	**win the lottery**	☐	복권에 당첨되다
1299	**gather a great deal of information**	☐	많은 양의 정보를 모으다
1300	**walk a puppy**	☐	강아지를 산책시키다

1301	**distract his attention**	☐	주의를 다른 데로 돌리다
1302	**forgive her generously**	☐	그녀를 너그럽게 용서하다
1303	**prescribe three doses of medicine**	☐	3회분의 약을 처방하다
1304	**rush to the station in haste**	☐	역으로 급히 달려가다
1305	**a majestic cathedral**	☐	웅장한 성당
1306	**combine two companies**	☐	두 회사를 합병하다
1307	**compel him to agree**	☐	그에게 동의하라고 강요하다
1308	**bear an insult**	☐	모욕을 참다
1309	**an aggressive marketing strategy**	☐	공격적인 마케팅 전략
1310	**for the rest of her life**	☐	남은 인생 동안
1311	**enter a teaching profession**	☐	교직에 발을 들이다
1312	**evaluate his capacity**	☐	능력을 평가하다
1313	**spray insecticide**	☐	살충제를 뿌리다
1314	**relax her mind**	☐	마음을 편안하게 하다
1315	**be sick of daily routines**	☐	일상적인 일에 싫증나다
1316	**repent his sin**	☐	죄를 뉘우치다
1317	**strengthen immunity**	☐	면역력을 증강시키다
1318	**convert to Islam**	☐	이슬람교로 개종하다
1319	**a vibrating voice**	☐	떨리는 목소리
1320	**an ill omen**	☐	불길한 징조
1321	**devour its prey**	☐	먹이를 먹어치우다
1322	**suspend a decision**	☐	결정을 보류하다
1323	**the Korean strait**	☐	대한 해협
1324	**a stray lamb**	☐	길 잃은 새끼 양
1325	**hate physical contact of any sort**	☐	어떤 종류의 신체 접촉도 싫어하다

1326	**enable man to travel to the moon**	☐	달로 여행하는 것을 가능하게 하다
1327	**a damp diaper**	☐	축축한 기저귀
1328	**owe his parents a lot**	☐	부모님께 많이 신세 지다
1329	**keep in a safe**	☐	금고에 보관하다
1330	**seek wisdom from her**	☐	그녀에게 지혜를 구하다
1331	**enlighten the ignorant**	☐	무식한 사람들을 일깨우다
1332	**an overly optimistic view**	☐	지나치게 낙관적인 시각
1333	**obtain nourishments**	☐	양분을 얻다
1334	**admire his bravery**	☐	용기를 찬양하다
1335	**own a mansion**	☐	대저택을 소유하다
1336	**perishable food**	☐	상하기 쉬운 음식
1337	**pay a visit to the Library of Congress**	☐	국회 도서관을 방문하다
1338	**pioneer a new trade route**	☐	새 무역로를 개척하다
1339	**subscribe to a fashion magazine**	☐	패션 잡지를 구독하다
1340	**be dismayed by an unexpected consequence**	☐	예상치 못한 결과에 당황하다
1341	**descendants of the warriors**	☐	전사의 후예들
1342	**transmit germs**	☐	병균을 옮기다
1343	**abide by regulations**	☐	규정을 준수하다
1344	**an almighty god**	☐	전능한 신
1345	**convey her thoughts**	☐	생각을 전달하다
1346	**murmur in an inaudible voice**	☐	들리지 않는 목소리로 중얼거리다
1347	**cooking utensils**	☐	요리 기구
1348	**a bullet scar**	☐	총상
1349	**spouse's consent to divorce**	☐	배우자의 이혼 합의
1350	**supervise construction**	☐	공사를 감독하다

DAY 55

1351	**individual taste**	☐	개인적 취향
1352	**a laboratory assistant**	☐	실험실 조수
1353	**chief ingredients**	☐	주요 성분
1354	**a noted writer**	☐	저명한 작가
1355	**nervous state**	☐	긴장된 상태
1356	**a false statement**	☐	허위 진술
1357	**an instant effect**	☐	즉각적인 효과
1358	**a burglar alarm**	☐	도난 경보기
1359	**a brisk pace**	☐	빠른 걸음걸이
1360	**a brief answer**	☐	짤막한 대답
1361	**be fond of dogs**	☐	개를 좋아하다
1362	**utilize tools**	☐	도구를 활용하다
1363	**a universal truth**	☐	보편적 진리
1364	**divide profits**	☐	이익을 나누다
1365	**surround a ten-story-building**	☐	10층 건물을 에워싸다
1366	**fly at an altitude of 35,000 feet**	☐	3만 5천 피트 고도에서 비행하다
1367	**remind him of his childhood**	☐	그에게 어린 시절을 상기시키다
1368	**rotate clockwise**	☐	시계 방향으로 돌다
1369	**evaporation of water**	☐	물의 증발
1370	**a formal invitation**	☐	공식적인 초대
1371	**a religious creed**	☐	종교적 신념
1372	**superficial beauty**	☐	피상적인 아름다움
1373	**foresee her fate**	☐	운명을 예견하다
1374	**a reasonable price**	☐	합당한 가격
1375	**a hereditary disease**	☐	유전적 질병

1376	**a gas outlet**	☐	가스 배출구
1377	**look alike**	☐	흡사하게 보이다
1378	**the diameter of a circle**	☐	원의 지름
1379	**hall of fame**	☐	명예의 전당
1380	**roast turkey**	☐	구운 칠면조 고기
1381	**cast a long shadow**	☐	긴 그림자를 드리우다
1382	**live in a wretched condition**	☐	열악한 상태에서 살다
1383	**gangs of youths roaming the streets**	☐	거리를 배회하는 젊은 패거리
1384	**the distant rumble of thunder**	☐	멀리서 들리는 천둥소리
1385	**the bright lights of downtown**	☐	시내의 밝은 불빛
1386	**tug a sled**	☐	썰매를 끌다
1387	**fight for honor**	☐	명예를 위해 싸우다
1388	**lead a normal life**	☐	정상적인 삶을 영위하다
1389	**bow his head**	☐	고개를 숙이다
1390	**manifest her dissatisfaction**	☐	불만을 나타내다
1391	**step on the brake**	☐	브레이크를 밟다
1392	**broaden the road**	☐	도로를 넓히다
1393	**the rank of general**	☐	대장의 계급
1394	**vow to repay the debt**	☐	빚을 갚겠다고 맹세하다
1395	**the boundary between the two towns**	☐	두 마을 사이의 경계
1396	**to a certain extent**	☐	어느 정도는
1397	**preach the word of God**	☐	하느님의 말씀을 설교하다
1398	**enjoy many privileges**	☐	많은 특권을 누리다
1399	**profits in second quarter**	☐	제2사분기의 이익
1400	**love him despite his shortcomings**	☐	단점에도 불구하고 그를 사랑하다

True life is lived when tiny changes occur.

조그마한 삶의 변화가 참된 삶을 살게 한다.

절반의 노력으로 2배의 효과를 거둔다

자주 어울리는 단어를 함께 외우니까 암기 효과가 배가된다. 기존 단어장처럼 foresee와 fate를 따로 외우면 시간과 노력이 따로 들면서 잘 외워지지도 않는다. 하지만 foresee his fate(운명을 예견하다)처럼 통째로 외우면 연상작용에 의해 더 오래, 더 강력하게 암기된다.

통암기 도와주는 추가 학습자료 www.darakwon.co.kr

1 두 가지 통암기 MP3 파일 발음 확인용 + 암기 확인용

2 더 어려운 통암기 테스트 다운로드용 테스트 시트

3 주머니에 쏙 통암기 핸드북 책 한 권을 통째로 담은 핵심요약집